此书是浙江省哲学社会科学规划立项课题（课题编号：09JDYW05YB）、绍兴文理学院越文化研究院基地项目的研究成果。

越商
企业家精神

Yueshang Qiye Jia Jingshen

薛国琴 \ 著

中国社会科学出版社

图书在版编目（CIP）数据

越商企业家精神／薛国琴著 . —北京：中国社会科学出版社，
2012. 10
ISBN 978 – 7 – 5161 – 1539 – 8

Ⅰ．①越…　Ⅱ．①薛…　Ⅲ．①企业家 – 人物研究 – 绍兴市
Ⅳ．①K825. 38

中国版本图书馆 CIP 数据核字（2012）第 235716 号

出 版 人	赵剑英
责任编辑	宫京蕾
责任校对	韩海超
责任印制	李　建

出　　版	中国社会科学出版社
社　　址	北京鼓楼西大街甲 158 号（邮编 100720）
网　　址	http：//www. csspw. cn
	中文域名：中国社科网　　010 – 64070619
发 行 部	010 – 84083685
门 市 部	010 – 84029450
经　　销	新华书店及其他书店

印　　刷	北京奥隆印刷厂
装　　订	北京市兴怀印刷厂
版　　次	2012 年 10 月第 1 版
印　　次	2012 年 10 月第 1 次印刷

开　　本	710×1000　1/16
印　　张	14. 5
插　　页	2
字　　数	226 千字
定　　价	39. 00 元

浙江省哲学社会科学重点研究基地越文化研究中心
2009年省社科规划课题（09JDYW05YB）

越文化研究丛书编委会

目　　录

第一章　越商的范畴 ……………………………………………（1）

　第一节　越商名称的来历 ………………………………………（1）

　第二节　富有朝气的越商群体 …………………………………（3）

　第三节　空间横截面视角的越商 ………………………………（5）

　第四节　时间序列视角的越商 …………………………………（11）

　第五节　越商是浙商的重要构成部分 …………………………（19）

第二章　文化、文化力与企业家精神 ……………………………（23）

　第一节　文化、文化力概述：内涵、特征与理论追溯 ………（23）

　第二节　企业家精神概论：内涵、特征与理论追溯 …………（26）

　第三节　文化对企业家精神形成的作用机制 …………………（28）

第三章　越文化内涵与特征 ………………………………………（32）

　第一节　越文化内涵与特征 ……………………………………（32）

　第二节　影响因素 ………………………………………………（35）

　第三节　越文化对越商企业家精神特质的影响 ………………（39）

第四章　越商企业家精神的内涵与特质 …………………………（56）

　第一节　越商企业家精神的"韧" ……………………………（56）

　第二节　越商企业家精神的"勤" ……………………………（64）

　第三节　越商企业家精神的"真" ……………………………（76）

　第四节　越商企业家精神的"实" ……………………………（94）

　第五节　越商企业家精神的"慎" ……………………………（120）

第五章　越商企业家精神的阶段性表现 …………………………（128）

　第一节　不同发展阶段的越商 …………………………………（128）

　第二节　越商女企业家精神 ……………………………………（131）

　第三节　新锐越商企业家精神 …………………………………（151）

第四节　政府在越商企业家精神形成中的作用 …………… （168）

第六章　越商企业家精神的作用途径 ……………………… （180）

第一节　文化力是越商企业家精神的作用途径 …………… （180）

第二节　文化力缺失前提下的越商 ………………………… （182）

第三节　经验分析 …………………………………………… （186）

第七章　越商文化与越商成长 …………………………… （189）

第一节　越商竞争力 ………………………………………… （189）

第二节　进一步提升越商竞争力 …………………………… （191）

第三节　文化力挖掘与提升 ………………………………… （193）

第四节　越商的"上市"文化 ……………………………… （195）

第五节　越商的企业文化 …………………………………… （201）

第八章　文化力提升的案例——越商老字号品牌 ……… （210）

第一节　越商老字号品牌概述 ……………………………… （210）

第二节　越商老字号品牌集萃 ……………………………… （211）

参考文献 …………………………………………………… （220）

后记 ………………………………………………………… （225）

第一章　越商的范畴

第一节　越商名称的来历

越商，是绍兴商人的简称，因为绍兴历史上称为越州，所以绍兴商人简称越商。那么古时的越州为什么又称为绍兴，这里有必要先讲讲绍兴名称的变迁。

绍兴远古时期也称会稽或会计。会计，是会集诸侯、计功行赏的缩写。相传大禹治水到了绍兴的苗山（亦称茅山、涂山或防山）。《史记》有记载："禹会诸侯江南，计功而崩，因葬焉，命曰'会稽'。"《史记》还有记载："越王句践，其先禹之苗，而夏后帝少康之庶子也，封于会稽，以奉守禹之祀。"会稽因这些记载而得名。会稽是现今绍兴最早的名称。

秦始皇统一中国后，设置了会稽郡。会稽郡统辖范围相当于现在江苏省的长江以南部分，安徽省南部和浙江省的大部，包括山阴、扬州等数十个县。到隋朝开皇九年，会稽郡分出了山阴县，设为会稽县。后来，会稽郡先后又称"越州""绍兴府"等，但其下辖的会稽县名一直沿用到新中国成立初期。

北宋末年发生了靖康之乱，康王赵构即位，就是历史上的宋高宗。当时，金兵南下，宋高宗不思抵抗，选择了南下逃避的对策，从京都商丘开始向南逃到扬州。到建炎三年（1129年）二月，金兵逼近扬州，宋高宗再度逃到了镇江、苏州、杭州，并于同年冬天到达越州。然而，金兵一路直下，到了该年十二月，金兵入侵越州。宋高宗一路逃命，从越州逃到明州（宁波），历经象山到温州、台州一带避难。然而，金兵入侵越州之时，当地军民奋起抗击，守将李邺率领部下迎战于钱塘江，连战三捷。同时，韩世忠在广大军民的支持下，在镇江也大败金兵。江南形势因此稍得安宁。南宋建炎四年（1130 年）四月，宋高宗从温州、台州返回，再度来到越州，并以州治所在地为行宫。因自唐以来，称京都所在地为"府"，所以，越州官吏僧道便乘机联名上书，请求皇帝题写府额。宋高宗在唐德宗兴元故事中得到启发，把越州府题名为"绍祚中兴"，即继承宋室、中兴社稷的意思，把越州升格为"绍兴府"，并于 1131 年改年号为"绍兴"。绍兴地名便因此而得。

宋高宗以绍兴为临时首都，时间达一年零八个月。后于绍兴二年（1132 年）正月迁至杭州。绍兴八年（1138 年）正式建都杭州，称临安府。而绍兴的名称，一直被沿用至今。

绍兴的地名是这么来的。至于绍兴建城的历史最早可追溯到越国时期，越国大夫范蠡进谏越王句践建立一座都城，以稳固越国大业。据《吴越春秋》记载：公元前 490 年，越王句践从吴国回到越国以后，想到越国及自己曾经所受的灾难，就对当时越国的宰相——范蠡表达了想建城的意愿，即，"筑城立廓，分设里闾"。但从越王的表达中，范蠡觉得越王对建城还是犹豫不决的。范蠡心想要强盛越国，建立都城绝对是上策。于是，范蠡想趁越王有建城意愿之际，极力谏言越王建造都城。范蠡把建城的重要性上升到"不处平易之都，据四达之地，将焉立霸王之业"的高度。越王觉得范蠡言之有理，就果断地决定了建立都城的计划，并同时决定将越国都城从之前的会稽山南迁到新建的越国都城——今绍兴城区。

建城决定一下，句践就把筑城任务交给了范蠡。范蠡接受越王的建城重任后，"观天文，拟法象于紫宫"，经过实地踏勘后，选择了耸立于沼泽平原上的卧龙山（今绍兴市区府山）东南麓，作为越王城的中心。又在城"西北立龙飞翼之楼，以象天门；东南伏漏石，以象地户；陵门四达，以象八风；外廓筑城而缺西北，示服事吴也"。这就是后人所谓的"山阴小城"，整座城"周千一百二十一步，一圆三方"。山阴小城竣工后，范蠡接着又建造了越国都城——大城。大城周二十里七十二步，范围包括今绍兴城内府山、蕺山、塔山一带。范蠡所建的城市已初步有了今绍兴水乡城市的雏形。至隋开皇十四年（594 年），越国人士杨素增筑古城。后又经历代整修，终于建成了现在的江南名城——绍兴城。

因为整个绍兴城是范蠡进谏越王造的，并又设计、选址、建造，所以今绍兴城历史上也称为"蠡城"。从建城开始至今，已有 2500 年历史。

第二节　富有朝气的越商群体

21 世纪以来，绍兴以制造业发达、经济增长率、人均可支配收入较高闻名于全国。2004—2009 年，绍兴市城镇居民人均可支配收入分别为 15642 元、17516 元、19486 元、21971 元、24646 元和 26874 元，年均增长率为 12.7%，农村居民纯收入分别为 6970 元、7704 元、8619 元、9730 元、10950 元和 12026 元，年均增长率为 11.5%。2010 年，城镇居民人均可支配收入 30164 元，农村居民纯收入 13615 元，分别比上年增长 12.2% 和 13.2%。2005 年以后农村居民纯收入增长率高于城镇居民可支配收入，位居长江三角洲 16 个城市之首。绍兴——这个位于长江三角洲南翼的城市在过去即使在改革开放初期很少被人以"经济强市"提及。当时，人们提起绍兴，总会与历史悠久，名人荟萃，水乡、桥乡、酒乡、书法之乡、名士之乡等联系起来，而在经济上，绍兴却难有叫得响的业绩，曾有经济学家把绍兴称为"浙江的低洼地带"。然而，20 世纪 90 年代以来，绍兴人快速富起来的现象引起了经济学家和社会学家的关注，这其中的原因是什么呢？

原因当然很多，包括绍兴市积极贯彻国家改革开放政策，民营经济发达；绍兴人民不畏艰难、敢于创新，加快经济结构转变；积极融入长江三角洲区域经济一体化趋势，接轨上海等。在这些原因中较为重要的是绍兴民营经济发达。绍兴民营企业创造的产值占到了绍兴经济总量的 95% 以上，真正成为拉动 GDP 增长的主力军，这在全国是很少有的。

在民营经济发达这条原因中，越商展现了多姿的风采和非凡的作用。以绍兴在沪企业联合会数据为例。绍兴市在沪企业联合会（绍兴商会）会长、上海家饰佳实业集团有限公司董事长估算，在中国民企 500 强中，绍兴籍在外企业估计有近百强。上海绍兴商会目前拥有会员 100 余家，平均注册资本 8000 万元以上。绍兴籍在沪精英企业，数量达 4000 多家，总资产为 2000 多亿元。绍兴籍在沪企业中在沪注册资金达

10 亿元以上的有二十几家。有人士估算，在上海这片热土上，每百元零售总额中，有五元左右是绍兴人创造的，新矗立的每五座高楼中，有一座是绍兴人建立的。东方明珠、金茂大厦等上海杰作都留下了越商的足迹：上海中九投资（集团）有限公司，注册资金就有 5 亿元；浙江海滨建设集团有限公司，注册资金 4.7 亿元；天龙控股集团有限公司，公司总资产 18 亿元；宝业集团股份有限公司，拥有年生产销售建材 15 亿元的香港上市公司；上海宝华企业集团有限公司，在上海房产企业中，拥有的土地储备量数一数二。就是因为有这些辉煌业绩，绍兴市在沪企业联合会（绍兴商会）会长有着美好憧憬：绍兴企业如果联合起来，抱成一团，必将锐不可当！

绍兴的民营企业富有朝气和活力。即使在金融危机的背景下，绍兴民营企业依然能逆势而上。2008 年是金融危机在中国全面爆发的一年，绍兴的民营企业，如海亮集团、中成控股、龙盛控股、大东南集团、展诚建设、东方建设、中设建工、五洋建设、中厦建设、华升建设等 33 家民营企业以较好的业绩列入全国民营企业 500 强，其中，海亮集团以 303.27 亿元的营业额列全国第 13 位，中成控股营业额为 128.89 亿元，排在 72 位。2008 年绍兴民营企业入围全国民营企业 500 强的民营企业数量占浙江省入围民营企业企业总数的 18%，居浙江省第二，显示了在金融危机的背景下，绍兴市民营企业（集团）仍然保持平稳增长的态势，体现了绍兴市民营企业强大的竞争力和可持续发展的能力。

改革开放以后成长起来的绍兴民营企业从事的产业主要是劳动密集型的传统产业，如纺织类产业，本来首当其冲会受金融危机影响，且影响面较广。但在 2009 年进入"全国 500 强民营企业"的门槛达到 36.6 亿元，比 2008 年 29.6 亿元的门槛提高了近 1/4 的情况下，绍兴有 30 家民营企业入围 2009 年中国民营企业 500 强，海亮集团、中成集团、宝业集团、龙盛控股、精功集团、天圣控股、东方建设、五洋建设、中设建工、华升建设成为绍兴市入围民营企业中的前 10 位，其中，海亮集团以 372.6 亿元的营业额列全国民营企业 500 强第 12 位，在浙江省列杭州市之后，居第二位。绍兴民营企业如此争气，为民营经济大省浙江省以 180 家入围企业成为民企 500 强最为密集的省份，立了一大功。绍兴已连续 8 年入围全国民营企业数列浙江省第二。2006 年，在全国民营企业500强中，绍兴入围45家，浙江全省203家，绍兴占浙江总数的22.2%；2007年绍兴入围39家，浙江全省188家，绍兴占浙江总数的20.4%；2008年绍兴入围500强的企业为33家，全省185家，绍兴占浙江总数的17.8%；2010年绍兴入围30家，全省180家，绍兴占浙江总数的16.7%；2011年，在入围企业门槛营业收入总额从2010年的36.6亿元提高到50.6亿元的情况下，浙江省共有144家民营企业入围"2011年中国民营企业500强"，绍兴市有26家，位于杭州市之后，占浙江总数的18.1%。近些年，绍兴民营企业入围全国民营企业500强的数目占浙江省的比重基本上维持在20%左右，即使在2008年绍兴受金融危机严重影响、经济形势严峻的背景下，依然维持这样的水平。更可喜的是，这些年绍兴入围500强的民营企业，能适应金融危机的冲击，实现产业多样化，建筑企业、有色金属、化学原料、电气机械、纺织化纤、交通运输、橡胶制品等行业企业均有涉及，产业分布渐趋合理，这说明绍兴的民营企业在经受金融危机的冲击之后，加快调整产业结构，取得了较好成果。

第三节 空间横截面视角的越商

关于越商的构成，至今没有资料进行确切地界定。有学者认为，越商不是过去的生意人，而是现代工业化的企业家；不是局部取向的地区人，而是全面外向的"地球人"；不是单纯追求财富的经济人，而是富有文化内涵、传承越商文明的责任人。有学者认为越商是改革开放以来成长起来的绍兴商人。李生校（2007）认为"越商"是历史最悠久、文化最厚重、经营最务实的"浙商"群体的一个重要组成部分，是改革开放以后迅速崛起的绍兴商人群体的简称；朱杏珍（2007）认为越商应该是伴随着中国经济体制改革进程成长起来的一个特殊群体。雷宇（2009）认为，改革开放30多年越地经济取得令人瞩目的成绩，使得越来越多的越商进入人们的视野，因此雷宇眼里的越商也是改革开放以后迅速成长起来的一个商帮。另有学者认为，越商虽起源较早，但其迅速成长是在改革开放30多年以后。

宋良（2007）认为越商起源于近代，但作为一个整体，体现着独特的经营特征和鲜明的地域文化却是在改革开放以后,特别是最近几年才出现的。冯洁(2008)认为越商起源较早,可以追溯到吴越文化鼎盛时期,且一直以来并不显眼,终于在改革开放30多年后,越商成为浙商中头角峥嵘的一支队伍。

在借鉴学术同行研究成果的基础上,可以得出这样的结论,从空间横截面视角看,越商应该包括狭义越商和广义越商两层含义。狭义越商指绍兴区域范围内五县(市)、一区在改革开放以来成长起来的商人群体;广义越商指受越文化熏陶并体现越文化思想和品格的绍兴地域范围内的商人(包括海外来绍兴经商已有一定时日的商人)和海内外绍兴区域范围内五县(市)、一区籍贯的商人。

绍兴人经商有悠久的历史。据《史记》记载,越国大夫范蠡是中国最早的大商人,被后世尊称为商人的鼻祖或商圣。范蠡助句践灭吴后,急流勇退,下海经商,在他的商品经济思想中,最主要的风格是不尚虚功、求实利。南宋时期,以叶适、陈亮为代表的"浙东学派"倡导"农商并举""义利双行"思想,尤其是出自蕺山学派创始人刘宗周门下的黄宗羲,在中国历史上第一次鲜明地提出了"工商皆本"的主张,这反映了当时绍兴区域范围内百姓对发展商品经济的要求。随着明朝倾覆,尤其是科举制度废止后,绍兴的士大夫阶层中有一大批人选择了经商之路。清末民初,大批绍兴人移民到上海,他们脚踏实地,经营有术,成为商界巨贾。据陶水木(1999)研究,清末民初,以经商起家的绍兴钱庄堪与"山西票号"抗衡,几乎垄断了整个上海金融业,可见其势力之盛。

古代绍兴商人的重商基因深深地根植到一代又一代绍兴人的潜意识中,成为推动农村工业化的精神动力。改革开放以后,绍兴的民营经济逐渐发展。活跃在农村的精英人物,包括来自供销社、社队企业的技术人员、管理人员,原生产大队的大队长、生产队的队长、会计,以及上山下乡的知识青年、支边回乡青年,即通常所谓的"能工巧匠""乡土人才",凭着一技之长和对市场特有的敏锐和洞察力,善于发现市场的潜在机遇,在脱贫致富欲望的促动下,他们率先创办企业,发扬"四千精神""两板作风",经过艰苦努力,形成了今天名扬海内外的越商群体,冯亚丽、阮水龙、陈建成、陈爱莲、孙妙川、金良顺、张道才、李在上述商帮中，晋商、徽商在近代以后就逐渐衰落了，他们衰落的原因除了缺乏近代资本主义的经营手腕和经济观念，没有发达的钱庄和银行的大力扶植以及与商业、金融、工业、航运紧密结合，缺乏科学的经营理念和竞争意识以外，还有一个重要原因在于太过于强调地域性，只注重与朝廷的结合，没有注重经营活动中心向外，尤其是成长性较好的区域转移。由此看来，越商确实应该像宁波商帮、粤商一样选择适宜的时候把经营活动领域向外拓展，尤其向经济中心拓展，而不应像晋商、徽商自始至终把经营活动的领域圈定在山西、安徽的固定区域。因此，从空间横截面看，越商不应只是绍兴区域范围内五县（市）、一区的商人，这样不利于越商的成长、发展。应该对越商从广义越商的角度进行界定，较为科学合理。虽然如孙红认为的，商帮是一个具有浓厚地域特色的产物，特定的地理条件、区位优势、地域文化无不影响着、决定着、制约着商帮的兴衰演变，就像特定的土壤才能长出特定的植物一样，但正如著名策划人王志纲所言，对商帮，不要抱着太强的区域或地方心态，商人也好，企业家也罢，其本质是流动的，就像游牧民族逐草而居一样，什么地方利于财富的积累，什么地方利于企业的发展壮大，它就会流向那里，这也是资本的意志。

空间横截面视角的越商是一个尊重、延续历史、具有浓郁地域文化传统、包容的、开放的商人群体。

第四节　时间序列视角的越商

时间序列视角下的越商可以追溯到春秋战国时期。

越商历史悠久，文化积淀深厚。在他们成长的这块土地上，大禹为治水患"三过家门而不入"，句践为灭吴兴越"卧薪尝胆，十年生聚，十年教训"……他们终成大业，流下了"韧"字当头的越文化精神财富。随后越国大夫范蠡弃官经商，成为越商第一人，实践他先前提出的"持盈、定倾、节事"的哲学思想，开拓了事业成长的一方新天地，揭开了越商企业家精神"实"的篇章。计然，又一越国大夫，在"士农工商"排序的年月里，提出"农末俱利，平粜齐物"的思想，劝导国王要实现农业、手工业、商业各业并举，综合经营，并提请注重把握商品贵贱互相转化的规律来经营商业，以贸易获取利益。这些看法、观点在当时的年月里显得智慧、胆识过人，这是越商具有"闯"劲的思想基础。难怪越商不安于现状，具有强大的发现、利用新市场的精神特质。

唐代以前，越商起源的会稽一带是浙江的政治、经济、文化中心。境内所产的越国青铜剑，汉代到三国的铜镜，唐代及以后的陶瓷、茶叶，隋唐开始闻名的丝绸，南宋时期进入全盛的绍兴黄酒等，无论是质量还是产量均享誉海内外。因为铜镜制作工艺发达，会稽曾经成为江南的铸镜中心；越罗、剡藤纸、越窑青瓷，尤其是越窑青瓷，以其"类冰""类玉"的品质成为朝廷贡品中的极品；黄酒作坊、酱场、腐乳作坊等遍布会稽街坊，并且在北京、天津、上海、杭州直至东南亚等地开设了分店，从这个意义上说，在宋代，越商就开始进行企业迁移，实现业务拓展和利润最大化目标。

在清末，会稽一带开启了近代工业的历史，逐渐进入机器大工业时期。开源永丝厂（今上虞市百官街道白米堰村境内）属于浙江省首批近代工业之列。此后，绍兴城区金恒丰铁工厂、新建修理机器铁工厂、华光电气股份有限公司以及机器碾米厂、化工厂、印刷厂等，奠定了绍兴地区现代工业的基础，同时加快了传统工业的发展步伐。20世纪二三十年代，绍兴城区的酿酒、酿造、丝绸、针织、棉织、锡箔等产品畅销国内外，绍兴也因此有了"酒缸、酱缸、染缸"——"三缸"产业之乡的称谓。锡箔（祭祀用）产业发展迅速，规模空前，几乎到了畸形发展的境地，当时绍兴年产量达400万块，每块3000张。锡箔业的过快、过量发展从一个侧面反映了越商具有务实、勤俭的企业家精神。在当时，市场购买力有限的背景下，企业发现了一点获利的机会，就投入大量的人力，通过做量来扩大利润总额，这是当时"四千精神""两板作风"使然的结果。当时的越商缺乏市场调查、市场预测和引导健康消费的观念，终使锡箔产业发展难以实现健康、持续的产业发展目标。由此看来，今天的越商在改革开放尤其是20世纪90年代后把纺织、领带、珍珠、伞业等产业集聚做大，有其历史渊源。

越商抱成一团做大产业从历史序列角度看，确有历史渊源。如，黄酒业，春秋战国时期，越国酿酒业已较为普遍，历经秦、汉、两代、白。纺织业属于传统产业，有人说它是夕阳产业。但绍兴的纺织业在今天抑或在未来的较长时期内依然具有生命力，因为绍兴的纺织业是一代代越商不断改进产品生产技术、创新产品品种的过程中成长发展起来的。绍兴纺织业的发展是不断推陈出新的过程。

再如，注重投资。不怕承担风险，舍得投资是企业家精神的重要内容。投资包括物质资本投资和人力资本投资两大方面。虽然人力资本投资概念是在美国经济学家西奥多·舒尔茨1979年获诺贝尔经济学奖以后才广为流传的，但历史上的越商在实际经营活动中较早认识到了人力资本投资的重要作用。如，为提高丝织技术，民国初期，杭州创办机织传习所，全省招生，绍兴机户、机坊积极报名，学习提花龙头新机织绸技术，从而使绸缎织物从"一色边"技术改进为"五彩边"技术。又如，为提高染色技术，清朝时期华舍、齐贤等地的染坊吸收外地经验、试用国外化工染料，终于使绍兴的染色技术跟上当时绍兴纺织业的发展步伐。至于越商注重物质资本投资的事例就更为多见了。为提高蚕丝质量，民国六年，新昌吕钟杰等筹资5000元，创办惠通木机缫丝厂；民国十四年，徐淡人夫妇从日本购进坐式缫丝机数十台；民国二十八年，在杭州被日军侵占、丝绸业务机构及部分资产转入绍兴的背景下，在外经商的绍兴籍人士在嵊州、新昌、诸暨等地创办11家缫丝厂。历史上的越商不仅在绍兴传统产业上舍得投资，还在供电等领域进行投资。民国元年，绍兴县商人张维岳集股资1万元，购地近4亩，建发电所，成立华光电灯公司，简称为华光公司；民国十七年，姚晓澄、姜胎石与上海金融界合资，集股资40万元，收购濒临破产的华光公司。

在动荡不安的战争年代，越商不怕风险注重投资，在和平年代，尤其在改革开放的大环境下，越商的投资热情就更高了。1974年，上虞农民徐灿根在上海交通大学的技术支持下，创办风机生产车间，是目前上风集团的前身。在改革开放初期，绍兴企业就注重引进国外的先进设备。1986年，绍兴红光绸厂与瑞士苏尔寿·鲁蒂公司以补偿贸易方式进行合作，出资1800万元引进当时国际先进织机——PU-130片梭织机24台及配套设施；诸暨丝织印染总厂投资1544万元从瑞士引进苏尔寿片梭织机及配套设施；1989年，绍兴丝织厂从日本津田驹公司购进ZW320型喷水织机100台及其配套设备52台，成为当时国内实现丝绸织造业向无梭织造技术发展的第一家企业；为提高丝织业的染整技术，1985 年起，绍兴丝绸炼染厂开展技术改造，购置国产平幅精炼机，同时着手引进日本松弛精炼机、京都定型机、铃木拉幅机和德国蒙福茨定型机等先进设备，1987 年，诸暨丝织厂投资 847 万元建造炼染车间，其中部分设备从意大利、德国进口。

从时间序列视角看的越商具有上述注重合作、诚实守信、开拓创新、注重投资等精神特质，从而使越商的发展领域从传统的"三缸"产业发展为融入现代元素的现代产业，但不管怎样，越商以从事实业尤其是从事与绍兴文化密切相关的产业为主业。

历史上，越商主要从事酿酒业、丝绸棉毛麻纺织业、食品制造业、制茶叶、陶瓷制造业、工艺美术制造业等传统产业。春秋战国时期，越国境内就开始有铜锡开采、兵器制造、酿酒、缫丝、绸织、麻织和陶瓷等产业，唐代，绸织、越窑青瓷等产业发展到鼎盛时期，宋代，酿酒业发展迅速，到明代，绍兴的黄酒、酱园产品、腐乳等开始向外出口，到了清代，绍兴酒业继续发展，同时，平水珠茶、黑白纸扇、嵊州、新昌的工艺竹编产品陆续向外出口。近代直至新中国成立初期，绍兴一直维持着上述具有绍兴特色的传统产业，虽然偶有一些影响绍兴产业结构的重大事情发生，如，1957 年，浙江钢铁厂绍兴分厂建成投产、浙江省粮食厅在绍兴城区开办绍兴粮食机械制造厂等，但依然没有从根本上改变绍兴历史上流传下来的产业结构。

改革开放以后，越商凭着诚实守信、开拓创新、注重投资的精神特质，加强自我积累，引进资本、技术，特别是民营经济的发展，对优化产业结构作用非凡，如，1986 年，绍兴第一家中外合资企业——嵊州佳友领带有限公司在嵊州落户，为嵊州领带产业集聚的形成创造资本基础和体制基础。到 1990 年，绍兴已拥有纺织、食品、机械、化工、建材、电子等 20 多个工业部门，初步形成以轻纺工业为主体、酿造为特色，纺织、机械、食品三大工业为支柱的工业体系。

近几年，随着国家产业结构调整步伐的加快，越商从事的产业进一步多元化，在继续提升传统优势产业竞争力的同时，发展了具有现代气息的新兴产业。现如今越商从事的产业主要分为两大块：五大传统产业和五大新兴产业。

五大传统产业已非历史上流传下来的传统产业，而是产业链得以拓展的传统产业，其发展思路是：由一般加工制造向上游的研发、产品设计、技术专利、技术集成、融资、投资延伸，向下游的品牌构建、商业模式创新、流通体系、物流、产业链管理等延伸。目前的五大传统产业分别是：

（1）现代纺织业

在依托中国轻纺城市场优势的前提下，远东化纤等大型纺织龙头企业发挥带动作用，通过中纺院江南分院、中国轻纺城科技中心等技术平台，以超级结构材料、新一代功能材料的研发、图案、款式设计等为抓手，力争使纺织业走"差异化竞争"的发展道路，大力发展高特纺织和高附加值产品，实现了纺织业转型升级。

（2）机械装备业

精功科技、万丰奥特等骨干企业为改造提升纺织机械、数控机床、专用机械等产业积极努力。从今后的发展趋势来看，在依托绍兴本地产业基础和技术优势的基础上，围绕电动汽车产业、节能环保产业发展的需要，这一产业将进一步发展。

（3）精细化工

浙江龙盛、闰土化工等龙头企业在这一行业发挥着带动作用，这些企业采用新工艺、新技术和现代环保技术，运用循环经济模式和清洁生产方式正在努力使精细化工产业集聚化、生态化发展，为建设资源节约型、环境友好型的社会贡献力量。

（4）食品饮料产业

古越龙山、会稽山正在为成为黄酒行业家喻户晓的国内顶尖品牌而努力，旨在通过加强黄酒原产地保护，优化黄酒产业发展环境，通过技术改造和品牌营销，加快黄酒业发展，并且注重品牌、文化、旅游的联动效应，把绍兴打造成以黄酒为核心产品的现代食品饮料产业集聚区。

（5）建筑业

中成集团、宝业集团、中设建工等大型建筑企业已有成绩显示了绍兴建筑业在国内的突出位置。今后，这些企业通过开发和推广新型节能建筑材料和技术，延伸建筑产业链，开拓对外工程承包市场，发展建筑业总部经济，建筑业将成为绍兴重要的经济增长点。

在五大传统产业快速发展的同时，五大新兴产业在越州大地上相继崛起。

（1）新能源产业

绍兴的太阳能光伏产业、节能电光源产业、大气环保装备产业等是具有成长性的新兴产业，阳光集团、向日葵等是在这一领域具有突出成就的越商企业。今后，以他们为依托，更多企业加大技术投入力度，研究开发出一批具有国际先进水平、具有自主知识产权的新能源技术和产品，加快培育绍兴太阳能光伏产业、节能电光源产业，使其成为绍兴新的经济增长点和新的支柱产业。

（2）新材料产业

目前，我国新材料领域总体水平同发达国家相比差距很大，自主知识产权的新材料专利成果少，成果转化率和规模化生产程度低。然而，越商中却涌现了一批率先试足这一领域的企业，中成的有机硅、精功的轻质材料、光宇及东亚的玻璃材料等就是代表。今后在新型建材、新型储能材料、有机硅、气凝胶、超薄玻璃等领域进一步突破，将对绍兴纺织业、建筑业等传统产业的升级十分有利。传统产业进一步发展有待高技术、高品质、高性能材料的开发、应用。

（3）生物医药产业

浙江医药、震元制药、民生药业等在生物医药行业有所建树。今后越商将在已有成绩的基础上，壮大生物医药产业集聚，推进生物医药产业发展。

（4）电子信息产业

华越微电子、贝力生等是绍兴电子信息产业的领跑者，通过加大技术改造力度，提升原有企业竞争力，积极引进大项目，绍兴将成为有一定竞争优势的电子信息产业基地。

（5）文化创意产业

一些越商立足于绍兴是具有 2500 年历史的文化名城，具有深厚的文化底蕴，与纺织服装、黄酒制造等产业的较好发展基础相结合，发展纺织文化创意产业，及时吸收了世界各国的先进文化，把握世界时尚的纺织品流行趋势，切实提高面料、服装设计水平，有利于从根本上提高绍兴纺织业的发展水平。发展黄酒文化创意产业、旅游文化创意产业、动漫文化创意产业。特立宙公司的动画片《少年师爷》2011年上半年在中央电视台得以播出，这是越商涉足文化创意产业的一次大检阅。一些越商还在积极引进大项目，努力将绍兴打造成为浙江省文化创意产业的重要基地。随着文化创意产业的发展，数字化、网络化、智能化技术深入制造业，推动制造业进一步发展，呈现出文化创意产业与制造业互动发展的良好局面。

一些越商还计划涉足更具成长性、挑战性、前沿性的产业，如金融业。位于杨汛桥的浙江永利集团以纺织业起家，目前已先后参股浙商银行、绍兴县农村合作银行、浙江蓝石创投基金等，发起并创立了信泰人寿保险公司。永利集团还计划向典当、信托、基金等金融业务进军。

纺织、印染、酿造、食品饮料等产业是绍兴的传统产业，具有深厚的越文化底蕴。越商正在发展或计划发展的新兴产业依然没有脱离绍兴的传统文化，如金融业，正如浙江永利集团的董事长周永利认为的，浙江包括绍兴在内，自古以来民间资本从事货币业务很活跃，很早以前就有钱庄，清朝就有了现代化的银行，那时钱庄的资金纷纷流向银行。

第五节　越商是浙商的重要构成部分

绍兴地处东南沿海，是我国古代越民族的生息之地。延续越民族古风、善于抓住改革开放所带来的商机而成长起来的越商，是浙商的重要构成部分。这主要可从以下几个方面加以考察。

一、以市场为导向、科技含量低、资金投入不足、以加工、制造为主的劳动密集型产业，是越商成为浙商重要构成部分的产业基础

旧时，"三缸一锡头"是绍兴的主要产业类型，"三缸"指染缸、酒缸、酱缸，"一锡头"是指打锡泊所用的锡头，均是劳动密集型的，在绍兴均具有一定的历史。早在先秦时期，绍兴的稻作文化、纺织文化、酒文化、剑文化已开始发生，越国尤其是越王句践时期，纺织业、酿酒业已有一定水平。到秦汉三国时期，绍兴成为当时全国四个最大的麻织中心之一，两晋南北朝时期，绍兴"丝绵布帛之饶覆衣天下"，越

布"比绢方绡，既轻且丽"，说明绍兴的纺织产品在当时具有较高的声誉。至南北朝时期，丝绸业异军突起，越绫越罗风行天下，隋炀帝时，越州进贡的耀花绫，被朝廷视为丝绸极品，直至现在，绍兴的产业基本属于劳动密集型，纺织业占据绍兴经济的半壁江山。

浙商的产业结构属于劳动密集型。张敏杰（2007）研究认为，浙商一开始在产业结构的选择上以市场为导向，单个企业规模不大，产品也"小"，所经营的皮鞋、服装、打火机、低压电器等几乎全是科技含量低、资金投入不多的商品。吕福新（2007）认为，浙商主要从事与人民群众生活密切相关的传统产业。浙商重要代表之一温州商人的主要产业是制造业，近些年，从事制造业的温州企业占其工业企业法人单位的98%。这些制造业企业主要从事皮革、服装、塑料制品、电器、打火机、眼镜、剃须刀等劳动密集型产品的生产经营；浙商又一重要代表宁波商人从事的产业基本上具有"轻、小、集、加"的特点，服装、文具、小家电等产业是宁波制造业的重要构成部分；台州商人主要从事的产业中虽然汽车摩托车及其配件、缝制设备、塑料模具等具有一定比重，但工艺美术、食品饮料、鞋帽服装等劳动密集型产业依然是台州工业经济的重要支柱。理论和现实共同的结论是浙商基本从事劳动密集型产业，此项成为越商是浙商重要构成部分的原因之一。

二、政府在越商的成长过程中起了主导作用，是越商成为浙商重要构成部分的体制基础

越商的成长与政府的作用密不可分。政府在产业发展规划、政策引导、指导越商进行战略调整、缓解要素制约等方面发挥作用。政府凭借财政力量，强力支持相关企业、产业发展，利用各种渠道推介产品，凭借较强的服务能力为企业、产业发展构建市场平台，帮助引进人才、职业培训等方面也展示了政府的指导作用。

浙商是伴随着政府的作用成长起来的。张敏杰（2007）认为，政府对浙商成长起了主导作用。浙江省各级政府长期对姓"资"、姓"社"的问题奉行不争论的开明态度，对于浙商的创业，首先是积极地鼓励和大胆地支持，并且采取干预政策，促进人力及资本的积累，通过法治稳定政府秩序和经济秩序，进而提供了一个和平的社会发展环境供

浙商创业。章剑鸣（2007）认为浙商的成长在于浙商具有稳健的政治态度，既善于经营市场，更长于经营与政府的关系。越商作为浙商的一个构成部分，在成长过程中能够服从政府的主导作用，政府也善于发挥这种主导作用，从而尽可能避免市场的盲目性、滞后性、自发性所带来的一些弊端，有效地驾驭市场经济的运行。

三、凭借独特的人文特征成就了各具特色的集聚经济，是越商成为浙商重要构成部分的经济基础

越商的成长是历史传统积聚的产物，同时也是"个众"特征有效发挥的结果。近几年，绍兴经济迅速增长，位于浙江省和长江三角洲地区前列，其主要的推动力量是绍兴的产业集聚。据浙江省委政策研究室资料，目前，绍兴市年产值10亿元以上的产业集聚有60多个，年总产值3000亿元，在浙江省11个城市中仅次于杭州市。大唐袜业、嵊州领带、崧厦伞业、山下湖珍珠等产业聚集在全国乃至全球具有一定的影响力。大唐镇集聚了8500多家袜业企业，4.5万从业人员，主要产品产量占全国市场的65%、国内市场的35%；嵊州市集聚了1100多家领带企业，5万多从业人员，领带产业产量占全国的90%、世界的40%；崧厦镇集聚了1200多家制伞企业，近3万从业人员，占全国伞业产值的25%；山下湖珍珠产量占国内市场的80%，占世界市场的73%。绍兴市各具特色、自成规模的产业集聚的形成受绍兴历史文化资源，尤其是越文化中的卧薪尝胆精神的影响。卧薪尝胆精神激励下的越商具有吕福新（2007）所说的"个众"特征，其创业、创新源于企业主自求生存、发展之需。绍兴位于浙江的东北部，在计划经济时期处于边缘地带，资源不足。为了谋求生存机会，一些富有开拓、冒险精神的绍兴人率先突破体制屏障，自谋生存之路，结果在短缺经济年代里，他们的行为一下子得到了市场的肯定，他们终于摆脱贫困，走向富裕。在他们的引导下，邻里乡亲纷纷走上了创业之路，于是产业集聚起来了。

浙商就"个众"特征而言，主要也就是指各个商人及其企业都是以个人的独立自主为基础和根本的，浙商把这份"个众"特征演绎成为"草根性""务实性""敢为性""民众性"等，成就了浙江集聚经济繁荣的景象。据浙江省委政策研究室资料，浙江省拥有年产值10亿元以

上的产业集聚 600 多个，全省 90 个县（市、区）中，有 80 多个形成了产业集聚，产业集聚的工业总产值占浙江全省工业总产值的 64％。

不畏艰苦、敢于拼搏创业的风格气质是越商成为浙商重要构成部分的精神因素。张敏杰（2007）认为，创业精神成了浙商的基本素质。吕福新（2007）认为很多浙商出身泥水匠、打铁匠、修鞋匠、理发匠等，数百万连普通话都不会讲、讲不好的浙江农民到全国各地经商，从事各种别人瞧不起的艰苦行当。章剑鸣（2007）认为，勤俭刻苦、自强不息的人生态度是浙商文化的内涵特征之一。数以百万计的浙江人发扬"两板作风"——白天做老板、晚上睡地板，"四千精神"——走遍千山万水、历尽千辛万苦、说过千言万语、想尽千方百计，自主自立，自强不息，不断创业。

越商，大禹的子孙，越王句践的后代，受越文化的熏陶，延续着"三过家门而不入""卧薪尝胆""十年生聚、十年教训"的古风，不畏险恶，见微知著，创新创业，成就了绍兴经济的繁荣。正如战明华（2005）认为的，一个地区商人的精神区别于其他地区商人的特殊之处是植根于当地的特殊社会文化特征。受卧薪尝胆精神的熏染，在人多资源贫乏的现实面前，越商作为浙商一个构成部分，自然就具有不畏艰苦、敢于拼搏、自强自立进行创新、创业的风格气质。

第二章 文化、文化力与企业家精神

第一节 文化、文化力概述：内涵、
特征与理论追溯

文化是一个非常宽泛的概念，给它下一个严格和精确的定义是一件非常困难的事情。自 20 世纪初以来，不少哲学家、社会学家、人类学家、历史学家和语言学家一直在努力，试图从各自学科的角度来界定文化的概念。然而，迄今为止仍没有获得一个公认的、令人满意的定义。据统计，有关"文化"的各种不同的定义至少有两百多种。笼统地说，文化是一种社会现象，是人们长期创造形成的产物。同时又是一种历史现象，是社会历史的积淀物。确切地说，文化是指一个国家或民族的历史、地理、风土人情、传统习俗、生活方式、文学艺术、行为规范、思维方式、价值观念等。

文化属于人类学的范畴。泰勒是人类学的鼻祖，也是第一个定义文化概念的学者，他在《原始文化》（1871）中把文化定义为是包括知识、信仰、艺术、道德、法律、习俗和任何人作为一名社会成员而获得的能力和习惯在内的复杂整体。美国社会学家 David Popenoe 则认为文化是一个群体或社会共同具有的价值观和意义体系，它包括这些价值观和意义体系在物质形态上的具体化，人们通过观察和接受其他成员的教育从而学到其所在社会的文化。Robin Fox 认为文化和本能的性质是相通的，个人在生长过程中，经常在不知不觉间将社会现存的生活方式及习惯保存入脑，形成文化密码，由于这些离子的作用，人就可以不经过大脑而做出种种行动，Robin Fox 进一步认为在人这一点上，与动物受到体能的支配是一样的。Hammerly（1982）通过对文化进行分类以揭示文化的内涵，Hammerly 把文化分为信息文化、行为文化和成就文化。信息文化指一般受教育本族语者所掌握的关于社会、地理、历史等知识；行为文化指人的生活方式、实际行为、态度、价值等，它是成功交际最重要的因素；成就文化是指艺术和文学成就，它是传统的文化概念。

　　文化在《辞海》中有着广义和狭义两层含义，广义的文化是指人类在社会实践过程中所获得的物质、精神的生产能力和创造的物质、精神财富的综合；狭义的文化是指精神生产和精神产品，包括一切社会意识形式：自然科学、技术科学、社会意识形态等。在《现代汉语词典》中的文化是指人类在社会历史发展过程中所创造的物质财富和精神财富的总和，特指精神财富，如文学、艺术、教育、科学等。在《中国文化概论》中，文化被定义为一个群体（可以是国家、也可以是民族、企业、家庭）在一定时期内形成的思想、理念、行为、风俗、习惯、代表人物及由这个群体整体意识所辐射出来的一切活动。文化是人的人格及其生态的状况反映，为人类社会的观念形态、精神产品、生活方式的研究提供了完整而贴切的理论支持（张荣寰，2008）。

　　作为企业家精神依托的文化，其主要内容是思想、理念和为人处世的方式、方法，因而，本书讨论的文化属于狭义层面的文化，主要是从精神生产和精神产品的范畴来讨论文化，与泰勒定义的文化，即包括知识、信仰、艺术、道德、法律、习俗和任何人作为一名社会成员而获得的能力和习惯在内的复杂整体相一致的。正如有学者认为的，文化应该是人类痕迹的总和，留在纸上的是文化，留在地上的、山里的，更是文化，而且是更重要的文化，是第一手文化。文化是人类生活的反映、活动的记录、历史的沉淀，是人们认识自然、思考自己而形成的一系列思想和理念，是人们对伦理、道德和秩序的认定与遵循，也是人们生活、生存的方式、方法与准则。思想和理论是文化的核心、灵魂，任何一种文化都包含着一种思想和理论，生存的方式和方法。

　　文化的特性首先表现为文化是在一定经济基础上形成和发展的。不同的经济发展水平、质量决定不同的文化发展的水平、状况，经济发展的性质、趋势又决定着文化发展的性质、趋势。或许正因为此，余英时（2004）强调了多元文化观的现实性。多元文化观认为每一民族都有它自己的独特文化，且一个民族内部又有不同的文化构成，如中国文化的形成与中国人的民族性有关。中国是个多民族的国家，每个民族又有着具有地域性的文化特性。不同的经济基础决定不同的文化，从这个意义上说，只有个别的、具体的文化，没有普遍的、抽象的文化。

其次，文化使人类具有超越性。正如余英时（2004）所说的，人能从原始的自然状态中超拔出来，逐步进入文明的历史阶段，是和宗教、道德、艺术等文化因素的出现、发展密切相关的。宗教、道德、艺术等文化因素和科学一样在历史上发生着重大的作用。当然，宗教、道德、艺术等文化因素以精神力量的形式作用于世界，其作用往往要在一个较长的时期内显现出来。美国近代史学家 John U. Nef（1958）研究认为，宗教、道德、艺术等是推动近代工业文明的深厚的文化基础。正因为文化有着这样的作用，在国外把文化列入资本的范畴，即，精神资本，它是促进产出增长的又一大要素，且是具有持久性的要素，人们长期处在文化的潜移默化或价值内化的状态下，他们的行为会情不自禁地符合道德或伦理的规范，从而达到维持社会稳定与和谐的效果。

再次，文化的特性表现为文化与经济互动，构成人类社会发展的总体框架。文化产生于经济，文化也反作用于经济。近代社会发展的历史表明，经济的发展需要文化的支撑。亚当·斯密在《国富论》中提到的"经济人"，是具有一定道德观，包括诚信守约、履行支付承诺、尊重市场伙伴等文化元素的经济主体，"经济人"具有的文化要素构成了当时特定的文化观念。这些文化观念实际上也就是后来市场进一步扩展和经济不断发展的不可缺少的条件。在任何社会形态下，经济总表现为一种基础性地位，文化的作用即文化力，往往通过与经济的关系展现出来。且在不同的经济发展阶段，文化的内涵又有所不同。在现代社会，当资本（指人力资本）、技术对经济发展的作用日益明显的情况下，有学者（刘迎秋、赵少钦、刘艳红，2005）把文化还原为人力资本，即掌握自然科学、技术科学、社会意识形态等知识的人本身，文化力具体化为人力资本的作用；陈寿灿、颜建勇、黄文平（2006）则把文化力分解为精神力量、教育因素、科技因素、和谐发展理念等四方面因素的支撑作用，文化自然包括上面四个方面因素。一般情况下，涉及"文化力"范畴的文化属于区别于物质因素的精神因素范畴，这符合经济学最初引入文化概念以进一步提升经济发展水平的思路。

第二节　企业家精神概论：内涵、特征与理论追溯

一直以来，企业家及其对经济、社会发展所产生的重大作用为学者们所关注。企业家是企业的"领导灵魂"（Richard Swedberg，2003），是第二次浪潮社会的组织者（阿尔温·托夫勒）（张维迎、盛斌，2004），是经济增长的国王（张维迎、盛斌，2004）。企业家精神是与利润动机并列的、推动经济增长的两大因素之一（熊彼特，1990）企业家被众多学者冠以如此美誉，足见企业家在经济增长中的作用之突出。随着企业家对经济增长的作用日益为人们所重视，对企业家精神的内涵、作用的研究也不断深入。18、19 世纪，当学者们对企业家精神的研究处于起步阶段时，企业家精神被认为是企业家的才华和能力（Cantillon，1734），是学习、获取和利用知识的能力（Marshall，1890）。20 世纪以后，对企业家精神的研究处于发展阶段，研究成果不断丰富，较有影响力的是熊彼特的理论（熊彼特，1990）。熊彼特认为，企业家精神有五个构成要素：首创性、成功欲、冒险和以苦为乐、精明与敏锐、强烈的事业心。熊彼特对企业家精神的内涵进行了拓展，把企业家精神从原先单一的知识要素提升为集知识、能力、品质等为一体的、推动企业成长、经济发展的综合要素。随着经济的发展，理论界对企业家精神内在特征及形成原因的研究在不断深入，主要表现在以下几个方面。

一、把文化与企业家精神联系在一起

有学者从宏观的角度研究文化与企业家精神的关系。黄鸣、韩宁把中国传统文化注入到来自西方的"企业家精神"内涵中，企业家精神在中国的特殊内涵是"仁、义、礼、智、信"（黄鸣，2008；韩宁，2006）。杨培源（2008）认为，以传统农业文明为主要特征的特殊的地域文化会对企业家精神产生深层次的制约；有学者从微观的角度研究文化与企业家精神的关系。Antonio Minguzzi、Renato Passaro（2001）认为，企业中存在的对变革产生阻力的文化会限制企业的竞争力。

二、把企业家个体行为与企业家精神联系在一起

Michael Gurven、Arianna Zanolini（1990）通过模型论证后认为，几乎没有人认为社会或历史文化因素会对决策者的支付方式决策产生刺激作用，那只是个体决策差异的结果。Dannis M. Ray、Dominique V. Turpin（1990）在对影响日本高技术风险企业决策因素的研究中得出结论，影响日本高技术企业家行为的最显著要素是自我价值的实现，包括为自己创造一种机会，创建能展现自我价值的组织，在自己的一生中寻找一个促使飞跃的关键环节等。E. F. Schumacher（1973）认为，以小企业为主的地域适宜企业家精神的产生，他同时认为建立在小企业基础上的企业家精神是有价值的。张维迎、盛斌（2004）认为企业家精神与企业家个体行为关系也较为密切，他们认为企业家精神包括冒险精神、创新精神、不满足精神和英雄主义精神。

三、注重企业家精神的具体评价指标

刘亮（2008）把企业家精神指标分为企业的创新能力、企业所处的环境创新能力两大类。企业的创新能力又包括企业的目标、决策变量、创业创新的内部变量、企业表现等子指标；企业所处的环境创新能力包括金融支持、政府支持、教育和技术支持、商业文化、基础设施等子指标。刘亮给企业家精神设置的评价指标偏重创新和环境两大方面，而欧雪银（2007）从企业家主体角度出发来设定评价指标。欧雪银认为，企业家精神是主体敢当风险、创造财富的创新精神，通过个体、公司、系统三个层次的创新能力、结果及与环境的互动体现出来。

四、注重环境因素对企业家精神形成的作用

Stanley Kaish、Benjanin Gilad（1991）认为，企业家行为的核心元素是发现信息的作用和寻找信息。这就意味着一个对外开放度高的环境中，信息比较丰富，便于企业家施展才能。刘亦冰（2003）研究认为，在中国历代地域中，相比于荆楚、吴越、华夏三大文化，东南沿海的越文化，最具开放性特色。可见，越文化熏染下的越商，其企业家精神较为丰富，较具代表性。绍兴"江南水乡"的环境特征对越商企业家精

神的形成具有重要影响，正如杨佚清（2011）认为的，水是包括绍兴在内的整个浙江的灵魂，水是浙商的脚，最早走出去的浙商都是倚着水路之便，借风远行的。

第三节　文化对企业家精神形成的作用机制

机制，原指机器的构造和工作原理。生物学和医学通过类比借用此词，指生物机体结构组成部分的相互关系，以及其间发生的各种变化过程的物理、化学性质和相互关系。机制在《辞海》中有四种解释，分别是：用机器制造的；机器的总体构造和工作原理；有机体的构造、功能和各器官间的相互关系；某个复杂的工作系统或某些自然现象的演变规律。机制一词现广泛应用于经济学、政治学、社会学等领域，涉及一定机构或组织的构造、运行及功能等问题。

文化对企业家精神形成的作用机制这一问题，主要关系到文化的构成、不同文化构成元素与企业家精神形成的内在关系以及不同文化背景下企业家精神特质的不同。

从古到今，中国企业家的分布具有明显的地域色彩，各地企业家的经营风格、价值观念具有差异性，比如近代晋商以善理财、独创票号著称；徽商则表现为亦贾亦儒，贾儒结合。在当代，无论是根据《福布斯》的首富榜，还是根据胡润的百富榜，都可以看出，企业家的分布同样表现为明显的地域特征，不同区域企业家的分布状况与经济绩效具有高度的相关性。其中的原因在于文化是影响企业家精神的重要因素，不同区域具有不同的文化内涵和范畴，因而其企业家精神表现为明显的地域性。

不同的学者从不同的角度来讨论企业家精神的形成原因。如嵌入性（Granovetter，1985）、产业区域（Makusen，1996）、创新环境（Maillar，1995）、社会资本（Puttam，1993）、学习型区域（Morgan，1997）和集群（Saxenian，1994）等等。学者们普遍认为区域的文化环境在企业家的孕育、成长过程中发挥重要作用。企业的成长、发展过程就是企业家精神形成的过程。人在成长过程中往往会从社会环境中汲取特定的价值观念，这种价值观念又会决定这个人的行为方式。因此，在一定程度上，社会文化环境影响了企业家的价值取向，进而影响了企业家精神的形成。

　　前面已经圈定了文化的内涵和范畴，即文化是包括信念、知识、宗教、艺术、道德、法律、习俗和任何人作为一名社会成员而获得的能力和习惯在内的复杂整体，其中，宗教、道德、习俗是文化这一复杂整体中较为重要的构成部分。

　　关于文化与企业家精神形成直至经济增长的内在关系，学术界已有较多研究成果。

　　其中信念与企业发展、经济增长间的关系研究，在道格拉斯·诺思2005 年的 *Understanding the Process of Economic Chang* 一书中具有里程碑意义。诺思在 20 多年前由于揭示了经济绩效由支撑市场的制度类型及质量所决定这一内容，掀起了经济史上的一场革命。2005 年，诺思为了探究制度的演化以及经济变迁的深层次决定因素，拓展了先前的研究，诺思把意识作为关键变量揭示了意识是怎样成为社会学习的结果及其随后是怎样影响经济的制度基础的。诺思认为，人们持有的信念决定了他们所作出的选择，然后，这些选择建构了人类行为的变化。当然，诺思肯定环境对人们的行为产生重要作用。"任何思想都来自大脑。但是现在人们已经认识到，思想的流动和理智的适应性成功取决于与外部资源之间不断重复的至关重要的交互活动"（Clark，1997）。诺思认为，Clark 的观点对于社会科学理论化的意义在于，那些被我们看做是理性选择的东西，与其说是个人的，倒不如说是根植于更大范围的社会和制度环境之中的思想过程。

　　诺思借用哈耶克的观点，心智与环境不可分割，进一步论证意识、信念等文化因素对微观企业直至宏观经济的影响。诺思认为，文化的基本要素始自语言，语言的分类和词汇反映了社会累积的经验。文化遗产向我们提供了人造的结构——信念、制度、手段、工具、技术——他们不仅在对社会成员瞬时选择的塑造过程中，而且在向我们提供社会随着时间推移动态成败的线索的过程中，都起着十分重要的作用。由此，诺思得出结论，知识存量的增加是增进人类福利的基本决定性因素。如果仅仅关注这一点我们的研究就十分简单；实际上是知识、制度和人口因素之间复杂的互动关系才构成了经济变迁过程。在任何一个时点上，参与者都要受到路径依赖的约束——从过去继承而来的信念、制度和人造结构的组合对决策的约束。

在诺思对文化与企业发展、经济增长进行系统研究之前，学术界已有一些学者进行了独特的研究。Shapiro 和 Sokol（1982）建立了一个模型，把生命路径的改变、愿望的感知、可能性的感知作为新企业起源的变量。这一模型综合考虑了制度和文化因素的关联性，提供了描述新企业起源的动力和障碍的动态框架。关于社会资本以及网络理论的研究也努力将企业家精神纳入社会的分析框架。Birley（1985）在收集了印第安纳州的 160 个企业样本进行分析梳理之后，发现网络在新企业创立过程中具有重要的作用。网络理论在 Aldrich 和 Zimmer（1986）的文章中有了进一步的发展，他们把新企业的形成看做是一个演化的过程，是一个变化、选择、保持、扩散和对现实存在的奋斗。McCelland（1961）认为企业家精神具有一定的个性和心理特征，如成功需求、风险偏好、具有活力等。Suarez-Villa（1989）从不同的视角讨论企业家精神的核心，他比较不同区域的经济绩效，在 McCelland（1961）的基础上新建了一个成就动机的框架来解释长期的经济发展在空间上的分异。

在国外学者对文化与企业家精神形成直至经济增长关系的研究不断深入的同时，国内学者也积极加入这一行列。杨佚清（2008）在寻根百年浙商的时候认为浙商产生和变迁的最主要因素是企业家精神的多寡，这来源于浙商创业创富创新的欲望和能力。杨佚清（2009）在分析企业家能力来源及其生成机制的过程中得出结论，浙商的企业家能力与浙江的地方性知识传统、地域文化价值观、集聚化的产业分布等互为因素。王询（1999）分析文化传统对经济组织的影响，陈立旭（2005）分析区域工商文化与区域经济发展的关系，等等，均属于文化与企业家精神的相关性研究。

在西方世界，人们信仰宗教，如基督教，他们有着组织化的教会可依，有系统的教条可循，有专业化的牧师进行布道，他们未来的超越世界是具体而有形的。他们相信上帝是万有的创造者，也是所有价值的源头。因为有着宗教信仰，西方世界的人们一方面用上帝这一超越世界来反映人世间的种种缺陷；另一方面又用它来鞭策人们积极向上，因为超越性的上帝表现出无限的力量，足以使人们对未来充满信心。对一切个人来说，超越性的上帝来自外面世界，世间的人们必须遵循上帝所规定的法则，西方的"自然法"也因此而衍生。相比于西方宗教的外在化超越而言，中国用"道"来代表的超越世界是一种内向超越，儒家教人"深造自得"、"归而求之有余师"，道家要人"得意妄言"，禅师对求道者则不肯"说破"，全凭每一个人的内心自觉，因此，个人的修养成为其内在超越的关键所在。

从宗教这一文化构成部分来看，正如余英时（2004）研究认为的，中国文化和西方文化相比，具有较强的内倾性，主要表现除了上面儒家、道家的教理之外，佛教的"依自不依他"也更明显地显示了中国文化的内倾性。内倾的文化对企业家精神的影响主要表现在开放性不足、合作性有待加强等方面，当然，这种内倾的文化能造就更具韧性的、勤勉的企业家精神，也能充分说明中国的企业家在产品利润率很低的前提下，依然能坚持产业发展这种选择的文化依托。

习俗也是文化的一个重要构成部分，且是在一切生活环境下普遍存在的文化子系统，它以非常自然的方式塑造习惯和信念，支配情绪和认知，影响行动和行为，通过这些途径，习俗渗透到社会和经济的互动过程之中，马歇尔曾在《经济学原理》（1890）说过，习俗"对世界历史施加了深刻和支配性的影响"。习俗给经济、社会带来的既有积极的影响也有消的作用。从"有效的规范能够建构一种强有力的社会资本形式"（Coleman，1990）的角度看，习俗能够对社会起协调的作用；从习俗约束人们尤其是现代人行为的角度看，习俗妨碍生产方式和生产者自由发展（埃克哈特．施里特，2005）。

一个具有悠久历史的民族，世世代代的人们繁衍生息，必定会形成一套复杂而约束严格的习俗，包括习惯、礼仪、风俗等。这套习俗可以通过一种深入血脉的习惯或外部的制裁和奖励被维护、延续着，同时又被谨慎地追求，潜移默化地走向根深蒂固。从影响企业家精神特质角度看，习俗的上述特性不利于企业家的创新、发展。但久而久之习俗会被物化为某种可以流传或传颂的东西，于是习俗就可以成为企业家发展的一种要素和资源，且是不可替代和模仿的要素。中国上下五千年的发展历程，形成了数以万计的习俗，可以发展利用，积极发挥习俗有利的作用，尽可能避免不利的影响。如，各种历史上流传下来的节日、聚会，其实都是习俗这一资源要素的组成部分，一定要挖掘好、利用好。

第三章　越文化内涵与特征

第一节　越文化内涵与特征

越文化是中国传统文化的重要构成部分。中国传统文化的基本精神，从实质上看，就是中华民族的民族精神。

什么是中国传统文化的基本精神？张岱年认为，文化的基本精神是文化发展过程中的精微的内在动力，即是指导民族文化不断前进的基本思想，也是中国传统文化长期发展的思想基础，中国传统文化的基本精神就是中华民族在精神形态上的基本特点：包括刚健有为、和与中、崇德利用、天人协调等四大方面。张岱年（1986）进一步认为，中国的民族精神基本凝结于《周易大传》的两句名言中，那就是："天行健，君子以自强不息"；"地势坤，君子以厚德载物"。"自强不息、厚德载物"是中国传统文化的基本精神。关于中国传统文化的基本精神，张岱年补充认为，还包括为以德育代替宗教的优良传统（见张岱年《中国文化与中国哲学》）。许思园认为，"中国传统文化之根本精神为融和与自由"。杨宪邦认为，以自给自足的自然经济为基础的、以家族为本位的、以血缘关系为纽带的宗法等级伦理纲常，是贯穿于中国古代的社会生产活动和生产力、社会生产关系、社会制度、社会心理和社会意识形式这五个层面的主要线索、本质和核心，应该是中国古代传统文化的基本精神。刘纲纪（1985）则认为，中国的民族精神大致上可以概括为四个相互联系的方面：第一，理性精神。集中表现为：具有悠久的无神论传统，充分肯定人与自然的统一和个体与社会的统一，主张个体的感情、欲望的满足与社会的理性要求相一致。总的来看，否定对超自然的上帝、救世主的宗教崇拜和彼岸世界的存在，强烈主张人与自然、个体与社会的和谐统一，反对两者的分裂对抗，这是中国民族的理性精神的根本。第二，自由精神。首先表现为人民反抗剥削阶级统治的精神。同时，在反对外来民族压迫的斗争中，统治阶级中某些阶层、集团和人物，也积极参加这种斗争。说明在中国统治阶级思想文化传统中，同样有着"酷爱自由"的积极方面。第三，求实精神。先秦儒家主张"知之为知之，不知为不知"，知人论世，反对生而知之；法家反对"前识"，注重"参验"，强调实行，推崇事功；道家主张"知人""自知""析万物之理"。这些都是求实精神的表现。第四，应变精神。马云杰认为，中国传统文化的基本精神可以概括为"尊祖宗、重人伦、崇道德、尚礼仪"。另外，丁守和（1987）认为中国传统文化还具有发展的观点、自强不息和好学不倦的精神。庞朴（1986）认为，中国传统文化的精神是人文主义。这种人文主义表现为：不把人从人际关系中孤立出来，也不把人同自然对立起来；不追求纯自然的知识体系；在价值论上是反功利主义的；致意于做人。中国传统文化的人文精神，给我们民族和国家增添了光辉，当然也设置了一些阻碍；它向世界传播了智慧之光，也造成了中外沟通的种种隔膜；它是一笔巨大的精神财富，也是一个不小的文化包袱。

越文化是中华民族传统文化的重要构成部分，越文化的内涵和特征既有接纳中华民族传统文化的因子，又具有越文化独特的地域特性。在古代，越地远离中原，属于荒蛮之地。正如德国学者丹纳认为的，一个生存于艰苦环境之中的古老民族，其文化性格必然是以讲究"实际和实用"为特征的。他在《艺术哲学》中写道："为了要生存，他们没有时间想到旁的事情，只顾着实际和实用的问题。住在这种地方，不可能像德国人那样耽于幻想，谈哲理，到想入非非的梦境和形而上学中去漫游，非立刻回到地上来不可。"古越初民便是一个在极端艰苦险恶环境中生存的民族。越地"处海垂之际""披草莱而邑"，洪水与出没丛莽间的虫蛇猛兽相继侵袭为害。他们必须不断辗转迁徙于山陵丘墼间以寻找可供耕种的水土资源，并以简陋的武器入密林猎取兽类以补粮食的不足，这就是《吴越春秋》（卷六）所记，"乃复随陵陆而耕种，或逐禽而给食"。

在上述环境下诞生的越文化，顾琅川（2006）认为具有强悍、峻烈而轻死，理性务实，开拓与保守、进取与因循并存等三方面独特的内涵；陈越（2006）则认为，源远流长的越文化，可以描述为"剑—书"文化的特点。陈越认为，"剑—书"文化，既是一种历时态的描述，显示越文化阶段性特征；也是一种共时态的概括，揭示越文化几千年演变而形成的本质性底蕴。陈越进一步认为，越文化以东晋为分界线，东晋前是一种剑文化，既可以是武术界的"一寸短，一寸险"，即兵器，也可以是，武术界的"剑走轻灵"，即越人刚柔相济的性格，还可以是，铸剑的技艺，越剑是中国古代兵器中的奇宝，当时各国君王多次为之兴师动众，竞相争夺。越剑的冶铸是一个经过锻焊、热处理（淬火回火）、表面处理（外铄）、嵌铸（刻画）等多项青铜工艺的过程，集冶炼、铸造、绘画、书法、雕刻于一身形成的本质性底蕴。东晋以后，越文化处于书文化阶段，即蕴涵了人的自觉性的文化模式，是越文化演变中的重大的转折，重大的进步，它非常深刻地影响了生活在这一地域文化圈中的人们特别是那些文化精英的民族精神、价值取向、伦理规范乃至思维方式等等。梁涌（2007）认为，越文化具有独特的思维方式和价值追求，表现在：主体独立的价值追求、率真浪漫的情感和雄俊耿直的文化人格；精明善治，多谋善断，贯穿着励精图治的传统，少有迂腐儒生的形象以及处世精明，能言善辩，治事审慎等特征。梁涌（2007）认为正是越文化的独特内涵使越地文人从政具有独特的文化性格，于是越地文人从政表现出硬、拗、狂的特性，同时也开辟了文人从政的一个新天地——幕僚（师爷）参政，集中地体现了独特的文化内涵造就了越地文人从政行为的特色。高利华（2007）认为，越文化总体具有水性特色，即水利和海洋文化孕育中的越文化具有灵动而开拓的基本特征，具体又进一步表现为经济生产领域中高度发达的稻作文化、水利文化、航海文化、建筑文化；日常生活领域中的饮食文化、民俗文化；意识形态领域中的开拓冒险精神；政治领域中的权变谋略、行为方式；文学艺术领域中发达的性灵与山水文化等方面。方如金、熊锡洪（2001）认为越文化的特征主要表现在具有地方特色的民族语言、独特的经济生活习俗、精神境界、文明典制及宗教信仰等方面。

在学术界对越文化内涵的诸多解释中，最能体现越文化特征的是"务实理性、追求事功"。越是因为越族当时的先民发明和使用"戈"而得名的。"戈"在学术界有着不同的解释，有的认为是三角形石犁，是当时主要的生产工具；有的认为是有段石锛；有的认为是斧，一种武器；有的认为是扁平穿孔石斧，用作劈柴工具或狩猎工具。虽然学术界对"戉"的理解有所偏差，但总体把"戉"归在生产工具或武器这一类中。古代越人面对险恶的自然环境、强国压境的地理位置，不得不将谋求种族生存置于至高无上的地位，他们视工具和武器为生命力量的象征。越族名称的来源也充分说明了"务实理性、追求事功"的越文化内涵。务实理性，用顾琅川（2006）的解释是凡事必求实际功效的文化精神；追求事功，指的是在思想学术界以陈亮、叶适为代表的浙东事功学派，公开与占据学术正宗地位、奉行"平时袖手谈心性，临危一死报君王"思想的程朱理学分庭抗礼的思想理念。

第二节　影响因素

关于越文化独特内涵的形成原因，学术界有不同的解释。

有学者认为越地的环境影响着越文化的内涵。顾琅川（2004）认为，某种部族文化特征的形成在其早期很大程度上受制于部族活动的地域条件，包括自然环境与地理位置两个基本条件。越文化也不例外。越地恶劣的自然条件和孤立的地理位置造就了越文化独特的内涵。古时越地僻居东南一隅，远离中原，处于相对孤立的位置，且气温比今日高，属于亚热带气候条件，空气湿热，常常发生疫疠，导致人口稀少。环境恶劣，使越地开发远落后于中原地区，较长时期处于狩猎与迁徙农业并存的经济形态下。于是越国先民把谋求种族生存与延续作为头等大事。由此确实可以进一步发现，越文化"务实理性"的特征确实与越地的自然环境与地理位置紧密相连。持相同观点的还有些学者。高利华（2007）认为，一种文化的形成，很大程度上取决于这种文化所处的自然环境，而在长期的生存过程中为适应这种自然环境而形成的生产方式又对这种文化特色的形成产生了很大的影响。越文化特色的形成，是与这个地区河网密布、水利资源丰富和"西则迫江，东则薄海"特殊的地理环境相依存的：越地古老的水利工程建设是越文化孕育的土壤，发达的渔业捕捞文化是越地水文化的表征，先进的造船业使越族成为富有冒险开拓精神的民族，水利和海洋文化孕育了越地的特色文化。叶岗

（2009）分析越文化中心地的疆域和政区，展示越族繁衍生息的主要地区，旨在说明越族的构成及其文化特征。

越地地理环境的特殊性还表现在越地多山。古时越地有八座山，它们分别是卧龙山、火珠山、蛾眉山、塔山、阳堂山、蕺山、白马山、彭山。城里的山，从建筑学的角度看，可以作为城市建筑的依托。

卧龙山，位于绍兴城西北角，以盘旋回绕，形若卧龙而得名。越国大夫文种墓在此山上，所以又叫种山或重山；康熙南巡绍兴时驻跸于卧龙山，卧龙山曾改名为兴龙山；唐朝以来，绍兴府大多设在卧龙山上，所以卧龙山还称为府山。

火珠山，位于卧龙山东面，形状小而圆，好像一条卧龙口里含着的一颗珠子，所以称为火珠山。

蛾眉山，在火珠山东南角，因远望去山的形状酷似蛾眉一弯，因而得此山名。

塔山，位于绍兴城中南部，与卧龙山南北相望。因相传在越王句践时期，一天傍晚时分从琅东武海中飞来，所以又称飞来山，也称怪山；因为山上建有塔楼，所以称为塔山。

阳堂山，位于偏门与南门之间，又称鲍朗山。

蕺山，位于卧龙山东北面。因山上长满蕺草（即鱼腥草），越王句践曾经采摘并食用过，因而得名。

白马山，在蕺山西南面。彭山，在白马山东面、蜻蜓池畔。

目前，绍兴城里的上述八山，除卧龙山、塔山、蕺山目前屹立着外，其余五山，在历史延续的过程中，因形体小而被夷为平地。但不管怎么说，一座城里有山，而且还有多座山，实为少见。这些山成为城市的镇城之宝。这些山在一定程度上造就了绍兴人具有内敛而不外露的品性。

有学者认为不同地区文化的交流、渗透、融合是形成越文化特征的原因。陈桥驿（2004）研究认为，虽然在先秦时代，"中国"是"中国"，"南蛮"是"南蛮"，汉人是汉人，越人是越人，不同的地域，不同的族类，界限是截然分明的，但现在的人们研究越史和越文化所利用的文献资料，大多要依靠先秦的汉人著作，如"于越"这个名称以及越人第一次到"中国"朝聘等。陈桥驿这里提到的"中国"就是先秦时期的中心区域——中原地区。这说明越文化接纳了中原文化的内容。陈桥驿（1996）另外的研究成果也支持了上述观点，卷转虫海侵时期出现了越人的第一次流散，他们的足迹遍及中国台湾、越南、南洋群岛、日本甚至太平洋。秦统一以后，越人又出现了第二次流散，除了遁入深山的"山越"以外，他们的流散地区遍及浙西、皖南、赣、湘、闽、两广、海南、云贵等地。通过几次越人大流散，一方面越文化得以传播；另一方面越文化也吸纳了各地文化的元素，从而不断丰富越文化内涵。陈桥驿进一步认为古越族人有"外越"和"内越"之分，"内越"就是移入会稽、四明山地的一支。"东海外越"指离开今宁绍平原而漂洋过海的一支，他们中的一部分很可能到达"台湾、琉球、南部日本以及印度支那等地"。陈越（2006）认为越文化模式经历了从"剑"文化向"书"文化的转型过程，主要原因在于东晋时期北方文化大规模南迁，使越文化受到大规模异地文化的洗礼，从而在东晋前后越文化有了明显的文野之分。王晓初（2008）研究发现，古越人很早就向海外迁移，主要是向东南迁移，现在东南亚与南太平洋诸岛上的许多民族都与古越人的后裔有一定的血缘关系。大禹所代表的坚韧不拔、艰苦卓绝的斗争精神，句践所代表的坚韧顽强、报仇雪耻的抗争精神是越文化精神的精神原型，但这种从海洋文明发展起来的充满自由与野性的文化相对以农耕礼仪为主导的中原文化来说，是一种蛮夷文化。秦统一全国后，秦始皇出于对这种异质文化的顾忌，采取强迫移民的措施，分散其力量，同时还亲自跋山涉水，于公元前 210 年，"上会稽，祭大禹，望于南海，立石颂秦德"。固然随着各民族文化的交流与融合，原生态的越文化也随着岁月的流逝而发生着变异。

越文化独特内涵还可以从后天因素，尤其是人对自然的改变而留下的建筑物中透射出来。

绍兴城内多城门是越文化崇尚开放包容的印证。旧时的绍兴城周长40 华里，四周城墙高筑，城楼相望，显得威严、雄伟、气势磅礴。然而，就是这样一座古城，却透射着开放的特性，从其城门林立这一点就可以看出来了。40 华里的城墙共辟有十座城门，其中七座是水门，三座为旱门。有了这些城门，城内外的居民，可以随时互相联络，并且绝大多数可以坐船进出古城。十座城门是绍兴城向外联络的通道。

七座水城门分别是：正东向的东郭门，位于今都昌坊路东端；南向的罗门，位于稽山门与南门之间；正南向的南门，在今解放路南端，又名南堰门、植利门；西南角的水偏门，又名延禧门；正西向的西郭门，又名迎恩门；正北向的昌安门，又名三江门；东向偏北的都泗门，又名都赐门、督护门。

三座旱城门分别是：东南向的稽山门，位于今稽山桥畔，出此门可达禹陵；西南向的旱偏门，又名常禧门，位于今大校场西南角；正东向的五云门，曾称为雷门，在今东街东端。

绍兴素以美丽富饶而著称。东晋王献之说："从山阴道上行，山川自相映发，使人应接不暇。"明代徐渭："有福住山阴。"绍兴城多城门折射出绍兴人爱交流、善交流的特征，也反映了绍兴人较强的创新精神和较高的生活福祉，他们愿意在这块土地上繁衍生息，代代相传。

还有学者认为越文化独特的内涵是由历史环境决定的。方如金、熊锡洪（2001）对越文化形成原因进行研究后发现，越文化不是一种外来文化，越文化与夏、楚、苗、徐文化无论从其源流还是在表现特征、历史进程上都有明显的差异性，具有自己鲜明的地域特色。其社会心理、宗教信仰的形成一方面是人类主体活动的智慧结晶，是客观存在的产物；另一方面，它的形成受到地理环境、生态条件、生产和生活方式、社会制度等的影响。由于于越民族所生活区域的各种自然和社会条件与中原大不相同，因此也就形成了与中原不同的独特结构。

综合学术界的研究成果，发现越文化的独特内涵，是与越族先民生存的自然环境和人文环境密切相关的。

险恶的自然环境，迫使越人无暇于玄思遐想，亦难于更多顾及歌舞娱神，而不得不集中全部时间与精力，用以解决一个个为生存所需而逼到眼前的现实问题。传说中的越人远祖大禹，主要不是以古圣先王、而是以一个关心民瘼的治水英雄形象，以其劳身焦思、三过家门而不入的实干精神垂范后世的。

历史上越国发展的中心区域包括今天太湖流域的杭嘉湖平原、杭州湾南岸的宁绍平原和浙西的金衢平原等，整个地形是西南高东北低。境内地形、地貌具有多河谷平原、沿海平原，东部面向大海、海岸线漫长曲折等特点。越国中心区域的地貌受海平面升降与海岸线变迁的影响改变着。在地质时代的第四纪更新世，越国中心区域曾发生三次大海侵和海退，分别是星轮虫、假轮虫和卷转虫海侵。在海侵、海退期间，越国中心区域自然界的变迁频繁且剧烈。大约从距今 5000 年以前起，越国中心区域的海平面与现代海平面相一致。但平面地带湖沼密布，水面远远大于地面，超过了人类的需要，但由于当时人类改造自然界的能力很弱，于是，当时越国先民只能消极地等待水面的变迁以获得田地。

当然在经历了几次民族大迁移以及众多中原士子高僧入越游历与定居之后，越文化确实也吸取了外域文化元素，具有空灵超脱、怡情适性的文化素质，显示出某种返归自然、超脱世俗的形上追求。

第三节　越文化对越商企业家精神特质的影响

企业家精神是企业家经营企业的指导思想。企业家作为一个阶层必然有一些共性的东西，即企业家精神的基本要素，如创新精神、机会识别、承担风险等。但生长、生活在不同区域的企业家，其企业家精神的内在特质会由于不同区域传统文化的不同而不同，因为文化的作用往往是通过影响人的观念得以发挥的。传统文化影响企业家精神，使其具有不同的特质，然后影响企业家行为。越文化是影响越商企业家精神的重要因素，它直接或间接地影响着越商企业家精神。越文化对越商企业家精神的直接影响表现为历史传承、制度约束等方面；越文化对越商企业家精神的间接影响表现在绍兴的地貌特征、地理位置、自然资源状况等资源禀赋因素以及政府职能的有效发挥等方面。

越文化的发源地——绍兴，是具有 2500 年历史的文化名城，其历史传承丰富和厚实，句践的"卧薪尝胆"和"十年生聚、十年教训"；王充、王阳明、黄宗羲等所倡导的经世致用、义理并重、崇尚事功、主体自觉等文化传统，通过著书立说、学塾书院、熏陶感化等方式代代相传，潜移默化为绍兴人务实进取、脚踏实地的性格特征。

卧薪尝胆精神是吴越大地直至中华民族的宝贵精神财富。它诞生于越国。卧薪尝胆精神有两层含义：第一层含义是指自越王句践以来，绍兴人逐渐形成的奋发有为、锐意进取、不甘沉沦的敬业、创新精神，是改革开放以后学者们和浙商总结出来的浙商精神之构成部分——"四千"精神的历史渊源所在，体现了古典经济学的要旨和理念。浙商精神是改革开放以来浙江商人基于当地的区域文化背景、自身经营实践和彼此交流、渐趋融合而成的一种具有区域共性的经营管理理念（战明华，2005）。其内在的含义是众多浙江人，尤其是广大的供销大军发扬"踏遍千山万水，说尽千言万语，用尽千方百计，吃尽千辛万苦"——"四千"精神，突破浙江人多地少、自有资源极度稀缺的困境，到外地寻找发展机会，在个人致富的同时，促进了地区经济发展，实现了个人理性和集体理性的协调。绍兴和其他浙江人一样为什么在改革开放以后能不畏艰辛，发扬"四千"精神艰苦创业呢？这其中的一个原因在于绍兴是卧薪尝胆精神的起源地。正如战明华（2005）认为的，一个地区商人的精神区别于其他地区商人的特殊之处最主要的缘起植根于当地的特殊社会文化特征。在 2500 年以前，绍兴人的祖先——越王句践在面临兵败国亡的惨剧时，忍辱负重，克己自责，苦身戮力，卧薪尝胆，发愤图强，生聚教训，最后反败为胜，重建越国，并使绍兴进入了历史发展的第一个高峰期，这给后人——绍兴人甚至整个中华民族留下了一笔边际收益不断递增的精神财富。

第二层含义是指习俗、惯例等非正式的社会制度约束着人们的社会交往和经济交易，人们注重内部交往，交易半径相对较短，是一种讲诚信、道德的集体或社群主义的文化观念。这层含义的卧薪尝胆精神可追溯到大禹时代。大禹为国治水"三过家门而不入"，是卧薪尝胆精神较早的体现。大禹精神的核心是为民造福，无私奉献（张仲清，2004）。大禹结婚"仅四日，复往治水""居外十三年，三过家门而不入"，在传统的中国惯例社会中，"克己复礼为仁"变成一种在传统习俗和惯例的约束机制之外在力量规约中的个人道德自觉和自律过程（韦森，2002），这是一种德治社会，制度约束主要体现为"习俗、惯例"约束，而法律规则约束几乎处于空白状态。越王句践伐吴失败，屈服求和，率妻子和重臣进入吴国成为人质，受尽折磨与屈辱，始得吴王信任，被释回国。回国后，句践唯恐自己因生活条件改善而消磨了报仇雪耻的壮志，于是特建陋室，晚上在柴草上枕戈而卧，又"悬胆于户，出入尝之，不绝于口"，并亲自耕作，夫人自织，与百姓同甘苦，共命运，身体力行，以江山社稷为重。经过 20 年的奋斗，在兵精粮足、国富民强的大好形势下，句践率领越军攻破吴城，反败为胜，统一中原，争霸中国。第二层含义的卧薪尝胆，注重道德约束和人际间非正式的集体自我惩戒，其交易活动是在封闭的、交易半径较小的领域内进行的。

历史上的越是一个僻居中国东南沿海一隅的古老部族，人口稀少，环境恶劣，使越地开发远落后于中原地区。越族被严格排除在夏文化圈，即当时的中心文化圈之外。新中国成立后，在计划经济时代，绍兴市处于计划经济体制的边缘区域，国家对绍兴的投资相对较少，绍兴的国有企业数量很少或发展不充分，使得绍兴人享受计划经济的福利较少，于是他们萌生了自主创新、自主谋生的意愿，这样一来，绍兴较早地扩展了市场秩序，获得了市场效率，同时使制度创新。借用刘易斯的观点：对一个集团的歧视会使这个集团在集团主体所不感兴趣的方面显示出强有力的发展。这可以进一步说明绍兴经济的发展与农民自主创新精神的推动有关。在计划经济年代，绍兴的农民相对于城市居民而言，是一个更受政策歧视的群体，农民享受不到城市居民能够享受的诸多福利，于是，自下而上的诱致性制度变迁首先发生在农民这个群体中。正是由于绍兴具有计划经济边缘地区的特定文化，绍兴的制度创新得以优先，于是绍兴经济发展获得了一种新的、足以替代其短缺要素作用的要素——制度。金祥荣等（2001）对制度要素的作用表述为，"如果把制度也看成一种要素的话，它是最为重要的要素"。这种制度涵盖了所有能顺利推动改革和推动区域经济持续发展的个人、组织应遵循的一套行为规则。由于制度创新，包括旧有制度的变迁，使绍兴较早引入了市场经济的制度安排，在促进既存要素合理配置的同时，也给新要素的引入、整个经济适应新环境创造了条件。

因此，可以说历史传承和制度约束是越文化对越商企业家精神作用的直接表现。

越文化是越人的文化。要认识越文化与越商企业家精神的关系，还可以从越地的地貌特征、地理位置、自然资源状况等说起。

越的中心区域就在今绍兴市下辖的区域内，处在北纬 29°14′—30°16′，东经 119°53′—121°13′的区域范围内。属于亚热带季风气候，光照充足，气候宜人。行政区划面积 8256 平方公里，其中市区面积 337 平方公里，下辖越城区、绍兴县、上虞市、嵊州市、薪昌县、诸暨市六个县（市、区）。总人口 438 万人，其中市区人口 65 万人。越地地域范围内河流纵横，江湖密布，西部为丘陵山地，东北部为河湖平原。从总体上看，越地多为丘陵、山地，耕地资源短缺。

绍兴县呈现出南高北低的阶梯形地势，海拔 10 米以上的低山丘陵占总面积的 4.35%，海拔 4.5—10 米的水网平原占 45.65%，其中水面占 15.2%。

上虞市总面积 1427.5 平方公里，其中南部低山丘陵地区为 427.6 平方公里，中部曹娥江、姚江水系河谷盆地面积为 362 平方公里；北部河网、滨海平原 425.6 平方公里，海域面积 212.5 平方公里。

嵊州市是浙江东部丘陵山地的一部分，四周环山，盆地居中，东南与新昌县相连，合称嵊新盆地。河谷平原 404.7 平方公里，占总面积的 22.7%；海拔 70—500 米玄武岩台地和丘陵地区面积为 575 平方公里，占总面积的 32.2%；海拔 500—1000 米低山区面积为 724.6 平方公里，占总面积的 40.6%；海拔 1000—1100 米中山区面积为 80.2 平方公里，占总面积的 4.5%。

新昌县总面积 1427.5 平方公里，其中南部为山地，占总面积的 31.7%；中部为丘陵地区，占总面积的 62.25%；西部为河谷盆地，占总面积的 6.58%。

诸暨市以丘陵山地和河谷平原为主，耕地占总面积的 30%，林地占总面积的 44%，园地占总面积的 5%，水域面积占 5%，其他类型土地占 16%。

从越地中心区域的地貌特征、地理位置、自然资源情况看，越地的资源禀赋条件没有优势。

然而，政府职能的有效发挥能够弥补上述因素的不足。越地有大禹、句践等国君形象，他们也是政府形象的早期代表。越地政府的作用与经济增长的关系，在有些材料中已有记载，如《中国城市竞争力报告》。由社会科学文献出版社出版的《中国城市竞争力报告》自 2003 年首度出版发行以来，受到了各界人士的广泛关注。《中国城市竞争力报告》由一系列经济、社会发展权威研究报告组成，主要是对每一年度经济社会各个领域的现状和发展态势进行分析和预测，内容较为客观、具体。在《中国城市竞争力报告》中，绍兴有几个项目被列入中国城市竞争力前十名，主要是环境竞争力和制度竞争力，其中2006年绍兴的环境竞争力、制度竞争力在全国200个城市中均排在第五名。制度竞争力主要由产权保护程度指数、个体经济决策自由度指数、市场发育程度指数、政府审批与管理指数、法制健全程度指数等组成，这些指数反映的主要是政府行为和决策公开透明情况。绍兴制度竞争力强，足以说明绍兴政府形象较好及其对经济社会发展发挥了积极作用。绍兴市政府对越商企业家精神形成发挥的作用将在后面的篇幅中加以说明。

前面已经提到历史上的越人是僻居在我国东南沿海的土著民族。这些土著民族的先民，创造了灿烂的河姆渡、马家滨和良渚等各种文化。随着各地移民的融入，在我国春秋时期，越人迅速崛起。越国在春秋战国时代，也即公元前473—465年期间，曾为华夏强国。越人素来具有"尚武爱国，创新进取，奉献自强"的精神品质。

由于地理位置的偏僻，虽然越地商品经济较早萌芽，春秋战国时期的越大夫范蠡就被尊称为"商圣"，但是历史不断延续直至计划经济时期，越地经济一直处于边缘地位。改革开放以来，越地民营经济发达，地区综合经济实力闻名于全国。越商发扬"四千精神""两板作风"，成为浙商的一个重要分支。"四千精神""两板作风"也是越商企业家精神在改革开放时期的集中体现。越文化视角下，越商企业家精神具有以下特质。

1. 冒险、创新精神

古老的越地滨江临海，湖泽丘陵是基本地貌，时常面临山洪潮汐与出没林莽山涧的虫蛇禽兽的侵袭，自然环境极其险恶；同时，越国北部紧邻势力强大的吴国，吴越两国生死对立，越国先民把谋求越族生存作为最高目标。险恶的自然环境和人文环境造就了越国先民强悍好斗，峻烈轻死的精神风貌。经过漫长的历史迁衍，越人的这种精神风貌成为越地传统文化的构成部分。在民族危难之际，越地儿女——陆游、秋瑾、鲁迅……慷慨激昂、赴汤蹈火，冒死拯救危难中的民族；在经济转型时期，越地百姓为摆脱穷苦落后的经济现状，较早实行家庭承包制，发挥"五匠"（木匠、泥水匠、油漆匠、编织匠、石匠）、"三缸"（酒缸、酱缸、染缸）等传统手工业优势，依附于狭小土地的越地农民走出土地，发展民营经济，造就了今天越地集聚经济星罗棋布的景象。

2. 勤俭、敬业精神

为改变险恶的地理环境和人文环境，越国先民劳身焦思、忍辱负重。先祖大禹为治越地水患"三过家门而不入"，越王句践"卧薪尝胆""十年生聚、十年教训"。越国先民的这种勤俭、敬业精神不仅在越地，而且在全中国家喻户晓。越地先民流下的这份宝贵精神财富激励着一代代越人，成为越商企业家精神的又一重要特质。在劳动密集型产业面临生存压力的背景下，越商一方面注重设备更新，提高产品质量，加大品牌培育力度；另一方面，抓住时机进行产业转型，提高产业竞争力，适时发展战略性新兴产业。面对竞争激烈、利润微薄的经济环境，尤其是在金融危机期间，出口贸易急剧下降，国内消费持续乏力的背景下，众多越商能挺住，率先走出困境的原因之一，就是越商勤俭、敬业的企业家精神发挥着作用。

3. 诚信、合作精神

诚信、合作是企业家精神的重要维度，诚信是合作的基础，经济主体凭借彼此的信任相互之间进行合作。这里讲的合作包括企业内部资本所有者之间、管理人员、技术人员、一般员工等利益相关者之间的协调，也包括企业之间、与政府相关职能部门之间的合作。企业一旦具有这种合作精神，其发展就具有持久力。越商所依托的传统文化蕴涵着以大局为重，行为人彼此合作的精神本质。句践灭吴兴越的整个过程，就是越人这种精神得以发挥的过程。首先，越女西施不记个人得失，入吴伺君，使吴内耗，逐渐削弱吴国力量，实现"削吴"目的；然后是文种、范蠡一个专注越国内部事物，一个随同句践入吴，里应外合，共同实现"强己"的目的。由此看来，句践灭吴兴越的整个过程是越国君臣上下重视谋略，注重合作的过程。直至今日，注重诚信、合作的越文化风范流传在越商中间，越商企业大多以集聚经济的形式存在、发展，企业注重区域品牌对企业发展的重要性，区域内的每个企业都会竭力维护区域品牌，如嵊州领带、山下湖珍珠、绍兴黄酒等，这是上述精神极好发挥的典范。

4. 家庭、企业相伴精神

在企业发展过程中，家庭和企业往往是两条线，家庭是企业家生活的宁静港湾，事业是企业家努力拼搏的战场。然而，在家庭、企业相伴，即企业带有很强家族化色彩的情况下，企业家倾向于将家庭成员安排在企业的关键岗位上，按亲疏关系、忠诚程度、才能大小的依次顺序，控制权逐步下放到与企业主有血缘关系、亲缘关系、地缘关系的各种人员手中。企业成为家庭成员的共同所有，家庭成员就是企业的员工，尤其是关键性岗位的员工。越商企业家的家庭、企业相伴精神有其越文化根源。古代越国君王在用人问题上，注重"尊尊亲亲"，即以血缘亲疏为主要依据来用人，特别是册封子弟为王一事，成为一种惯例。越王句践在人质入吴之时，奉行的是"举贤尚功"的用人策略，重用文种、范蠡等谋臣，终达灭吴兴越的目的。但迁都琅琊，称霸中原以后，句践就改变用人策略，大封子弟为王。

越商企业家精神特质是以越文化为背景的，这些特质对企业发展来说，有科学、合理的一面，也有保守、落后的一面。

在不同历史阶段、不同地域背景下，企业家精神的内在构成会有所不同。晋商、徽商是我国明清时期兴旺发达的重要商帮。明清时期今山西、安徽优越的地理环境、发达的文化教育以及丰富的历史文化资源等，造就了晋商、徽商的繁荣，也成就了晋商、徽商独特的企业家精神。越商企业家精神与晋商、徽商企业家精神有相同的部分，主要表现在：

1. 勤俭

据资料记载，晋商的兴旺发达与晋商的勤俭，俗称"抠"有密切联系。晋商发家以后，依然像原先一样省吃俭用，盖了豪宅大院，传给子孙后代，以延续家业，目前山西的王家大院、乔家大院、曹家大院、渠家大院等"大院"文化就是晋商财富积淀的结果；徽商同样崇尚勤俭作风。徽人从小外出经商，生活艰苦，勤奋学徒，创造业绩。

2. 创新

晋商开拓的"万里茶叶之路"——中国第三条国际大商道、票号等开创了中国历史之最，这充分说明晋商具有创新精神；旧时的徽州人多地少，自然环境恶劣，很多徽州人不为生活所困，选择外出，四处经商，谋求生活和生意。虽然在外出过程中，很多徽州人难以一时改变贫穷的境地，但是出于改变现状目的的地区移动本身就是创新精神驱动的结果。

3. 诚信

晋商把诚信作为一种信仰，一种制度的灵魂，贯穿在信贷制度、用人制度、奖惩制度等方面。晋商做票号的时候，只要想贷款，不管其有否财富积淀或财富积淀多少，都能凭信用贷到款项；年轻人到商号去学徒，凭诚信就能被提拔重用，但如果被发现该年轻人人性中有恶劣的斑点或有稍微不慎，马上就会遭遇被开除的困境。晋商诚信的背后是儒家思想的强力支撑。晋商往往"以儒治商、以儒治身、以儒治家"，儒家思想的核心"仁、义、礼、智、信"扎根在晋商的心灵深处；徽商也信奉儒家思想，徽商也被称为"儒商"。很多徽商是在儒家思想的熏陶下成长起来的，在经商过程中能按儒家的道德规范行事，讲真诚、重诺言、行仁义的人性质素，是徽商共同的文化心理，也是徽商曾经辉煌一时的渊源所在。

勤俭、创新、诚信这一侧面的企业家精神成就了晋商、徽商的繁荣，但现时代晋商、徽商衰落了，其衰落的原因恰在其企业家精神的另一侧面。

1. 不注重兴办实业进行资本投资，以化解风险

晋商、徽商从事的产业主要是流通业，如票号、典当行、贩运业等。晋商留给世人的财富主要是物质财富，其中重要部分是大院建筑，还有部分是窖藏银子。晋商勤俭起家、勤俭持家，有了财富以后没有继续投资，而是以银子作为财富的代表埋在地下。战争爆发，财富落入别人甚至是外国人手里；徽商主要产业是典当行，其积淀财富也主要以银子形式储存起来，据文献记载，明清时代的徽商"藏镪百万、千万"，这里的"镪"就是指银子。

2. 官商结合

晋商、徽商的繁荣与官府给予专营权密切相关，晋商、徽商也因此带有官商的色彩。晋商利用当时明朝的开中制获得盐业的专营权；票号的创建是商品经济发展的结果，是晋商创新的产物。但是在清朝庭政局动乱的背景下，票号成为清朝庭办理军饷、办理粮款，甚至办理民间给朝廷缴费的工具，于是，票号带上了浓浓的官号色彩。徽商更是封建性很浓的商帮。徽商从事的盐业、茶叶均是朝廷垄断经营的范畴，而且很

多徽商并不是纯粹的商人，而是商人兼地主，或者商人兼官僚，或者商人、地主、官僚三位一体。因此，徽商是紧密依赖于当时政权的商帮，徽商也因此被称为"儒商"。

3. 倚重家族势力，带有浓厚的家族化色彩

晋商、徽商都以儒家思想为核心思想。儒家思想带有较强的宗族观念。晋商留给世人的一座座豪宅大院就是晋商当时盛极一时的各个宗族财富积淀流下的家业。可以想见这些宗族当时为了做大各自的家业，彼此之间互相竞争，利用各种手段，由此内耗了相当多的人力、物力、财力；徽商也带有很强的家族化色彩。徽商出去经商往往按血缘、地缘聚居。徽商以父带子、兄带弟、叔带侄的形式外出经商，到达某地，家族中的人马上就会随之而来。

以血缘、地缘为基础构筑起来的家族化色彩浓厚的商帮，虽然具有极强的凝聚力，但不利于外姓人才的集聚，不利于思想的交汇，并且很易导致家族间的恶性竞争。

通过与晋商、徽商的比较，发现越商企业家精神的相当部分内涵——勤俭、创新、诚信，正是晋商、徽商盛极一时的原因，而晋商、徽商企业家精神的另一极内涵，也是导致晋商、徽商衰落的原因。这些原因有的在越商企业家精神中没有体现，如不注重兴办实业进行资本投资，官商结合。越商从事的产业主要是劳动密集型的制造业，且以集聚经济的形式存在，如嵊州领带、大唐袜业、山下湖珍珠、崧厦伞业等。越商注重实业是有其深厚的越文化背景的。越国大夫计然的经济思想之一是"农末俱利，平粜齐物"，这里的农和末分别指的是农业、手工业、商业。"农末俱利"，意味着当时越国就注重农业、手工业和商业各业平衡发展。越商在改革开放初期是以从事计划经济边缘产业开始发展起来的，以民营经济发达闻名于全国，成为浙商的一个重要分支，因此，晋商、徽商的"官商结合"这一企业家精神内涵也不可能出现在越商群体中。这也是以越文化为背景的结果。因为越是一个僻居中国东南沿海一隅的古老部族，远离中心，处于不为朝廷关心的境地。这样的地域，其商人是不可能得到朝廷授予的资源的，因而更不用说"官商结合"了。

而导致晋商、徽商衰落的原因之一，即，倚重家族势力，带有浓厚

的家族化色彩，这一企业家精神特质在越商群体中表现较为突出。改革开放以来，民营企业，特别是私营企业，是在计划经济的夹缝中顽强地生存、发展与壮大的。私营企业是由个人投资和经营的企业，采取家庭作坊的组织形式，其所有者、经营者合一。而今为适应企业发展的规律，部分民营企业逐步向公司制转变，采取有限责任公司和股份有限公司的形式，在企业内部设立了股东大会、董事会和监事会。然而在企业具体运作过程中，这些民营企业依然维持着股权集中在企业主手中，企业决策包括重大决策和日常管理仍然由企业主亲自作出，家族成员仍然控制着企业的关键性管理岗位等。这些信息展示着目前越商处于"公司化组织和家族化管理"并存的状态下。

越商家族化色彩浓厚是以我国强烈的"家文化"意识为背景的。在"家文化"背景下，社会的信任结构体系由泛家族信任、私人信任和个体信任构成，从而影响企业主的行为模式。民营企业往往会按亲疏关系、忠诚高低、才能大小的依次顺序，把企业控制权逐步下放到与企业主有血缘关系、亲缘关系、地缘关系的各种人员手中。于是，即使民营企业采取了公司化的组织形式，但企业的具体运作还是维持着家族化形式。

关于民营企业家族化运行的利弊，目前学术界意见不一。有学者认为，在我国经济快速发展的背景下，民营企业的组织形式和治理结构应采取公司化的形式，利于民营企业健康、持续发展；也有学者认为，民营企业家族化也无可厚非，甚至以"美国的企业也是家族化色彩很浓"这一点来加以说明。民营企业家族化是我国特殊文化背景下的经济现象。越商可以晋商、徽商的成败得失为鉴来对待这一与晋商、徽商企业家精神的一个共同点。

越文化与越商企业家精神的关系中间有一些介质，如风俗、礼仪等属于习俗的内容。越族是个古老的民族，经过几千年的发展，积淀起了丰厚的精神财富，风俗、礼仪等习俗就是其中的重要部分。习俗以非常自然的方式塑造、影响人们的习惯和信念，支配其情绪和认知，左右其动机和行为。通过这些途径，习俗渗透到社会和经济的互动过程之中。习俗对企业家精神的影响是根深蒂固的。正如埃克哈特·施里特（2004）所言的，在任何特别的社会中，制度并不是能在真空中形成的，它们在相当大程度上依赖和继承于过去的行为和观念，即习俗。习俗是习惯、信仰、礼仪、风俗等要素的复合体，一般不易分解。习俗一般是从上一代向下一代传递，在传递的过程中，习俗的某些内容或许会发生变化，但从总体上看，习俗具有稳定性和可持续性。对习俗的作用，韦伯（1922）曾进行过高度的肯定：习俗可以通过一种深入血脉的习惯，或外部的制裁和奖励而被维护，同时，习俗可以谨慎地追求，或潜移默化地走向根深蒂固。

越商深知包括习俗在内的越文化是一种生产力，一方面在经营过程中积极传承、保护越文化；另一方面努力挖掘越文化的内涵，特别是上面提到的习俗，在生产经营过程中融入越文化元素，利用文化的力量来提高生产效率。

"荣禄春"就是凭借文化的力量重新崛起并走向新的辉煌的绍兴的一家老字号餐饮企业。

"荣禄春"创建于20世纪初，到1991年时已经显得衰败不堪。楼上的木地板已经摇摇晃晃，店内有些地方渗漏严重，影响生意。当时每日营业额不到1000元，员工只能拿相当于一般企业八折左右的工资。"荣禄春"将走向何方？当时"荣禄春"的上级单位绍兴饮食服务公司领导层意见不一。有的认为索性将它关门歇业，店面可以租掉，也可以转让；有的认为"荣禄春"毕竟是百年老店，草率关门有点可惜。就在决策层举棋不定之时，有人推荐当时担任沈永和饭店副经理的金阿土来掌舵"荣禄春"这艘航船。金阿土接收了"荣禄春"的摊子，紧接着"荣禄春"关门歇业重新装修。在上级公司的支持下，先后投入100多万元进行投资改造。他掀掉了破地板，换上了花岗岩，还安装上了当时少见的中央空调。更重要的是，在经营柜台的设计上进行了改造，成为绍兴第一家自助式的快餐店。

然而事情又出现了变化。由于20世纪90年代初，各类新饭店不断涌现，且店名要么带点异国风情，要么带有帝王气息，常常与传统的很不一样。在这样的大背景下，在"荣禄春"投入巨资进行重新装修之际，其上级单位——绍兴饮食服务有限公司展开了一场讨论，主题是重装后的"荣禄春"要不要换个店名。有相当部分人认为，"荣禄春"这一名称显得传统，与时代环境不符合，应该重新命名，新的店名应带点海派气息。面对这样的意见，金阿土坚持认为，"荣禄春"是老字号，每一个字都是吉祥美好的，这符合中国人传统。老字号自有老字号的优点，不宜轻易改名。况且"荣禄春"经营的就是绍兴传统食品，更要用老字号体现其特色。在金阿土的坚持下，"荣禄春"的店名得以保留。店名保留下来了，但"荣禄春"还是时不时面临着被替代的风险和压力。随着绍兴市解放路商业街的进一步成熟，越来越多高利润行业入驻大街，一些经营者找不到店面。他们瞄准了一些利润相对较薄的餐饮行业。一些经营多年的老字号认为，面对丰厚的租金，他们与其自己经营还不如出租来得划算，于是这些老字号纷纷退出经营领域或缩小经营范围，出租店面房。金阿土面对络绎不绝的租赁店面者，依然选择继续经营"荣禄春"。

金阿土知道"荣禄春"蕴涵着越文化的深刻内涵，经营"荣禄春"，就是在传承、保护越文化。功夫不负有心人，自1993年10月，重新装潢后的"荣禄春"以崭新的面貌展现在绍兴人面前至今，每到中午、晚上，这家百年老店便人声鼎沸，宾客满堂，其效益像燃着的炉火一样往上蹿，"荣禄春"的影响力在全省餐饮界名声大振，一些外地餐饮业老总纷纷来这里考察，"荣禄春"也因此被浙江小餐饮行业协会评为经营典范。

金阿土坚持保留"荣禄春"店名的原因是因为这个店名富有历史价值，"荣禄春"能够在绍兴的黄金街区——解放路岿然不动，也正是因为其历史价值。一些越商像金阿土一样不断地挖掘绍兴的历史文化价值。

越地历史悠久，积淀了深厚的越文化财富。"十碗头"是绍兴习俗在餐饮业上的集中体现，是绍兴民间置办酒席的一大习俗。"十碗头"，即是旧时越地民间喜庆宴席的一种形式，因其菜肴数量为十碗，且用碗盛装而得名。民间喜庆之时，如置办订婚酒、结婚酒、生日酒等，一般需办"十碗头"以示庆贺。赴宴者穿着盛装，面带笑容，围坐在八仙桌旁，在谈笑间"十碗头"陆续上席。那场景真是喜庆、吉祥。

现在，绍兴的咸亨酒店就是通过对传统"十碗头"菜谱的挖掘、梳理、提升，在保持原"十碗头"精髓的基础上对菜肴进行组合、烹调制作等方面进行改良，开辟传统文化与饮食相结合的新路子。怀旧的八仙桌、古朴的凳子、蓝边的旧式餐具，使人们在享受"十碗头"美味的同时，回味儿时的记忆，享受曾有的快乐，仿佛又回到从前，这就是在经营过程中融入传统文化元素的极好典范，是文化促进生产力提高的有力尝试。

宋金才执掌下的百年咸亨就是通过这种方式挖掘越文化内涵，不断提高生产效率的。宋金才也因此与"咸亨"紧紧地捆绑在一起。宋金才20世纪70年代曾当兵入伍，退伍后任绍兴柯桥供销社副主任，从此与商业结缘，加入了越商的队伍，先后任绍兴越城区工业财贸局科长、绍兴大厦副总经理、绍兴综合商业公司、物贸公司经理、书记，1994年任绍兴咸亨集团股份有限公司董事长、党委书记至今。宋金才上任"咸亨"的1994年，就成功注册"咸亨"服务商标，并组建绍兴咸亨集团股份有限公司。1995年咸亨酒店向外拓展业务，将"咸亨"服务商标先后在日本、韩国、美国、新加坡、中国香港、中国台湾等国家和地区进行了注册。1995年投资6000万元扩建"咸亨"。1998年竣工试营业，并在北京开设第一家全国分号，这样的分号现在"咸亨"有30家。2002年"咸亨"商标被认定为"中国驰名商标"，成为全省唯一的一件服务类中国驰名商标。

宋金才接手咸亨酒店时，咸亨只是一家270平方米的小店铺，资不抵债，负担沉重。宋金才当时就认为只有盘活资产才能发展"咸亨"，1995年，宋金才做出了在当时被视为"开天辟地"的大动作：举债6000万，扩建咸亨酒店，原先270平方米营业面积一举扩为11000平方米，还有2200平方米地下室。此后，适逢旅游业和假日经济兴起，"咸亨酒店"犹如籽落沃土，在餐饮业中焕发出勃勃生机。坊间曾流传：光是咸亨酒店门口炸臭豆腐这一项，一年就可以为咸亨酒店创造100万元利润。咸亨酒店一年的利润可想而知。

宋金才通过挖掘文化内涵，利用习俗的后续效应提高企业生产效率，使得"咸亨"不只是面积、资产扩大了数十倍，而且使"咸亨"商标跻身中国驰名商标行列。2007年世界品牌实验室一项调查显示，在"咸亨"十余年发展历程中，这个承托在文化之上的品牌，价值已经高达39亿元人民币。

附录：

"十碗头"中的第一碗，也是主菜之一是"绍三鲜"。其配料为八大颗鱼圆、八大颗肉圆、蛋糕片、猪肚片、熟笋片、黑木耳、肉皮、海参、猪心、葱段等，上述配料数量均以八计，装入大海碗，色彩漂亮，寓意吉祥。第二碗是"肉丝小炒"，黄韭、笋丝、肉丝为主要原料，再加入绍酒、酱油煸炒而成，装碗之前加一勺米醋，此菜爽口鲜香。第三碗"醋熘鱼"，选用胖头鱼、萝卜为主料，进行醋熘，装入碗之前撒上葱花、胡椒粉，此菜香鲜酸甜。第四、五、六碗为"三扣"，分别是扣鸡、扣鹅、扣肉，在"三扣"中，"白鲞扣鸡"和"白鲞扣鹅"两菜中约定俗成，只吃一扣，寓意为年裕有余。第七碗为"炒时件"，此菜配料主要是鸡、鸭、鹅的内脏，绍兴民间称其为"时件"，再配以韭芽、芋艿同炒。此菜不但味美鲜香，而且还是绍兴人节俭的象征，因为此菜的原料是一些"边角料"。绍兴在置办宴席时把边角料利用起来且作为其中一菜，确实是一种勤俭持家的表现，也是一种创新的象征。第八碗为"炒金钩"，主要原料为响铃、菠菜，此菜黄绿相间，色美味鲜。第九碗是"红烧皮肚"，主要原料是猪蹄。第十碗是"培红菜小鱼圆汤"，主要原料是培红菜、鱼圆。培红菜，即咸菜，是用新鲜的芥菜、油菜、白菜经过清洗整理后晾干瘪后在阴凉通风处堆放四五天，待菜呈黄绿色之后，用手把菜捏压至出汁为止，然后装入缸或坛内，再压上重物，不使泄气，经过20天左右的腌制，即成为色黄亮、味醇香、质鲜嫩的"培红菜"。培红菜加上小鱼圆进行煮沸，再放入调料，即成"十碗头"的最后一碗，此菜色彩明亮，味道鲜纯，适于下饭。

绍兴是具有2500年历史的文化名城，世代流传下来的习俗资源十分丰富，在饮食上除了宴席中的"十碗头"传统外，还有如喜食霉干菜、霉苋菜梗、霉千张等"霉"字带头的食品，一些越商就发挥这一习俗的经济功效，开发产品，提高企业经济效益。

绍兴霉干菜又名乌干菜，曾在清朝时期列入绍兴进贡朝廷的八大贡品之一。绍兴乌干菜因其色泽油光乌黑，醇厚绵长而久负盛名。一系列围绕乌干菜的延伸产品，如笋干菜、干菜毗肉、干菜味休闲花生，更是古越名肴。霉干菜除了用来佐餐外，还可以作各式菜肴的辅料，常用来清蒸、油焖、烧汤、烤笋、烧鱼、炖鸡、蒸豆腐等；其味鲜美，开胃增食，夏天用干菜配上一撮嫩笋作汤料，有生津止渴、解暑防痧、恢复体力的功能，"干菜焖肉"是一道典型的绍式名菜，被撰入《中国菜谱》，鲁迅先生、周恩来总理在生前都爱吃这一家乡菜，干菜焖肉还得到许多外国朋友的赞许，1972年美国总统尼克松访华来杭州，在杭州楼外楼的宴会上就有一盘周总理的家乡菜"霉干菜焖肉"，尼克松吃后连称OK，所以绍兴过去有一句古话"乌干菜、白米饭、天上的仙女要下凡的传说"。

浙江金事达食品股份有限公司就是这样一家挖掘绍兴饮食习俗，开发霉干菜产品的企业。浙江金事达食品股份有限公司的前身是老史食品厂，这是一家有机种植并专业生产乌干菜系列产品的农业龙头企业，也是目前国内唯一一家有机种植并专业化生产乌干菜的著名农业龙头企业。老史食品厂的创办人史宝祥先生是史家干菜工艺第五代传人，是越商中利用习俗开发产品，进行生产经营的代表。

老史食品厂研制开发的乌干菜经过多年与食品专家共同研究创新，生产的乌干菜系列食品，如乌干菜、干菜扣肉、干菜调料、干菜饮料等数十系列及其他土特产近60多个品种因其具有色泽油光乌黑，香味醇厚绵长的特点，有解暑热、清脏腑、消积食、治咳嗽、驱疲乏、生津开胃、防止晕车等神奇功效，在饭店、宾馆、商场、超市、旅游景点、铁路、航空、外贸出口等渠道广为销售，成为各地消费者十分喜爱的佐餐佳肴和消闲食品，深受消费者的青睐，并多次获国内外食品大奖和国家发明专利。2005年在绍兴市老史食品有限公司基础上组建绍兴市金事达食品有限公司，老史食品的所有资产和权益并入绍兴市金事达食品有限公司，但继续保留绍兴市老史食品有限公司名称，企业发展进入了新的历史阶段。目前金事达食品有限公司厂区占地52亩，有标准厂房27000平方米，以规模化、现代化的乌干菜生产加工基地为平台，走科技创新之路，实现了乌干菜生产产业化、规模化、现代化。与此同时，金事达食品有限公司立足于高起点，与浙江大学、江南大学等高校科研机构合作，拓展生产经营范围，涉足饮料和豆制品生产，形成了乌干菜系列、干菜饮料系列等产品群体，具备年产乌干菜系列产品1000吨、干菜王系列饮料1000万瓶的生产能力。金事达食品有限公司与浙江大学研制开发的干菜王系列饮料被评为浙江省新产品并申报了国家发明专利，饮料系列产品被中国自行车队指定为专用产品，并以其独特性进入 2008 年奥运会。金事达食品有限公司十分注重品牌和质量建设，产品质量优良，近年来已连续多次获得浙江省农博会金奖、浙江省优质无公害农产品、绍兴市绿色农产品等荣誉证书；2006 年金事达食品有限公司业被评为浙江省农产品加工示范企业、农业综合优胜企业、绍兴市工商免检企业等荣誉称号。

越商不仅在饮食业发挥了习俗的经济功效，还在其他方面进行了有力的开拓和弘扬。绍兴在文化活动方面的习俗主要有赶庙会、看社戏等。鲁迅先生专门就儿时看社戏的经历写有社戏一文。"社"是"示"和"士"的合成，意为"土地之神"。一年中的"社日"，是祭社的日子，人们不仅供奉酒肉祀神，而且还请戏班子演戏，一来为了娱神，二来也为了热闹。绍兴是水乡，很多戏台搭建在祠庙前的河边、湖边等地，于是，社戏也称"庙会戏"。人们有的站在岸边，有的坐在船上，观赏着自己选择的、喜爱的戏曲，且是一些经典的曲目，那份惬意可想而知。社戏，可以站着看、坐着看、在家门口看、赶到邻村看，充分体现了社戏的草根性。

今天，社戏在绍兴民间依然延续着，演社戏、看社戏这一习俗已成为绍兴的一大民俗风情，并由此延伸出了一大产业——越剧产业。近几年来，在越剧之乡嵊州市，涌现出 100 多个活跃在城乡演出市场的民间职业剧团，其旺盛的生命力和产业化的运作趋势，给传统的演出业带来若干思考。

嵊州地处浙江东部，是越剧的发源地，也是中外闻名的越剧之乡。1996 年被文化部命名为全国文化先进市。这里的人们多才多艺，外出演戏的传统，已有上百年的历史。嵊州民间职业剧团演出产业就是在这样一个大的环境里逐步发展壮大的。在嵊州，参加民间职业剧团的演员形成一个群体，主要包括四部分人：一是从国家专业越剧团退休回乡的老艺人和 20 世纪 80 年代初兴起的区社剧团中的部分骨干；二是由培训班走上舞台的演员和乐队；三是由于越乡环境的熏陶，部分人出于对越剧钟爱和自身的艺术才赋，在家庭或亲友的带领下，直接进剧团成了演员；四是近几年，国家专业剧团的演员留职停薪或下岗后，成为民间职业剧团的客串演员。据统计，近十年间，嵊州市参加民间职业剧团的艺人稳定在 2500 人左右，平均年龄在 35 岁上下。剧团大致分为三种类型：常年性的、季节性的、临时性的。常年性剧团，演出时间每年在 8—10 个月，上演 450 场左右。这类剧团有 30 多个。季节性剧团，演出时间每年 3—4 个月，上演 150 场左右。以农忙务农、农闲演出的形式运作。这类剧团有 50 个左右。临时性剧团，演出时间每年一个月左右，仅在春节和庙会期间演出。这类剧团有 20 多个。另外，还有一种是随意性较强的拉拉队演出团，一般在十人左右，以唱堂会的形式，流动在山区自然村、海岛渔民区等剧团不能去上演的区域。

嵊州的民间剧团能演各种传统剧目，水平较高的剧团，凡演出市场上专业剧团的保留剧目，大多都能演，如《孟丽君》《五女拜寿》《追鱼》《状元打更》《盘夫索夫》《狸猫换太子》《血手印》《玉堂春》等等，他们以票房收入的高低选择剧本排演。多数剧团能演路头戏（幕表戏），即继承越剧"赋子"联戏的传统，一个故事一出戏，根据观众所需，可以编演上百出戏，一出《狸猫换太子》可演七天七夜，一本《孟丽君》可演五天五夜。

嵊州的民营剧团的组建多数采用个人投资方式，基本上是通过演出经纪人（一般为剧团团长）采用"自愿组团、自主经营、自备服装、自带伙食、自定分配"的办法进行组织，完全依靠自己在演出市场中出效益，越剧产业中也充分体现了越商的草根性。

具有草根性的越剧产业自然有较高的成长性。20 世纪八九十年代以来，嵊州民间职业剧团的演出场次在 1.5 万—1.6 万场/年，演出总收入在 1200 多万的水平。发展到今天，嵊州全市有民营剧团 120 个，从业人员 4500 人，相关产业总产值达 1.2 亿元。随着国家振兴文化产业进程的加快，近几年嵊州民营剧团的形势比以前更好，登记在册的剧团近 70 个，累计演出 13000 多场，总收入达到 50000 多万元，每场演出的平均收入都比以前有所提高，最高的每场收入为 3 万元。

民间剧团的活跃带来的效应不仅仅是剧团本身的演出收入，而且还有戏服收入、越剧文化旅游收入等。

越商挖掘习俗等文化资源在饮食业、越剧产业等大有建树，在促进经济增长的同时，既活跃了市场、安排了就业，也使越商自身的精神财富不断得到提炼和丰富。

第四章　越商企业家精神的内涵与特质

受传统文化影响深远的越商，其企业家精神不仅具有一般企业家精神的内涵，如冒险、创新精神，诚信、合作精神等，而且还具有文化层面的内涵，如家庭、企业相伴等。改革开放以来，越商企业家队伍不断壮大，越商企业家精神内涵也不断丰富，综合起来，越商企业家精神的内涵和特质可以从"韧""勤""真""实""慎"五个方面加以概括。

第一节　越商企业家精神的"韧"

"韧"与"脆"相对，可组成坚韧、柔韧、韧性、韧劲等词语。在《辞海》中意为柔软而坚固，在《新华字典》中的解释是，柔软又结实，特别指物体在受外力作用时，虽然变形却不易折断。现实中用"韧"指代一种顽强持久的精神。

越商企业家精神的"韧"，其文化渊源一直可以追溯到大禹治水、句践兴越等事件。

虽然越地先民远离中心，时常被野兽虫鸟困扰，但其生活的区域却是坦荡宽广、水土资源丰富的宁绍平原，但在地质时代的第四纪晚更新世我国东部沿海地区发生了三次大海侵以后，越地先民的生存条件进一步恶化。在大约距今 1.5 万年前，当第三次大海侵——卷海虫海侵之后，由于洪水淹没了宁绍平原，越地先民只能离开宁绍平原，转入地势较高的会稽、四明山区生活，重新过上了迁徙农业和狩猎业的生活，于是，越地先民盼望着有一位伟大的神明帮助他们驱除洪水，还他们平坦宽广、肥沃富饶的宁绍平原。大禹就是在越地先民的这种期盼中诞生的一位神明。大禹承担治水重任，劳心焦思，新婚第四天重新踏上治水征途。大禹居外十三年，过家门而不敢入，唯恐个人亲情的牵挂耽误治水大业，正是这股"韧"劲才使他完成平治水土的大业。

与大禹一样有这股"韧"劲的事例，在越文化视野里不胜枚举。句践兴越是其中的重要一例。在公元前 494 年夫椒之战越王句践收拾残军、仓皇南撤被吴军紧追至越国城下之后，越国提出了议和条件，以求得喘息的机会，议和条件之一就是句践作为人质入吴。公元前 492 年，根据议和条件，句践带着妻子和谋臣去吴国当人质，伺候吴王夫差。《史记·越王世家》中对句践人质入吴是这样记载的：句践苦身焦思，置胆于坐，坐卧即仰胆，饮食亦尝胆。公元前 490 年，句践被赦回国，依然克己自责，矢志不忘战败之耻，身自耕作，夫人自织，十年生聚，十年教训，终于使越国由弱国转为强国，打败吴国，迁都琅琊，称霸中原。

大禹、越王句践的遗风激励着一代又一代的越国人民奋发有为，"韧"字当头的越文化精神成为越商企业家精神的重要特质，越商面对困难、挫折，绝不轻易放弃。

卧龙控股集团有限公司，从电机制造业起家，逐步成长为全国电机行业的"领头羊"，成为中国电机制造行业的"排头兵"，并同时拥有两家上市公司——卧龙电气、卧龙地产，2007 年销售额近 50 亿元，2010 年销售额就达 91.7 亿元，三年时间销售额接近翻一番，在 2011 年绍兴市百强企业中排行 11 位。卧龙控股集团有限公司是以零部件制造商开始的，是其掌门人陈建成凭着"韧"劲做大的企业。

陈建成 1984 年 10 月创办卧龙前身，任上虞多速微型电机厂厂长，1994 年 6 月起任浙江卧龙集团公司董事长、总裁、党委书记，现是卧龙控股集团有限公司董事长、党委书记。陈建成非常低调，不喜欢过多地被人关注，即使是拥有两大上市公司，也并未改变他最初的为人风格。但他对"卧龙"却充满着激情，立志要把"卧龙"打造成"东方西门子"。为实现这个宏伟目标，陈建成提出了"卧龙"产业结构调整三步走的计划。

第一步：建成国内首家变电站，让它"牵"着火车跑。在"十一五"开局之年，"卧龙"制定了 2006—2010 年发展规划。为实现这个规划，2005 年，陈建成在企业资金紧张的情况下，出资 1.2 亿元收购国有企业——银川市变压器厂，旨在把电气化铁路牵引变压器的市场优势提高到一个全新的高度；在 2006 年年初国家决定拨出专项资金给广州铁路局研发移动式牵引变电站，广州铁路局在全国范围内"招标"之际，在陈建成的决策下，企业很快成立相关小组，积极筹划方案。结果，在众多企业中，"卧龙"凭借行业内的综合优势，以及电气化输变电站核心部件——牵引变压器近十年的研发制造经验，提交了切实可行的系统集成研制方案，得到了项目专家的认可，并迅速与广铁集团签订了研发协议。并于 2007 年 8 月 19 日，研发成功移动式牵引变电站，这是中国有史以来的第一台科技含量和适用性均相当高的变电站，为此，还获得了国家发改委 1200 万元的项目支持资金。在电气化铁路配套方面，"卧龙"的目标是要完成从生产简单的变压器到制造电气化铁路变电站成套系统的跨越。"卧龙"的电气化铁路牵引变压器，已经为国内包括浙赣线在内的 20 多条电气化铁路配套，接下来研发配套电气化铁路的整个输变电站系统，于 2007 年研制成功，并通过了铁道部及专家组的试验评定。

第二步：研制中高压变频系统，跻身国家十大节能项目。2007 年，为了倡导全民节能，国务院推出十大节能项目。在这十大节能项目中，电机节能名列其中，而要实现电机节能，中高压变频系统是关键，当时中高压变频属世界技术难题。显然，攻克这样的技术难题，主要靠人才、靠知识。为吸引人才，为人才搭建平台，2007 年，"卧龙"出资 1 亿元，在杭州设立了卧龙电气技术研究院，由集团常务副总裁担任院长，结合公司博士后科研工作站和省级技术研发中心等科研机构的优势，进行企业前瞻性产品研发。目前，卧龙电气技术研究院已经拥有 20 多名博士、硕士和 90 多名专业技术人才。在陈建成的坚持、重视下，2008 年，"卧龙"的中高变频系统得到了市场的认可，2009 年年初就接到了一张订购三套高压变频系统的订单，这开启了浙江企业生产高压变频系统的先河。

第三步：研制成功磁悬浮，开启民营企业先河。卧龙是国内唯一一家投资并研发成功磁悬浮试验线的民营企业。在 2006 年 12 月，从"卧龙"实验室传出一条振奋人心的消息：长定子铁芯面世，这是磁悬浮铁路中的关键产品；在 2007 年 4 月，"卧龙"就投资 1700 万元，建成了一条长 300 米的磁悬浮试验线。

以上三步计划其实就是陈建成引领的"卧龙"经历了从零部件制造

商到成套集成供应商的跨越，陈建成想把"卧龙"打造成"东方西门子"的梦想正越来越成为现实。

与陈建成一样凭着"韧"劲做大企业的越商大有人在。傅伟明是绍兴山水回转窑水泥有限公司、绍兴北山水泥有限公司的董事长，是一位白手起家、从"普通员工"一跃而为董事长的越商。傅伟明的事业做得不算很大，从事的是一项传统行业，利润微薄。但这几年，经过他自身不懈地努力，依靠科学技术，企业逐渐在发展中立稳脚跟，走在了绍兴市越城区 20 多家水泥企业前列。在傅伟明身上可以看到越商的"韧"劲。

绍兴山水回转窑水泥有限公司的前身是绍兴县第六水泥厂，21 世纪初年产近 10 万吨的小规模机立窑企业，由于各种原因即将破产倒闭，成为政府的一块心病。傅伟明接收这个企业头几年，小厂存在周边居民投诉多、规模小、装备落后、内部管理不善等诸多问题。机立窑是 21 世纪初水泥行业普遍使用的生产设备，但已显得传统和落后，特别是水泥厂烟尘对环境污染很严重，距这类水泥厂很远处就可以看见天空中飘散着滚滚浓烟。傅伟明认为，要改变绍兴县第六水泥厂当时的困境，只有着手进行技术改进。他打听到，合肥水泥研究设计院有全国顶尖的生产设备——辊压机及高效粉磨系统，如果引进此设备，绍兴县第六水泥厂将获新生。终于在 2003 年，企业进行技术改造，建造了一条 100 万吨级回转窑水泥制造生产线，替代原先的机立窑生产线。此后水泥厂的烟尘污染大大减少，其周边重见蓝天白云。

但是，傅伟明没有就此停止努力的脚步，在资金困难的情况下，傅伟明硬是挤出资金成立企业科技研发中心，开展新产品、新工艺研发，加快设备技改及综合节能改造。在不影响产品质量的情况下，他们用电厂的煤渣、粉煤、石粉、废石膏等废弃物品，一而再，再而三，反复试验，终于研发出绿色复合水泥。绿色复合水泥研发成功，可最大限度地利用固体"三废"，近几年每年综合利用"三废"达 15 万吨。

设备改进了，产品升级了，环境优化了，傅伟明公司产品的知名度随之提高了，很多大工程，如杭州湾跨海大桥、森海豪庭、白鹭金滩、世茂中心等项目均指明要用傅伟明公司生产的水泥。

濒临破产的绍兴县第六水泥厂能发展成为目前远近闻名的绍兴山水

回转窑水泥有限公司，一个主要原因在于傅伟明的"韧"劲，傅伟明认为既然接手了这么一个企业，就不能甩手不干，应该想尽一切办法拯救企业，挑战一下自己，输了也心甘情愿。正是这股"韧"劲，企业得救了。目前水泥厂生产步入轨道，傅伟明创业的脚步并没有停下来，一个全新思路在他心中逐渐酝酿形成：涉足新产业，进驻高科技领域，再给自己一个挑战的机会。

越商的"韧"劲不仅表现在把只能进行零部件生产的企业带向应用尖端技术生产紧缺产品、把濒临破产的企业救活的企业家身上，而且还表现在那些立志创品牌，提高产品附加值的企业家身上。

山下湖的珍珠产业一段时间以来处在供求关系失衡、产品竞相压价的怪圈中，珍珠价格曾经一度走低，"珠宝"已徒有虚名，珍珠在诸暨仅仅被当成农副产品进行低价出售。但是这样的珍珠一经香港商人加工立马变成了高附加值的珠宝。这样的反差引起了一位越商的关注，并准备把诸暨珍珠高价出售。

2005年，整个山下湖珍珠市场传扬着一条新闻：阮铁军以20万美金的价格叫卖一串珍珠。阮铁军出生在诸暨市山下湖镇油竹蓬村的一个农民家庭。16岁那年，初中刚毕业的他怀揣东借西凑来的2000元钱，开始了艰辛的创业历程。九年后，25岁的阮铁军已积累起近2000万元的资产。1997年，阮铁军成立了自己的公司，在浙江、安徽、江苏等地拥有2万亩珍珠养殖基地，同时联结珍珠养殖基地4万亩，带动农户6000余户，形成了"龙头＋基地＋农户"的发展模式。

而当时珍珠价格低廉的现状，让阮铁军一度无奈。但阮铁军就是不认这个理，他调查珍珠产业发展现状后认为，山下湖珍珠价格低廉的问题在于产能扩张导致产品过剩，而不在于珍珠本身的低价。阮铁军立志要还"珠"尊贵。阮铁军从他自己的"阮仕"珍珠做起，"阮仕"珍珠逐渐退出中低档产品市场，调整产业链，专攻高端，向着"以大为贵、以亮增值"的目标迈进。阮铁军坚信，只有走高端路线，才能演绎珍珠尊贵奢华的本色，再度实现珍珠从农副产品到珠宝的转型。

诸暨珍珠与"珠宝"真正的距离不仅仅在于品牌，更在于品质，提升品质是提升产业档次的唯一出路。为了增加珍珠的亮度，他不断地搜索信息，调查行情。在此过程中，他获知，早在1992年，日本就申请了过氧化氢漂白珍珠的专利，且多年来这个技术一直牢牢掌握在日本公司手里。知道这个信息以后，阮铁军就一直关注日本的珍珠漂白增光技术。他认为，是否拥有这项技术不仅关系到自己产品能否稳定在奢侈品定位上，更关系到中国的珠商和珠农们是否只能停留在原珠供应商这个位置上。考虑到这些以后，1999 年，在"阮仕"企业资金十分紧张的情况下，阮铁军投入 47 万美元与日本客商合资建起了一家珍珠首饰公司，这是诸暨第一家引进珍珠加工技术和设备的企业。阮铁军成立自己的"珍珠研究所"，形成一支包括博士生在内的技术队伍。经过几年努力，阮铁军带领的"阮仕"珍珠与高校联手开发出了"珍珠漂白增光技术及其应用研究"，这是一项在当时填补国内外空白的新技术。应用了这项技术以后，"阮仕"珍珠身价大增。于是在 2005 年，阮铁军把一串珍珠标价到 20 万美金，这在当时的山下湖成了不可想象的新闻。有人认为，"阮铁军是不是想钱想疯了？世界上最贵的南洋珠，也不过才卖这个价钱啊"。当时，除了纷至沓来的客商外，山下湖各种议论都有。确实，当时的珍珠市场，最贵的珍珠也不过几万元，阮铁军的卖价大大突破了人们想象的底线。在阮铁军后来的回忆中还能显现出他当时的艰难，"当时有很多人想买这串珍珠，也有很多人要求我降价销售。但我认为，这不是赚多赚少的问题，而是事关高品位珍珠的价值认同——它是高亮泽硕核珠，不同于普通珍珠，它就值这个价。因此低于 20 万美金，一律免谈。"事实证明阮铁军的坚持颇富战略性远见。最后，这串山下湖有史以来最昂贵的珍珠，被一个德国客商以 20 万美金收入囊中。

也就是阮铁军的那股"韧"劲，还了珍珠"珠宝"的尊贵身份。这串 20 万美金珍珠的成功培育及出售，对阮铁军的意义当然不只是赚了一笔钱，更让他发现了企业的一种全新的赢利能力：低价格的珍珠项链已退出"阮仕"品牌的历史舞台，今后，"阮仕"要提高赢利能力，促使企业升级。阮铁军凭着对生产高品质珍珠的执著追求，舍得投入，近几年阮铁军每年在科技创新上的投入就达 1000 多万元。

敢担风险，这就是越商的"韧"劲，这股"韧"劲让阮铁军在市场竞争中处于赢家的位置。

与陈建成、傅伟明、阮铁军一样执著做企业、通过提高技术做好产品的越商真可谓大有人在。

蒋梦兰，一个只读过六年小学的地道农民，却有着"中国冷却塔之父"的尊称。这其中的缘由在于蒋梦兰的一股"韧"劲。

早在 1974 年，中国还没有全面开启改革开放大门的那年，时任上虞联丰大队党支部副书记兼会计的蒋梦兰，心中就已有了使联丰大队——这个曹娥江边的小村尽快富起来的决心。当时的联丰大队和中国其他的村庄一样，贫穷落后，社员们忙碌一年最后连过年的钱都没有。穷则思变。蒋梦兰想怎么才能富起来？这必须要找到一种当时村里没有的资源，或许是紧缺的资源？或许是政府送钱下来？或许是技术突飞猛进？然而在当时这些显然都不可能。1974 年 10 月一个偶然的机会，有人向蒋梦兰提起上海交通大学的高级工程师任世瑶。任世瑶当时正在研制一项填补国内空白的冷却塔技术，并已在上虞办起了一家生产冷却塔配件的工厂，时间不算长，业绩挺好。

获取这个消息以后，蒋梦兰感觉致富的大门已经打开，他觉得任世瑶的知识能帮助他和他所在的小村富起来。蒋梦兰认为接下去的事情是尽快把任世瑶请过来，在联丰村办一家冷却塔制造厂。在蒋梦兰看来，任世瑶就是财神爷。在致富热情的激励下，蒋梦兰毅然带上干粮，提着水壶，奔向此前从未去过的上海交通大学。通过一路探问，蒋梦兰来到了上海交通大学，见到了任世瑶。见到任世瑶，蒋梦兰先是深深地一鞠躬，谦恭地说道："任老师，你莫要嫌弃我啊，你这个老师，不，高级老师，我可是拜定了的"。

任世瑶和蒋梦兰谈了几句，便觉得有些不妥，然后便婉言拒绝："不行啊，蒋同志，造冷却塔要设备、资金，还要精通流体力学的人才，你……"任世瑶的言下之意，分明是说蒋梦兰的家乡上虞联丰村不具备制造冷却塔的资金、设备、人才条件。可蒋梦兰就是不认这个理，继续坚持着："任老师，现在我们确实什么都没有，可只要有了你，我们什么都会有……"说完恭敬地递上当时比较高档的香烟——"大前门"，而自己却点了一支相对低档的"新安江"香烟。任老师看着眼前这位农民大汉，没有接烟，心里涌动着一股感动，笑着说："现在是你们请别人，以后别人会倒过来巴结你们的，我现在决定收下你这个学生了。"蒋梦兰用真诚感动了任世瑶，终于把任世瑶这位技术骨干请到了上虞联丰这个小村庄。

把任世瑶请到后，蒋梦兰没有停止拜师求学的历程，他多次跨进上海交通大学的校门，并在任世瑶老师的帮助下，拜访了当时动力平衡技术学的权威——樊启泰教授。

为了上马冷却塔项目，蒋梦兰一方面到上海拜师求教，另一方面四处招揽人才。蒋梦兰觉得，搞产品开发，最基础的条件是要有人能看懂图纸，同时要有人懂财务知识，并且要有懂材料采购和产品销售的经销人员。经过一番细致摸索、研究，他把当时在联丰大队任会计、具有高中学历的朱某请过来当技术员；把小队会计陈某请来当财务管理；把刚从部队退伍、政治素质高、年纪轻、干劲足的党员请来搞材料采购工作。由他们四人和10多名普通职工组成了一个团队，把豆撬当工具，齐心协力到曹娥江边挑烂泥，拉板车，拾砖砌灶台，终于造出了第一台冷却塔。这样的冷却塔虽然粗糙，但在国内属于领先地位，蒋梦兰和他的团队造的冷却塔很快得到了质量认可，获准产品出口。1980年10月，装有联丰玻璃钢厂生产的、国家援助泰国的19台大型冷却塔、标有"中国上海交通大学设计、联丰玻璃钢厂制造"字样的集装箱徐徐安放在远洋轮船上，标志价值100万元人民币的冷却塔出口海外市场，同时也预示着蒋梦兰领导的联丰玻璃钢厂与上海交通大学科技合作将迈上新的台阶。

为了推动冷却塔生产技术的改进，蒋梦兰进一步引进高层次人才。1995年，蒋梦兰与黄红斌接触，准备引进黄红斌。当时黄红斌是上海市十大"科技精英"，他的加盟对联丰玻璃钢厂来说肯定是一次新的发展机会。但是引进这样高层次的人才，没有一定魄力的企业家肯定是不行的，因为在当时黄红斌提出年薪10万元，外加企业出30万元为他在上海买一幢房子的条件。这个条件真是吓跑了一批企业家，但蒋梦兰毅然答应黄红斌提出的上述条件。这在当时的确是重金聘高人了！在蒋梦兰的积极努力下，联丰玻璃钢厂不断有高层次人才进驻。先是来了上海交通大学的老师，接着请进了上海船舶研究所的高级工程师陈厚秀，再是引进了黄红斌……联丰玻璃钢厂真可谓人才林立！

这么多人才齐聚一起会不会出现互相不服气，互相扯皮，影响企业发展的局面？蒋梦兰曾经担心过，但经过努力，这些人才基本上安排得当，各得其所，各尽其能。在实际工作中，蒋梦兰为人才创造发挥其才能的条件，并且为人才提供展示其才华的机会。一个案例是：2002 年，"联丰"转制，蒋梦兰提议让黄红斌任制冷机分厂的法定代表。凭着蒋梦兰在"联丰"的声望，他的提议自然无人提出异议，于是黄红斌从一个技术人员成长为企业的法定代表人。而事实上，蒋梦兰确实是慧眼识英才，黄红斌在法定代表人位置上进一步发挥了潜能，2003 年该分厂的销售额由前一年的 2000 多万元一下跃到 5000 多万元！再一个案例是：同是 2002 年，"联丰"参加了中石油在广东一个项目的竞标，标的为 3000 多万元。这是一项极其艰巨的任务，失败的可能性很大。叫谁去呢？蒋梦兰思索再三，选择了刚从技术部门进入销售领域的田建军。当时，企业上下均认为，田建军是销售领域的新手，肯定是不可能完成这一艰巨任务的。

田建军果然铩羽而归。面对失败，田建军的感触是，竞争对手太强了，并且总结了几点失败的原因。原来，派田建军去竞标是蒋梦兰培养人才的一个策略：让年轻人在激烈的市场中搏击风浪，让年轻人在强大的竞争对手面前接受挑战，把自己逼成"高手"。

第二节　越商企业家精神的"勤"

越商的"勤"具有历史渊源。越王句践时期"劝农桑"、"夫人自织"是当时朝野上下推行"勤"建家园的写照，是越地历史上具有典型意义的一项事例。改革开放以后，处于计划经济边缘的绍兴，经济能够一时兴起，成为全国的经济发达地区，与广大越商发扬"四千精神"（踏遍千山万水、说尽千言万语、使尽千方百计、吃尽千辛万苦）、"两板作风"（白天做老板、晚上睡地板）密不可分。"四千精神""两板作风"是对改革开放以来，越商企业家精神"勤"的生动概括。

为了寻找投资领域，越商从细微处、从身边熟悉的行业做起，凭着"勤"劲发家。

周波就是这样一位越商，他认准了"小小包子也可挖出一座金矿"的道理。2008 年 5 月 2 日，中央电视台 7 套的《致富经》栏目专题播出了绍兴老台门食品有限公司的创业故事。在诸暨枫桥的老台门公司的培训基地，来自北京知名饭店的大厨正在学习老台门汤包的制作方法，再过些日子，北京这些酒店中就可以见到"老台门"汤包的踪影，这些酒店中不少都是奥运会定点的酒店，"老台门"汤包以这样一种方式成功走近了奥运。作为老台门的掌门人，周波已经物色好了北京一条特色美食街的店铺，"老台门"系列的绍兴传统小吃将在那里亮相。

然而，"老台门"汤包的发明人却不是周波，而是安徽人陈庆松。2000年，安徽人陈庆松在绍兴东街菜场边开出了第一家"中国汤包王"，5毛钱一个的汤包价廉物美，创造了绍兴人排队买外地包子的奇迹。在接下来的几年里，他带领着家乡的父老乡亲在绍兴连续开出了50多家加盟店，但自2006年开始，陈庆松的汤包生意不好做了，准备寻找合作伙伴，并慢慢脱手转行。而周波却认为"包子很小，很多人根本看不上，我就和别人错开，小小的包子可以挖出一座金矿"。此前周波已经在绍兴经营着挪威森林酒吧、蒸香阁创意菜馆等生意，在绍兴引起一股时尚潮流。2006年周波决定与陈庆松合作，进入"中国汤包王"领域时，很多人觉得这5毛钱一个汤包的生意太小了，利润很薄。但周波觉得只要凭着汤包的品牌、技术改进、多元化经营是能够把小汤包做成大生意的。为了做好汤包的口味，周波吃遍了全国各地的包子，不断吸收各种汤包的长处；为了体现自己汤包的特色，他启用"老台门"品牌。周波是地道的绍兴人，从小生活在老台门中，对老台门特别有感情，而老台门也是怀旧的代表，和绍兴的城市文化不谋而合。于是周波把经过技术改进、口味改善的"中国汤包王"改名为"老台门"汤包，它的特点是具有绍兴小吃的底子，皮薄馅大、汤汁充盈。

既然是汤包连锁企业，仅有一个汤包是不够的，为了丰富"老台门"的产品，周波和他的团队开始研发小吃系列，除了主打的鲜肉汤包、干菜肉包外，还研发出玉米馒头、水晶烧卖、玉米汁、南瓜汁等近30个小吃品种。为了让"老台门"产品能适应各地的口味，周波又开始辗转全国各地。"每到一个地方，最重要的任务是找包子、吃包子，有时一天要吃上几十个包子。"周波回忆起那段日子很有感触，"别人的优点我们都要学习，我们就要和当地口味最好的包子挑战"。直到现在，周波一到外地，他的习惯还是去品尝小吃，了解行情。

2007年年初，一场包子大战在绍兴打响，一夜之间绍兴市区突然出现40多家"老台门"汤包店,"老台门"以迅雷不及掩耳之势迅速替代各路包子,成为绍兴包子中的实力霸王。市区打响之后,连锁之路马上铺开,走出绍兴,走出浙江,"老台门"直营加盟店开始在全国各地开花。到目前,全国已经有800多家"老台门"汤包店。

周波在"老台门"后,他又盯上了绍兴的酱缸。因为周波觉得,酱缸、酒缸、染缸是绍兴的传统产业,具有历史渊源、文化记忆,虽然利润很薄,但只要在保留传统工艺的前提下融入科学的现代制作和管理方法,是能够做成大生意的。

像周波一样凭着"勤"字从小生意做起的越商真是不胜枚举,周晓光、吴利忠、郦友根……可说有一大串。

周晓光有着"饰品皇后"的美誉,演绎了一个"美丽故事",可她却是从几十元钱开始打拼,成立"新光"企业,专做饰品,做到现在近40亿元家产,"新光"成了全球规模最大的饰品生产企业。小小的饰品产业,能做成这么大家业,这其中有着怎样的"勤"劲,不言而喻。

周晓光出生在诸暨的一个小山村里,悠远偏僻的小山村,蜿蜒崎岖的山路,斑驳的泥墙和青瓦,表情黯然的人们终日挥汗劳作,清瘦的、眼中布满忧虑的父母养育着包括她在内的六个儿女。这是周晓光儿时的记忆。

1978年,年仅16岁的周晓光带着母亲给她的几十元钱走出诸暨的大山,背着从义乌廿三里小商品市场批发来的数十公斤绣花针和绣花样等货物,开始了长达七年的流动小贩生涯,这是周晓光创业生涯的第一阶段。这七年里,赚钱养家,让家里人过上好日子是周晓光坚持下去的唯一理由。在那段艰苦的创业岁月里,她经常是白天摆地摊做生意,晚上坐车赶路,并在赶路途中获得片刻休息。这七年里,周晓光拿着一本中国地图,沿着公路、铁路跑遍了大半个中国。她一个人在外地拼搏,承受了物质上和精神上的艰苦,但凭着"勤"劲,周晓光挺过来了。物质生活上,她舍不得花钱买东西吃,中午摆摊饿了,就买几个便宜的烂苹果,把坏了的部分挖掉,当做午饭吃。精神生活上,她忍受着孤独,那时候经常一个人晚上躲在被窝里偷偷地流泪。周晓光回忆说,正是那段艰苦的岁月激发了她骨子里的勤劳、坚强和百折不挠。

七年以后,23岁的周晓光积累了2万元财富。这2万元成了她创业史上的"第一桶金"。随后，她和丈夫拿出 15000 元，在义乌第一代小商品市场里买下了一个摊位经营饰品，从此以后周晓光和饰品结缘。20世纪 90 年代初期，香港的"店铺式经营"给了她灵感，她觉得有了店铺，生意会越做越大，经营的商品也会越来越多。于是在 1995 年，周晓光在义乌首创了饰品店，并且在义乌青口工业园区建立了一个饰品厂，以周晓光和她的丈夫虞云新的名字各取一字，把厂命名为"新光"饰品有限公司，开始了创建饰品事业的第二阶段。

从 1995 年开始办厂到 1998 年，三年时间，新光饰品厂以连续翻番的速度发展，并在全国建立了自己的产品销售网络，一举成为国内饰品行业的龙头企业。1998 年，周晓光企业生产的首饰首次进军香港珠宝展时，无数客商的目光被琳琅满目的新光饰品吸引过来，随后订单如雪片般地飞来。在企业发展进入良好状态的时候，周晓光意识到企业已经到了必须转型的阶段。于是从 1998 年开始，周晓光转变了企业经营理念，开始引进专业的管理咨询团队，对企业进行全面的管理变革。她加快了家族式管理向现代企业制度的转变：从台湾聘请职业经理人担当公司总经理，全面推行管理标准化。经过一系列的改革，2007 年"新光"实现了中国名牌、中国驰名商标、中国出口商品免验企业"大满贯"，并且成为了中国流行饰品行业标准的起草制订单位……

周晓光从摆流动地摊开始创业之路，到如今成为中国流行饰品行业的领路人、发言人，每走一步都是"勤"字当头。在企业做大的今天，她依然努力着、勤奋着。近些年来，周晓光以战略的眼光带领着"新光"走上快速扩张的道路，以她为核心组建的"义乌资本联盟"横空出世，以杭州西湖绝版地块竞投、上海美丽华集团并购等多项成功案例，震动业界，跨出了现代化资本运营的坚实步伐；"新光"旗下的"万厦""新光"两家房地产公司，已经成为当地房地产行业的龙头企业，并组建了专业的现代化物业管理公司，着力开拓空间巨大的物管服务业。而对于主业流行饰品的发展，周晓光没有半点松懈，她牵手杨澜、席琳·迪翁进军高档流行饰品，其合作的品牌"天女至爱"在上海、北京、广州等大城市颇受白领丽人的追捧。前些年，周晓光到美国进行战略投资考察，考察华尔街、拜访巴菲特，准备收购几家美国的饰品零售企业，借他们的销售网络，直接进军美国市场，同时全面开辟国际市场。

　　周晓光从小饰品做到了大产业，像她这样的越商不胜枚举，他们均凭着"勤"字做大产业。吴利忠又是其中一位，吴利忠为缩在街头巷尾的臭豆腐开辟了大市场。

　　对绝大多数绍兴人来说，看到有人在街头巷尾炸臭豆腐叫卖，是件司空见惯的事，但在吴利忠的眼里，却有独特的思考，并且萌发了一个奇异的设想，为什么不能开一家臭豆腐专卖店呢？有了这样的想法，经过几天的考察，吴利忠决定开一家臭豆腐专卖店。然而他虽是绍兴人，起初对炸臭豆腐却是一窍不通。吴利忠知道臭豆腐制作还有专门技巧，他打听上虞有一位精通臭豆腐制作技术的老人，于是赶赴上虞拜访这位老人。老人被吴利忠的真诚和坚持所感动，决定将臭豆腐制作这门祖传手艺传给吴利忠。几个月后，吴利忠学到了炸臭豆腐的技术。他在上虞开了第一家臭豆腐专卖店。由于看好这一行业，吴利忠决定走出上虞，在绍兴市区开专卖店，然而，资金不够。为筹措资金，吴利忠将自己的房子抵押贷了5万元钱，又从亲戚朋友处借来几万元，全部投入到了绍兴市区的臭豆腐专卖店，并以创纪录的7.81万元年租金租下了鲁迅故里的一间门店，开起了三味臭豆腐店。

　　"炸臭豆腐本来就是个小买卖生意，以这么高的价格在这种地方租门店开店，无异是一种自杀"。在许多炸臭豆腐同行眼里，吴利忠以高价拍下鲁迅故里的营业房，是一种不明智的做法。但出乎许多人意外的是，这家专卖店非但没有亏本，反而因为天天顾客盈门而赢利。吴利忠说，旺季的时候，队伍都排到鲁迅特色街上好几十米，11口锅子20多个店员忙都忙不过来。生意好的时候每天营业额在两万元以上。鲁迅故里的臭豆腐专卖店获成功，这就更加坚定了吴利忠发展臭豆腐专卖店的决心，于是吴利忠着手走臭豆腐全国连锁经营的道路。目前，吴利忠在全国已在上百个地区，开了近上千家臭豆腐连锁店。这些连锁店合计起来的臭豆腐利润较为可观。吴利忠说，尽管每盒臭豆腐他只能赚几角钱，尽管一家小店每天的利润只有区区100元，但如果开设十家，那每天的收益就是1000元，100家，其收益就增加到了10000元。

　　这些年来，好多人投资都选择做大做强，极力避开一个"小"字，唯恐"小"吸引不了人们的眼球。然而像吴利忠这样的越商却认为，大有大的难处，小也有小的妙处，尤其是生意人做买卖，假如人家都一股脑儿奔着大市场，你却另辟蹊径，从小处着眼，反而能闯出一片新天地，赢来无限商机。

吴利忠就是把小生意做成大市场，从利润微薄的产品做起，凭着"勤"劲，多做产品，从而提高销售量获利的越商之一。吴利忠曾在一所职校代过课，也到一家事业单位坐过办公室，还曾下海办过公司，也有被人骗走 30 万元的经历，在坎坷创业的旅途中，最终他还是靠着家乡的臭豆腐赚了钱，而且成为绍兴当地小有名气的一位老板。30 多岁的他已是绍兴市吴家老太食品有限公司和绍兴墨艺居家文化艺术品有限公司两家公司的董事长。生意并无大小之分，小生意也能做出大文章。虽然一些人从事的是一些小生意，但只要肯吃苦，凭"勤"劲，这些行业也往往存在着较大的发展空间。

郦友根精打"小萝卜"的大算盘，又是一例凭着"勤"劲创业的越商事例。郦友根原是一个五金机械的生意人，2003 年 3 月 29 日他以 200 万拍下了"范师傅"这个生产酱菜的上虞企业。当时，"范师傅"的名誉虽已家喻户晓，但因为生产酱菜，利润微薄，所以经营困难。郦友根接手这个企业，走低价营销的发展道路，目前"范师傅"的品牌在酱菜行业已打响，每年 2000 万元左右的产值使郦友根在酱菜行业得心应手。郦友根把"范师傅"做大的一个重要原因就在于"勤"。

郦友根经营的酱菜包括雪菜、泡菜、酱瓜等系列，其中郦友根最看好的是"小萝卜"。而在郦友根开始经营"小萝卜"产品初期，"小萝卜"经营最好的是金华的兰溪，据说那里是种植"小萝卜"最有名的地方。然而几年后，郦友根的"范师傅""小萝卜"很快赶上兰溪"小萝卜"。这其中的原因是，郦友根不断地走市场，寻找低价原料，然后以低于兰溪"小萝卜"的价格在市场上出售，赢得微薄的利润，最终提高市场占有率。据说，兰溪萝卜的最高收购价是 1.6 元/斤，而郦友根小萝卜收购价却只需 0.4 元/斤，于是，客商对兰溪小萝卜的采购价是 2.6 元/公斤，而同样的产品在"范师傅"这里的采购价却只为 1 元/公斤。郦友根还进一步认为"范师傅""小萝卜"的生意会不断扩大，因为兰溪只有 2.3 万亩的萝卜基地，生产腌制小萝卜的企业却有几百家，而"范师傅"所在地上虞有着 400 多亩的萝卜基地却只有"范师傅"一家在生产经营小萝卜。

事实上，小萝卜只是"范师傅"的八个主导品种之一，另外产品市场前景也较为广阔，已远销海内外，目前我国华东地区大型超市里的不少酸菜全料几乎都出自"范师傅"，摩洛哥的皇家军队流行着的一种中国风味的辣酱，就是"范师傅"产的。"范师傅"通过产品不断更新，价格低廉，在市场上站稳脚跟，在同类产品生产中处于领先地位。郦友根的经营理念是，别人走大路，我们就走小路。他觉得酱菜系列是个小产品，但其市场前景非常大，产业链较长。目前他的酱菜系列产品已延伸到了近50个品种，有不少产品在市场上独一无二。

越商选择的产业好多是传统产业。越商凭着"韧"劲、"勤"劲做大企业的经历说明一个道理，传统产业只要经营有方，在相当一段时间内在我国一些地区有生存空间。

传统产业是与现代产业相对的，在发达国家处于缓慢增长甚至衰退的产业，主要包括农业、制造业中的服装、鞋帽、玩具、钢铁、造船和商业等产业。虽然，传统产业在发达国家趋于衰退，但在发展中国家的产业结构体系中却占有重要地位，有的甚至是发展中国家的支柱产业。一段时期以来，我国的一些地区，主要位于长江三角洲、珠江三角洲等东部、东南沿海地区，凭借传统产业的发展获得了经济实力的快速提升，成为我国的经济发达地区。

"十二五"时期，我国面临着加快经济发展方式转变、产业结构转型升级的紧迫任务，经济发达地区应该首当其冲进行经济发展方式转变，实现产业升级。在此背景下，经济发达地区在国内乃至国际上具有一定影响力的传统产业将如何发展？梳理发展传统产业的理论基础，借鉴国际经验，分析传统产业发展现状有利于厘清我国特别是经济发达地区传统产业今后的发展趋向。

追溯世界经济发展的历史，可以发现，不仅发展中国家而且也包括发达国家，经济的发展首先得益于传统产业的发展。为此，学术界一直以来注重对传统产业的研究。

1. 对传统产业作用的研究

《美国产业结构》分析的总体框架是美国的现代产业体系，书中列举的12大美国产业中农业、啤酒、汽车、石油业、烟草业等是传统产业（沃尔特·亚当斯、詹姆斯·W.布罗克，2003）。Hirsch-Kreinsen，Hartmut（2008）认为，传统产业虽然往往是低技术产业或非研究密集型产业，但传统产业对就业和产出增长，尤其是增加经济总量具有独特的作用。一项产业属于传统产业还是现代产业不是问题的关键，确定主导产业才是一国发展战略的重要内容，因为主导产业发展了，其他产业也会相应地得到发展。一国应依据收入弹性准则、生产率上升准则、产业关联效果准则、比较利益准则等准则，根据国情和产业发展状况恰当地选择主导产业，很多时候，传统产业就是一国的主导产业。研究日本产业结构调整历史发现，第二次世界大战以后至90年代，日本的主导产业构成中总有食品等传统产业的身影（陈建安，2002）。

2. 对传统产业发展趋向的研究

E.F.舒马赫（2007）借用甘地的观点，即不能靠大量生产来帮助世界上的穷人，得靠大众生产才能帮助他们，来说明传统产业动用了大众资源这种无价资源，符合生态法则，具有良好发展前景的观点，并且进一步认为"恢复简单明了比沿着越来越精密和复杂的方向发展难得多"。我国正处在从要素积累的经济增长模式向集约型的经济增长模式过渡，依据发达国家的发展历程，这一时期一国产业和经济领跑部门主要是钢铁、电气、石油、汽车、民用消费及服务业等传统产业（中国经济增长与宏观稳定课题组，2006）。我国经济发达地区传统产业的发展与国家的经济政策密切相关。一些经济政策对于工业集聚具有直接的影响，一项政策一旦实施，即有自己的自增强作用（金煜、陈钊、陆敏，2006）。

3. 对传统产业、现代产业及关系的研究

Victor Axenciuc（2008）通过对罗马尼亚现代产业体系的研究后得出结论，现代产业，如机械产业源于传统产业中的手工技术和大量的劳动力，从而在整个产业体系中处于优势地位。Tanimoto Masayuki（2004）以日本编织业为例进行研究，认为立足传统产业基础构建现代产业体系是利用本土资源进行发展的一种适当模式，传统因素，如地区社会、低工资条件下的劳动高密度投入等在日本工业化中具有重要作用。Dibyendu s. maite（2005）以印度 WEST BENGAL 为例进行研究，结论是印度软件业的发展是以农业发展尤其是农业利润率提高为前提的，农村利润来源于农业资源的有效配置和制造业部门的有效组织。

4. 对传统产业发展的支持体系研究

Asayuki Tanimoto（2007）认为现代日本劳动密集型工业化的过程是从小农经济到城市集聚的过程；Takenobu Yuki（2007）通过对日本棉纺织业的研究后认为建立健全资本市场和公司治理机制，能提高棉纺织业的劳动装备率，从而提高劳动生产率和企业利润率。日本是个东亚国家，日本在发挥劳动力低成本优势、贸易拉动经济增长、发展传统产业等方面，与我国具有较大的相似性，我国在一定程度上可借鉴日本的做法。近几年我国对传统产业发展有一定的研究。20 世纪末到 21 世纪初的头几年，传统产业出现了扩散效应，于是构建现代产业体系要注重区域协调发展，实现空间结构调整和区域分工合理化提升的共同推进等问题（陈秀山、徐瑛，2008）。当前，传统产业依然是工业的主体，只要传统产业改造升级注重处理与信息化、国际化、发展高新技术、发挥人力资源优势和生态环境保护等方面的关系，传统产业能向着新型工业化方向发展。（李时椿，2006）

传统产业对我国经济增长、就业安排等具有较大的拉动作用。我国按行业分规模以上工业企业中，制造业有 33 个行业，其中属于传统产业的有 17 个行业，占 51.52%。据《中国统计年鉴》数据，就制造业行业类别来看，2007 年，我国传统产业企业个数占全部规模以上工业企业个数的 54.07%，创造的工业总产值占全部工业总产值的 42.30%，安排的职工年均人数占制造业全部职工年均人数的 60.00%。2008 年受金融危机的影响，我国经济增长速度减缓，传统产业的发展也受到影响，传统产业企业个数占全部规模以上工业企业个数的比重下降到 48.71%，创造的工业总产值占全部工业总产值的比重却上升到 61.61%，安排的职工年均人数占制造业全部职工年均人数的 50.81%，说明传统产业依然对我国经济增长起着支撑作用。

目前，在大力发展战略性新兴产业的同时，出于延续传统产业发展、安排就业、促进资源合理有效利用角度考虑，适度发展传统产业是当前经济发展的需要。越商的经历说明当前在我国存在发展传统产业的空间。

一定时期内传统产业对一国经济发展起着支撑作用，发达国家也不例外。下面以日本、瑞典为例分析传统产业发展的国际经验。

　　第二次世界大战以后的日本经济实力很弱。1955 年，日本的经济总量只有美国的 1/15，联邦德国的 1/2，人均 GNP 不足 250 美元，50% 的劳动力从事农业，纺织品等轻工产品出口额占总出口的 90% 以上。这些数据说明传统产业支撑着日本 1955 年的经济发展。此后，日本经历了三个高速增长时期，分别以机械工业、电视机等家电工业、设备工业的高速投入增长为主要内容。这些工业与传统产业中的钢铁、金属制品业密切相关，日本经济高速增长与传统产业的强力支撑密不可分。1970 年，日本经济总量居世界第二，人均 GDP 2811 美元，已经赶上了发达国家的经济发展水平，基本具备了工业化国家的经济特征，农业、工业、服务业三个产业部门的产值结构为 14：49：37，出口产品中机械工业品占出口总额的比重为 35.1%，超过了纺织、化纤品出口。强大的工业是当时日本经济实力得以体现的基础，特别是汽车、钢铁两大工业在世界上具有极强的影响力，1971 年日本钢铁出口量占世界出口总量的 1/4，日本由此被称为"世界钢铁供给基地"。我国目前的经济发展状况与日本 1970 年状况相似，但我国的传统产业，如钢铁业竞争力很弱。

　　瑞典是欧洲第四大国，也是工业化强国。瑞典经济发展的动力，主要来自于对丰富的自然资源，如木材、铁矿等的开发。瑞典的传统产业对其经济发展起着支撑作用。然而，20 世纪 50 年代中期以后，瑞典传统产业所占比例开始减少，曾经占据重要地位的纺织业、采矿业和造船业大幅衰弱。但是，传统产业却是瑞典有优势的产业，瑞典拥有丰富的森林、铁矿和水力等自然资源，木材工业和冶金工业一度是支撑瑞典经济的支柱行业。瑞典政府和企业充分认识到传统产业发展的艰巨性和重要性，在产业结构升级的过程中，对传统产业进行了取舍，坚决放弃不占优势的行业，如纺织业，对有些传统产业，如森林产业，采取改造扬弃的做法，降低能耗和污染水平，提高质量和竞争优势，促进传统产业的可持续发展，目前，瑞典的纸浆出口量居世界第三位，年出口纸浆 740 万吨；纸张出口量位居世界第四位，年出口纸张 280 万吨。另外，瑞典的钢铁工业较为发达，其生产的优质特种钢的产量居世界前列，80% 的产品销往国外。

从日本、瑞典两个经济发达国家传统产业发展的实践中，可以发现一些共同点：第一，两个国家的经济发展与传统产业的发展密不可分，可以说，两个国家一段时间内的经济发展就是靠传统产业支撑起来的；第二，当工业化进行到一定阶段，两个国家均进行产业结构转型，淘汰没有竞争力的一些传统产业，如纺织业，继续发展一些传统产业，并进一步增强其竞争力，如钢铁业；第三，两个国家有一定发展基础，并有资源优势的一些传统产业在世界上均有影响力，如钢铁业、汽车业。

我国传统产业发展有一定基础，在转换经济发展方式、构建现代产业体系的过程中，一方面要立足传统产业发展的深厚基础，另一方面，借鉴发达国家发展传统产业的经验，对传统产业进行合理扬弃，并且进一步增强这些传统产业的竞争力，实现产业升级和经济发展方式转变的目标。

产业升级和经济发展方式转变主要有三条途径：一是产品技术的换代升级。例如，由一般加工升级为关键零部件、关键装备制造等；二是在产业链上向技术含量高、附加值高的领域延伸。如由一般加工制造向上游的研发、产品设计、技术专利、技术集成、融资、投资延伸，向下游的品牌构建、商业模式创新、流通体系、物流、产业链管理等延伸。这些上下游的经济活动也是现代服务业的内容，其增加值率更高、对产业的掌控能力强；三是创建新兴产业。新兴产业是指基于重大发现和发明而产生的将改变人类社会生产方式和生活方式的新产品和由此产生的新的产业群，例如新能源、新材料、生物产业、新能源汽车，等等。

产业升级的本质意义是在产业链上的升级，使原产业有更强的能力参与高技术含量、高附加值的产业环节。结合我国传统产业发展的实际，我国产业升级的重点在于通过产业升级的第二、第三两条途径得以实现。即，通过第二条途径实现传统优势产业的提升，通过第三途径发展新兴产业，构建我国未来产业发展的总体框架。

在上述思路下的现代产业体系由传统产业和现代产业两个子系统构成，两个子系统分别又由农业、制造业、服务业三个子集构成，每个子集又存在要素在传统产业和现代产业间进行配置的过程。如图 4-1，X 内包部分为现代产业的生产可能性边界，X 外包部分，即 Y 为传统产业的生产可能性边界，两者是一种零和博弈的关系。假设构建现代产业有两种思路。思路 1：X 边界扩大以 Y 边界缩小为代价，意味着发展现代产业无条件地退出了传统产业；思路 2：立足于现有要素禀赋、政策效力和技术条件，在发展现代产业的同时，继续发展传统产业，提高传统产业的要素生产率，从而提高其产品附加值。如若选择思路 1，即 X、Y 已处于帕累托最优。但依据已有的研究，我国传统产业存在产品附加值低下、投入大、产出小等不足，传统产业存在较大的发展空间，因此思路 2 是目前比较适宜促进经济发展方式转换的模式。

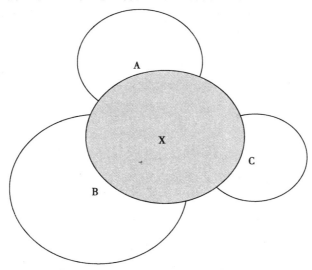

图 4－1　现代产业体系基本框架

　　传统产业虽然往往是低技术产业或非研究密集型产业，但传统产业对就业和 GDP 增长具有较大贡献率。改革开放以来，我国一些地区，特别是东部沿海地区成为我国经济发达地区与发展传统产业密切相关，而这些地区发展传统产业又与国家的经济政策密切相关。一项政策一旦实施，有自己的自增强作用，经济发达地区的一些省份现在也是一部分传统产业发展的好时机。在转变经济发展方式过程中，不同地区产业发展的重点应有所不同，特大型城市，如上海、北京、广州今后应发展现代产业，而大城市、中等城市目前适宜发展一些传统产业，提高这些传统产业的国际竞争力。一段时间内呈现现代产业和传统行业分工发展的局面，为经济发展方式的转变、产业结构的升级奠定基础。

　　注重传统产业发展与地区经济外向度的相关性。外向度高的地区应当以国际加工制造业基地为基础，加速推动产业链向上端（研发）和下端（现代服务业）拓展，同时加快产业转移的步伐。外向度低的地区要以创新产业技术与经营方式、提高产品附加值为突破口，提高科技创新力，且这种科技创新力来源于长期积淀的文化环境这一特点，提高传统产业的文化支撑力。

我国在一定程度上可借鉴日本、瑞典的一些做法。具体可通过政策支持体系、金融支持体系、社会支持体系三个方面推动传统产业的发展。建立健全允许就业贡献率大、GDP 贡献率大且环境友好型的传统产业生存、发展的机制和体制，并在财政、税收等方面予以政策支持；加强对传统产业的金融服务，建立健全多层次的金融服务支持体系；倡导允许、鼓励传统产业生存、发展的社会舆论，加强企业、产业（行业）间互相的物质支持、网络支持和主观体验支持等社会支持体系建设。

第三节　越商企业家精神的"真"

越商所具有的"韧"、"勤"企业家精神特质与越文化有着密切联系。这样的环境还孕育了越商其他方面的精神特质。"义利并存"是越文化又一个方面的内容，折射到越商企业家精神这里，反映出越商在经营业务时强调在注重"义"的前提下，并不回避获"利"的合理性、正当性，从而体现了越商企业家精神"真"的一面，有的越商在注重环保的同时做大业务、有的越商在弘扬地方文化的同时创建企业品牌、有的越商利用自己的智力资本做强区域品牌、有的越商在关注居民福利的同时进驻热门行业。

骆琦，是在注重环保的同时做大业务的越商中的一位。骆琦的诸暨市康净餐具消毒有限公司，是一家生产消毒餐具的企业，虽然企业投资和生产规模还不怎么大，但企业的产品在诸暨市区的覆盖率以及骆琦肩负的那一份社会责任却不小，可以说骆琦在适应环保趋势的同时做大了企业。骆琦在一个偶然的机会走上了"洗刷"碗筷的道路。那是在2006 年的 10 月，骆琦和一名同伴一起到湖南长沙看一块地皮。在当地一家饭店吃饭时，他们发现饭店使用的不是自己洗刷的餐具，而是用塑料袋密封起来的消毒餐具，看上去既卫生又有档次。当时骆琦想起了之前自己的经历，一个冬天去诸暨的一家饭店吃饭，想用开水烫一下酒杯碗筷来消毒，没想到玻璃杯一受热竟破裂了，当时真的好尴尬。那一次长沙之行对骆琦触动很大，骆琦觉得长沙当时的生活水平比诸暨要差很多，但他们的环保卫生理念比绍兴超前。经调查，诸暨许多中小型饭店由于硬件设施缺乏和卫生意识淡薄，所用餐具基本上都没有进行消毒，并且2007年国家有关部门的调查结果显示，当时我国中小型饭店餐具的合格率仅为30%。骆琦发现这种消毒餐具不仅长沙有，别的一些地方，如沈阳，也出现了，这就进一步坚定了骆琦把资金进入餐具洗涤行业的决定，经过一系列的前期准备工作，2007年4月1日，诸暨市康净餐具消毒有限公司成立。

虽然，康净餐具消毒有限公司在运行初期遇到了一些困难，如消费习惯、消费成本增加、餐具破损率高等，但在公司努力下，康净公司现在共有七辆餐具运送车每天把餐具运送到与自己有合作关系的饭店，并且和康净公司合作的饭店已经从刚开始的20多家发展到现在的230多家，每天消毒的餐具也从开始的800套迅速增加到目前的2万多套。

康净餐具消毒有限公司的成立和发展，一方面逐渐使饭店养成了良好的餐具消毒习惯，另一方面，公司也从中得到了收益。这就是越商的"真"，是越商在追求利的同时重视"义"的表现。对骆琦来讲，"义"就是一份环境保护、注重公益卫生的社会责任。以公司七辆运输车里有一辆专门跑五泄镇为例。五泄镇地处偏远，而且全镇只有一家饭店使用消毒餐具，如果从成本方面考虑，这样的生意肯定是不做的，因为要亏本。但康净公司并没有放弃这笔生意，因为公司觉得五泄是诸暨著名的旅游区，每年都要接待大量的游客，公司的产品送到那里能够进一步保证游客们的饮食安全，所以公司依然选择做这笔生意。

像骆琦这样从大处考虑、注重"义"的越商真是举不胜举。胡建华又是一位。胡建华是在弘扬地方文化的同时扩大企业品牌知名度的越商中的一位。作为"女儿红"绍兴酒的掌门人，胡建华对于绍兴黄酒发自内心地热爱着，他热爱和熟稔关于"女儿红"黄酒的文化底蕴、生产工艺及所有的一切。他总是说自己的这一生和黄酒有缘，和"女儿红"有缘，他总是抓住一切可能的机会宣传自己最爱的"女儿红"黄酒，就像一位父亲总是习惯在外人面前夸奖自己聪明能干的孩子一样。

他最大的愿望就是让更多人爱上"女儿红",让"女儿红"香飘全球。

"酒是一座桥,在旧梦里延长;酒是一条船,在岁月里飘荡;女儿红,唱不完的悲欢离合,诉不尽的儿女情长……"几乎每个接触过胡建华的人都要"被迫"学习一次"女儿红"文化,听一遍"女儿红"的民间传说,然后被"女儿红"深厚的文化底蕴深深吸引,爱上"女儿红"这一坛醇厚的老酒。回忆起"女儿红"的成长历程,胡建华至今仍觉得有些心痛:转制过程中"女儿红"兜兜转转经历了三次变更:先是被一家北京投资公司全额收购,2001年又被转让给绍兴一家羽绒公司,2002年这家羽绒公司又将女儿红品牌55%的股份转让给绍兴黄酒投资有限公司,共同控股女儿红,直至2003年"女儿红"由绍兴黄酒投资有限公司和浙江古越龙山绍兴酒股份有限公司共同控股,"女儿红"黄酒才有了重生的希望。2002年,有着雄心壮志的胡建华驻足黄酒界,担负起重振"女儿红"黄酒声名的重担。在这里,他终于找到了施展自己才能和抱负的一方天地。善于在逆境中突围的胡建华很快就发现"女儿红"存在一系列问题,只要化解这些问题,定能重整"女儿红"声威,振兴"女儿红"。

胡建华认为,"女儿红"是绍兴黄酒中响当当的品牌,做不好这个品牌对不起前人,"女儿红"不仅仅是一个品牌,更是一种情结,一种对美好生活的愿景。

如何让"女儿红"这个品牌更加响亮?如何更加充分地挖掘"女儿红"独有的文化底蕴?如何让"女儿红"走出偏安一隅的上虞,走向全国走向世界?这些问题是胡建华接受"女儿红"以后时常考虑的问题。

为了逐一化解上述问题,胡建华抓住了品牌建设这一关键环节。胡建华认为,品牌形象和品牌文化是一个品牌生存发展之根本,也是企业最核心的赢利保障。在经过慎重的考虑和市场调研后,胡建华和他的团队独辟蹊径,找到了一条"女儿红"独有的品牌建设之路:借"女儿红"这个千年传说,充分挖掘和利用"女儿红"在小说、影视作品和歌曲中的文化底蕴,让"女儿红"从单纯的绍兴黄酒演变成为一种美好的希望和憧憬。

由著名演员归亚蕾、周迅等联袂主演的《女儿红》在海内外公开上映并在央视播出,极大地提高了女儿红的知名度;电视艺术片《女儿红》以女儿红酒为主线，展现了绍兴酒乡的乡风、乡思、乡情，被选作向联合国第四届妇女大会的献礼片；《京华烟云》中女儿红被频频提及，时间长达15分钟之多。这些在无形中让女儿红品牌随着各类影视作品"红"遍全国，甚至成为流行的代名词，而一首流行歌曲《九九女儿红》则更是让"女儿红"这三个字深入民心。"蕴藏十八年，就为这一天"。这不仅仅是一句广告词，更是一个美好的愿望和憧憬。

善于品牌营销的胡建华敏感地抓住"女儿红"黄酒这一独特的历史文化韵味大做文章，吸引不少客户上门订购"女儿红"黄酒。在"女儿红"的仓库里，不少高档酒已经被爱酒之人购买，并封入专门的"压坛卡"留记。2007年年底，海南省省委书记卫留成专程为刚出世的孙女向绍兴女儿红酿酒有限公司购买了40坛黄酒，等待孙女18岁时"设宴"启用。这一颇具轰动效应的"活广告"更是让"女儿红"收藏掀起高潮。

经过一段时间的努力，终于让更多的人知道"女儿红"确实是坛好酒。给予"女儿红"的各种荣誉便纷至沓来。

2004年，"女儿红"成为浙江省名牌产品，得到市场和消费者的认可。

2005年，"女儿红"商标被国家工商总局商标评审委员会认定为"中国驰名商标"。同年，"女儿红"黄酒又被国家质量技术监督总局评为"国家免检产品"。

2006年，"女儿红"黄酒荣获中华老字号、全国黄酒十大领军品牌称号。

2007年，"女儿红"市场销售量一路飙升，从当初"偏居"上虞一隅，迅速香遍全国各地。

2008年，胡建华带领着"女儿红"人加快品牌建设的步伐，"女儿红"这坛香醇的老酒迎来发展的春天……2008年5月21日，上市公司古越龙山发布公告称，公司已审议通过拟收购绍兴黄酒投资有限公司持有的"女儿红"95%股权的议案。加之此前已拥有的5%股权，古越龙山全资控股"女儿红"进入倒计时。消息一出，引起社会各界的共同关注，古越龙山为何会选择在此时收购"女儿红"，"女儿红"如何走未来的道路？"'女儿红'品牌很值钱的，收购'女儿红'为的是整合绍兴黄酒，共同做大做强绍兴黄酒……"古越龙山绍兴酒公司一位内部人士坦言：选择在这个时候收购"女儿红"看中的就是其品牌和市场，然后集其财力物力帮助"女儿红"品牌得到进一步提升，从而实现整个绍兴黄酒产业品质的提升。

这些荣誉都很好地提高了"女儿红"品牌的含金量，也提升了"女儿红"的品牌形象，圆了胡建华的一大梦想。胡建华也坦承，"女儿红"加入古越龙山这一大家庭后，并不会被淹没在其拥有的众多黄酒品牌中，反而会利用其强大的资金实力和健全的营销网络，进一步做大做强"女儿红"业务，让其进入发展快车道。

近年来，"女儿红"市场销售十分火暴，别的企业担心商品销售不出去，而"女儿红"担忧的却是如何才能满足各地经销商的需求。"我们正在做一个投资金额近5亿元的项目，项目做成后'女儿红'的发展就更快了，市场也将进一步被打开"。对于女儿红未来的发展，胡建华心里有着更加宏伟的计划：建造年生产能力2万吨的黄酒车间，修建2万吨的灌装大楼，以满足需求量日益增加的市场。

除了扩大生产、尽快开辟更多的市场外，胡建华还有着更深的思考，他希望自己钟情的"女儿红"品牌能成为国际知名品牌，让世界上所有人都知道"女儿红"的传奇故事，让所有人都爱上"女儿红"黄酒。他还希望将"女儿红"品牌潜力再扩大，扩展其产业空间，让"女儿红"不仅仅红透黄酒产业，也能红到食品、餐饮、服装等各个不同的产业领域。

越商的"真"体现了越商追求利润时没有忘记环境的保护、品牌的创建、产品品质的提高以及企业家、员工与企业一起成长的必要性等，由此也解释了在越商成长过程中，尤其是改革开放以后，很少出现产品质量问题的原因。

阮华军，一位复旦大学经济学博士回故乡诸暨创业的事例进一步见证越商的"真"。阮华军决定放弃上海等大城市招纳经济学博士优厚的待遇，下海开发珍珠粉产品，这需要胆量和毅力。而且，在阮华军下海初期，珍珠粉市场是一片萧瑟的景象。但阮华军相信，未来的珍珠粉市场一定有广阔的前景。阮华军出生在西施故里——诸暨，他从小知道美女西施与珍珠粉有不解之缘的故事。珍珠粉原本是珍珠的衍生物，很早人们就发现它具有养生美容之功效，据说在春秋时期就有服用珍珠粉保持青春貌妍的传闻。阮华军查阅了不少资料，认定珍珠粉确实是一种自古以来为文献和实践所证明了的有益于美容和养生的保健品。随着人们生活水平的提高，珍珠粉肯定会受人们尤其是女性青睐。诸暨是中国有名的珍珠之乡，每年生产的珍珠数量巨大。阮华军在撰写博士论文的过程中，深入实地进行调查，了解到当时诸暨珍珠市场的真实情况：只有8％的诸暨珍珠符合高档品条件，价值昂贵；20％为中档品，可加工为工艺品；剩下的大量珍珠皆是无人过问的低档货，只能制成珍珠粉作为保健品投入市场，由此看来珍珠粉来源充足。阮华军还了解到囿于科技水平，当时绝大多数企业的珍珠粉加工技艺比较粗糙，没有建立一套比较完备、可供操作的标准，生产出来的珍珠粉粗细不匀，不但外表不雅，而且很难为人体吸收。并且，当时的珍珠粉市场鱼龙混杂，一些人急功近利，置起码的行业道德于不顾，将蚌壳粉，甚至于滑石粉冒充珍珠粉，以此获取暴利，于是，原先几百元、上千元一公斤的珍珠粉跌到几十元也无人过问。

阮华军决定投身珍珠粉生产行列，一方面还珍珠粉应有的价值，另一方面借助诸暨珍珠产业集聚这一平台开拓自己的商业之路。

阮华军觉得做产品，商标很重要，在珍珠粉市场鱼龙混杂的情况下，给自己的珍珠粉确定商标尤其重要。那么以什么词汇来表达自己的珍珠粉商标呢？阮华军苦思冥想，2003年他想起了"长生鸟"这一故事。长生鸟也称凤凰、朱鸟、丹鸟、不死鸟、火烈鸟，等等，是传说中的神鸟，起源于新石器时代，出土文物显示，早在6700多年前的余姚河姆渡就有长生鸟图案。长生鸟是百禽之王，它跟龙的形象一样，自古以来就成了中华民族文化的重要组成部分。

"长生鸟"这么好的寓意，阮华军决定把自己生产的珍珠粉用"长生鸟"来命名商标。没想到，阮华军珍珠粉企业在成长的头五年就连获殊荣，不仅重振了珍珠粉行业雄风，唤回了消费者的信心，还将濒临绝境的珍珠粉市场塑造得多姿多彩，引人注目。

这个时候，阮华军想到企业发展要上层次。如何使自己的企业上层次，向哪个方向进一步发展？阮华军想到曾读到过著名经济学家钱·金教授和他的妻子勒妮·莫博涅所著的《蓝海战略》一书，书中提到在国际商界有"红海"、"蓝海"之说,"红海"指的是被品牌鲜血染红的大海,是竞争极端激烈的市场,在此拼杀处于一种残酷、血腥的竞争状态;而"蓝海"是指逾越已有产业的界线,在全新的市场领域开辟新天地,或者说就在"红海"边上开辟"蓝海",搞差异化经营,避开同质竞争。阮华军进入珍珠粉行业后深深地懂得市场不会迷信博士,只承认能驾驭它的搏击者,成败与否全取决于搏击者的胆识、决心、才干、毅力和对市场认识水平的高低。阮华军认为,要么不做,要做就要做国内甚至世界最好的珍珠粉产品,以唤起中国消费者对珍珠粉的美好记忆,重塑珍珠粉的形象。在"红海"中开辟一个"蓝海",摆脱恶性竞争,坚定不移地走"蓝海"发展之路。阮华军觉得这是自己今后发展的方向。

确定了发展方向后,阮华军就全身心投入到珍珠粉生产经营这一行业,积极借鉴科技发展成果,提高产品质量。自阮华军注册成立了浙江长生鸟珍珠生物科技有限公司起,就聘请了有关专家经过科技攻关,成功地开发出国际首创的纯物理法超细粉体技术及纳米珍珠粉制备方法。用这套技术和方法生产的珍珠粉,既能保证有效成分的全天然性和完整性,又可提高珍珠粉被人体吸收的有效率。就在注册成立公司的同年8月,全天然纳米珍珠粉通过浙江省科技厅组织的成果鉴定,由三名中科院院士组成的专家组一致认为,该产品技术工艺处于国际领先水平。此后,阮华军的全天然纳米珍珠粉相继被评为浙江省高新技术产品、国家重点新产品、中国星火计划20周年成果展优秀参展项目等,还被列入2005年国家火炬计划项目、科技部农业科技成果转化资金项目。

阮华军进军珍珠粉行业并非一帆风顺,也遇到过许多棘手问题。首先是定价问题。纳米珍珠粉科技含量和附加值均高出普通珍珠粉一半,非一般方法制作的珍珠粉可比。根据价值决定价格的原则,阮华军将自己的产品定价为每千克2500元。这个价格在市场上一亮相,立即招来一片非议。当时珍珠粉大多在每千克几百元甚至几十元的价位上,"这么高的价格卖给谁"?"阮博士读书读得太多,大概疯了,有这么定价的吗"?在一片指责声中,阮华军依然坚信自己的决定没有错,他了解到在我国台湾地区,优质的珍珠粉每千克可卖到约合人民币8000元,他的珍珠粉卖2500元绝对不算高,人们之所以认为价高,那是因为国内的珍珠粉市场长期走质劣价低之路，现在到了要矫枉过正的时候，这难免会遭到压力。要重振珍珠粉行业，重塑珍珠粉市场形象，绝不能在习惯势力面前让步低头，而只有咬紧牙关，展翅翱翔，才能飞越低价竞争的"红海"，迎来开阔浩荡的"蓝海"。阮华军在同行讥笑、消费者指责的情势下，开始了国内珍珠粉行业走高端市场的路程。

其次是产品少人问津的问题。做了广告，开了产品发布会，但消费者却寥寥无几。面对这种僵局，阮华军决定采用古老的商品推销术：免费试用，贴钱销售。经过一段时间努力，一些消费者终于体会到了"长生鸟"的与众不同，开始购买"长生鸟"珍珠粉；接着，将"长生鸟"珍珠粉作为礼品的人也多了起来。"长生鸟"珍珠粉市场逐渐形成。再后来，"长生鸟"珍珠粉获得了消费者的好评，尤其是得到白领女性的青睐，回头客逐渐增多，"长生鸟"在顾客心目中树立起自己的品牌形象。

如今，"长生鸟"已经拥有一定的规模，投资1亿元、征地50亩的生产基地已经启动；全国销售网络业已形成，并开始进入国际市场，在韩国、日本、马来西亚、泰国、塞尔维亚等国家和地区均有销售点。市场启动，进一步促进"长生鸟"的发展。2008年5月21日，国家知识产权局授予"长生鸟""全天然纳米珍珠粉制备方法"的发明专利证书，这意味着"长生鸟"改写了珍珠粉产业的传统制备方法，给这个行业注入了全新的高科技血液，极大地提升了珍珠粉的品质。"长生鸟"成了优质珍珠粉的代名词。不管外界发生什么，"长生鸟"走优质产品发展之路的决心和信心决不动摇，近10年发展实践赢得了消费者的信任，在消费者心中树立了良好的品牌形象。

产品改进了，品牌树立了，"长生鸟"的销售方法也与时俱进。在注重传统销售方式的同时，注重新颖的网络销售，并将其引入销售的主渠道。阮华军早就认识到网络正在迅速改变人们的生活方式，网络销售正在茁壮成长、方兴未艾，因此在企业开张不久，就成立了电子商务部，建立了"长生鸟"网站，并在杭州专门设立了网络营销中心，聘请20余名年轻人日夜作业。不到三年，"长生鸟"就成了网上珍珠粉第一品牌，其销售量占了珍珠粉品类销量的70%。一面做好网络销售，另一面做好售后服务，这也是"长生鸟"重要的营销策略。顾客有疑，他们有问必答；在北京、上海、深圳、杭州等产品销售较集中的地方，经常组织美容健康沙龙，请专家讲课、传授相关知识，与消费者沟通感情，建立长久的联系。

"长生鸟"诞生不到十年时间，却成为珍珠粉行业的排头兵，积聚了可观的财富。有人急于想了解阮华军获胜的秘密。阮华军认为他没有什么秘密，无非做了三件事：优质产品、新颖销售和文化包装。企业、产品的竞争归根到底是文化的竞争，因为任何竞争实际上皆是人的竞争，而文化正是人活动的产物，是人活动的起点和归宿。阮华军在长期的经济学研究中对文化在经济发展、企业经营中的作用和关系认识颇为深刻，并为此花费不少时间和精力。他在家乡诸暨打造了1600平方米的珍珠文化馆，展示珍珠文化的历史，陈列有关育珠、珠粉生产工艺的图示、工具等。他还借鉴茶道，在国内首创"采珠道"，专门请人编写了表演脚本，物色了表演人选，将为参观者献上一道独特的采珠风情表演。

阮华军选择珍珠粉生产领域，挖掘珍珠文化，是其经商走"蓝海战略"之路的结果，而这一选择也确实造就了阮华军和他的"长生鸟"。这就是越商的"真"，越商的"真"除了上面在做产品方面的表现外，其实，还表现在越商为人方面，而且后者还是前者的原因。

陈能恩是步森集团的主要创始人之一，任步森集团董事长。从1985年起先后任浙江服装协会副会长、中国服装协会衬衫专业委员会常务委员、《中国衬衫》编委会副主任，被评为全国乡镇企业家、绍兴市优秀企业家，并当选为浙江省人大代表。

他掌管的步森集团经过20多年的艰苦创业，经历四次变迁、两次重组，从一家家庭式作坊发展成为拥有总资产16亿多元、十多家子公司、1700家专卖店的国内知名服饰企业，以步森品牌为"龙头"的服饰产品先后获得"中国驰名商标""中国名牌"等称号，2011在绍兴市百强企业中排行67位。

在陈能恩这些越商身上看到了"真"的体现，步森总资产16亿多元、十多家子公司、1700家专卖店，事业、家业做得这么大，但陈能恩始终都没忘自己初中文化、农民出身这个本。他常常说，事业干得再大，他也不能忘了这个本。而事实上陈能恩现在完全蜕变成了商人，在他身上早已不见了泥土的气息，与他交谈的人们，能感受到他洒脱的情怀和厚重的文化底蕴。他之所以记着自己初中文化、农民出身这个本，是因为他觉得生意做得再大，他还是平常人。所以他与平常人一样工作、生活。陈能恩说，他花在办公室里的时间只有三分之一，且已经足够了，另外的时间他运动、休闲，这些花在办公室外的时间让他觉得受益匪浅。"在运动过程中工作，在工作中享受生活"可以说是他干事风格的写照，也是他善于利用时间的表现。陈能恩热爱工作、事业，也是一个懂得享受的人，他会借着考察机会领略各地名胜，瑞士嫩绿的草地、金黄色的树叶，阿联酋的大海，贝加尔湖的水，普陀山的日出等都让他流连忘返。他喜欢自己开车，他说开车比坐车好。

对待自己的事业起步、工作、生活等，陈能恩都力求从"真"处考虑，于是在面对创建品牌、化解竞争压力、降低经营风险等方面，陈能恩都能泰然处之。步森集团的前身是一家小小的服装加工厂——枫桥百树服装厂。1984年，陈能恩兄弟姐妹几人一起创办了这家厂，当时在诸暨枫桥镇，这样的服装生产企业有数百个。经过几年努力，陈能恩所在的服饰厂越做越大，发展成为衬衫产量名列全国第一的步森集团。陈能恩认为，服装厂起步时，靠的是替别人加工衬衫过日子，没有自己的牌子。从张小泉剪刀经久不衰的事例中得到启发。陈能恩认为，在有质量保证的前提下尝试"扬名"是使企业做大的一个保障。于是，陈能恩在每个包装箱内悄悄放上了一张印有"百树"厂名、地址的卡片，这是最初的品牌意识使然的结果。

几乎同时，陈能恩还意识到，服装其实代表的是一种文化。他调查认为，在国内中等以上城市的商场内，消费者喜欢的国外品牌几乎都有，但其实真正的国际品牌并不多，很多都是仿品牌。由此，他认为国际品牌不可能一夜之间在中国诞生，必须有很长时间积累，让消费者逐步认可。陈能恩觉得，品牌方面的投入很重要。在创业过程中，面对激烈竞争，陈能恩带领"步森"尝试过兼并、租赁等做法，先后吞并了几家服装企业，成立浙江步森集团，并以统一的"步森"品牌辐射全国。经过一段时间的努力，"步森"先后获得了"中国驰名商标"和"中国名牌产品"称号，成为绍兴市第一家获得中国驰名商标的企业。

企业发展是一个不断打败竞争对手的过程，而竞争却遵循着是非赢即败的游戏规则。在企业发展过程中，陈能恩始终有着强烈的扩张意识，就是这种意识催生了他的多元经营策略。凭着远见和胆识，他尝试了由生产型向生产资本型转变的步森发展之路，兼并同类服装厂家实现跳跃式发展。同时，在竞争日趋激烈的情况下还适时调整服装销售策略，从单一的衬衫生产向服饰系列化转变，目前步森生产的产品有西裤、领带、T恤、皮具、休闲服装等。陈能恩认为，多业态经营是降低经营风险的保障。

随着"步森"发展进入正常轨道，陈能恩想到了帮着他做大企业的员工。陈能恩认为，事业做大需要群体的努力，灌输新思想和新方法来淡化家族氛围很有必要，家族控大股或者100%控股势必会带来弊端，没有科学民主的决策，决策失误率会很高，而且经营压力也很大，由此陈能恩较早想到了步森实施股份制改造的思路。2004年年底，以步森产业为基础组建股份有限公司，通过一半送股、一半买股的形式，吸引战略投资者和管理人员进入股东队伍，并成为今后步森一种人才引进和管理的模式。这样做，陈能恩是出于企业后续发展考虑的，正如他所说的"这样员工跳槽时总会权衡一下利弊，意识到自己不是打工者而是'主人'"。事实上，步森这种以半分红支付报酬的方式，把一大批人才都留住了。

陈能恩从"真"处考虑，努力创建"步森"品牌、积极应对竞争压力、多业态经营化解风险、体制改革留人等做法使得"步森"不断做大，而陈能恩却继续闲庭信步在品牌和多元的路上。

与上面列举的一样富有"真"性情的越商真是大有人在。亚太印花有限公司总经理濮雅萍留学加拿大五年，在父亲濮匡正的再三催促下，2003年回国，并被直接推上了总经理位子。几年来，濮雅萍一直觉得肩上的担子好重，但她狠下决心一定要做一个有思想的接班人。说到濮雅萍的思想特别要提的是她喜欢读周敦颐的《爱莲说》，用她自己的话说："我喜欢莲花，喜欢它从污泥里生出却不被沾染；喜欢莲花不牵牵连连、不枝枝节节的个性；喜欢莲花香气越远越清。"这些足以体现濮雅萍的真性情。

濮雅萍上任亚太印花有限公司总经理之初，亚太印花有限公司是个印染企业。濮雅萍经过调研后认为在绍兴纺织印染业是支柱产业，更是赚取外汇的重点产业之一，所以该行业在一段时间内还有发展空间，这个父辈留下的产业不能丢。但是，濮雅萍立志要做到跃进染缸而"不染"，她深深地懂得，印染行业是重污染行业，在经济发达的美国、加拿大等国早已是淘汰的产业。"我们赚钱决不能以牺牲环境为代价，拿百姓的性命当儿戏"。濮雅萍对于自己想要做强的印染业前景又有自己的思路，国内对治理环境污染肯定会越来越重视，所以印染行业的生存也会越来越困难，而企业的可持续发展是硬道理。为此，濮雅萍不断努力，寻找发展印染业与保护环境并举的发展之路。她导入 ISO14001 国际环境管理体系认证，成为绍兴市印染行业首家认证企业。同时，她还进行节能减排方面的研究，并把旗下亚太印花公司作为试点，启动了印染废水中水回用工程。这一举措立即取得经济效益、社会效益的双丰收：三家污染企业年节省排污费 150 万元，节水 200 万吨。另外，濮雅萍旗下的亚太特宽幅印染有限公司还利用太阳能取热，为印染提供热水。

因为濮雅萍对国内印染具有较强的预见性，且较早地实施节能减排工程，2008 年，在全国印染行业因国家重视环保而产量普通下降的情况下，亚太印花有限公司却一枝独秀，做到了满负荷生产。这就是濮雅萍那种"出淤泥而不染"的办厂思路。

产业升级、经济发展方式转变是中国未来一段时间经济发展的主要方向。在亚太印花有限公司经营业绩较好的情况下，濮雅萍决定跳出染缸获得更大的发展空间。2003 年 3 月 18 日公司投入巨资兴建浙江省内规模较大的浙江亚太粮食批发交易市场，成为一个以粮油、副食品批发为主，集批发、加工、仓储、运输服务和电子商务于一体的区域性粮食物流中心。中心自投入运行以来发展日趋兴旺。在 2006 年，粮油成交量达 32 万吨，实现成交额 9.4 亿元，当年被浙江省消费者协会认定为"浙江省质量放心市场"，被绍兴市人民政府评定为"绍兴市重点农副产品市场（市级农业龙头企业）"，被绍兴县人民政府评定为"优秀成长型农业龙头企业"。与此同时，濮雅萍还去江苏昆山开发房产。在江苏昆山市花桥镇成立了江苏美乐地房地产开发有限公司，在距上海市安亭国际汽车城 200 米的地方，建造了总投资超 10 亿元的"亚太广场"商务写字楼。两大项目的成功让濮雅萍尝到了开拓进取的甜头，也真正实现了其"不染"的意愿。她决定随着企业实力的不断增强，继续涉足高附加值的"不染型"行业，在实现企业利润最大化的同时，关注人类生存环境的改善。

从加拿大回国接任亚太印花有限公司总经理职位，发展传统印染业，到亚太印花有限公司产业转型投巨资建立浙江亚太粮食批发交易市场再到发展房地产业、高附加值的新兴产业这一过程，是濮雅萍从符合经济发展规律、社会发展要求的"真"处考虑的过程，一方面积极适应社会发展大趋势；另一方面也实现了发展自己事业的要求，这是"义利并举"的又一阐释。

好多越商就是这样从"真"处考虑，学做真人，赚得利润的同时，承担了巨大的社会责任。

阮加根从3万元资金起家创办浙江闰土控股集团有限公司，到2010年实现销售额45.5亿多元，不仅产业越做越大，而且经受住节能减排的考验，把闰土控股集团有限公司带向更高台阶。在国家节能减排的大气候下，说起化工企业，许多人谈"化"色变。一些化工企业因层次较低、安全环保压力大等因素，面临生死存亡的抉择。阮加根把沉甸甸的社会责任作为企业发展的"助推器"，把节能减排作为一种倒逼机制，倒逼"闰土"下决心实施强制淘汰和改造一批生产工艺落后、产品附加值低、环境保护和安全生产隐患突出的产品和项目，率先发展循环经济和清洁生产，企业发展驶上了"快车道"。为什么一家投资量小、起点低，又处于偏僻的上虞道墟镇上且从事化工产品生产的企业能实现较快发展，在2011年绍兴市百强企业中排行26位？这其中的原因在于阮加根对"闰土"的投入和热爱。

阮加根在带领"闰土"前行的过程始中始终盘算三本账。

第一本账是安全账。阮加根一直认为，作为化工企业，安全问题是企业发展的"瓶颈"，安全重于泰山。一旦发现安全隐患，最大的经济损失他都置之度外。2008年下半年的一个傍晚，阮加根在间二乙基车间，发现存在事故隐患，就责令车间停工更换设备。由于当时正是生产旺季，车间主任认为只要仔细应付，能够再使用一段时间，如果停产，系统更换设备不仅需要1000多万元资金投入，而且会影响"订单"的交付。但阮加根坚持认为，安全急不可待，不仅要马上停产改造，而且还要求举一反三，进行安全大检查。阮加根通过设立制度来保证他安全生产理念的贯彻执行。把每月的 28 日定为闰土股份有限公司安全大检查之日，凡是发现事故隐患，必须停产整改。由于坚持安全生产制度，近年来，闰土股份有限公司每年淘汰工艺落后、有事故隐患的设备费用高达 4000 万元左右。

第二本账是环保账。化工企业在生产过程中，不可避免地会产生废水、废气和固体废物。一般来说，只要一提起化工行业，人们自然想到：滚滚有色废气直冒，刺鼻的气味直呛鼻子；有色污水横流，污染河流、土壤……但如何减少"三废"的排放量，大有文章可做。阮加根说，工业企业在生产过程中，把"三废"治理好，必须在深度利用上搭建循环发展的平台，对废弃物的再回收、再利用，这是企业经济效益的有益补充，也是企业社会责任的最大体现。做好这本安全账需要巨额投入。阮加根认为，钱对他来说只不过是个数字而已，企业越发展社会责任也越大。在闰土股份有限公司，分散染料生产过程中会排出蓝黑色的酸性废水。对于许多染料企业来说，这些废水只能直接排放，或者说，经过污水处理，达标后排放。而闰土股份有限公司的废水流向与众不同，他们将废水中的有效成分提取出来，用于其他化学产品的生产，如此反复循环。在闰土股份有限公司的车间，都安装着一只只高耸的、冒着白烟的烟囱。这些烟囱吃下去废气，把废气中的二氧化硫吸收，一边产出可再利用的亚硫酸钠，一边吐出洁净的空气。由于这些努力和巨额投入，阮加根换来了社会对"闰土"极好的褒奖。在 2006 年国家统计局首次发布的"大企业集团竞争力 500 强"中，闰土股份有限公司名列第 13 位，成为浙江省进入榜单的"亚军"；在国家统计局公布的"全国大中型工业企业自主创新能力行业十强"中，闰土股份有限公司摘得行业创新之冠。闰土股份有限公司的循环经济模式已成为上虞、绍兴直至全国企业学习的"样板"。

第三本账就是慈善账。阮加根做人做事一贯低调，很少争企业谁大谁小，钱谁赚得多。但在慈善公益事业上，他绝不落后，甚至在慈善公益事业上，有人称他是上虞的比尔·盖茨。阮加根自 2004 年始任浙江闰土股份有限公司董事长、党委书记以来，就一直参与慈善活动：2005年，向上虞慈善总会捐款 200 万元；2006 年上虞冠名慈善基金 3500 万元，向慈善总会捐款 175 万元，向称海村新农村建设捐款 300 万元；在

2007 年道墟镇关爱下一代公益金捐资活动中出资 1000 万元，向上虞慈善总会捐赠 125 万元……阮加根认为，闰土股份有限公司发展已步入"快车道"，已经有更大的能力回报社会，今后他会把慈善捐赠事业作为与企业发展同等重要的事情来抓。

越商就是这样在平凡中成就大业，在追求利润的过程中体现"义"的重要性，真正做到了义利并举。当然，越商的"真"主要还体现在其本义，即平淡处事不忘本色这一点上。

虞阿五，浙江日月首饰集团董事长，2010 年销售收入 44.5 亿多元，在 2011 年绍兴市百强企业排名中位于第 28 位。

虞阿五把"日月"从一家名不见经传的乡镇小厂发展成为我国珠宝首饰行业的龙头企业，并于 2011 年 4 月成为一家上市公司，使"明"牌成为一个极具影响力的首饰品牌，虞阿五也逐渐实现了他的梦想——让全世界人民都沾上绍兴的珠光宝气。在日月集团的成长历程中，最具影响力的是，2007 年日月集团在新疆、内蒙古、四川的三家矿业公司正式注册，这一举措开创了我国饰品企业经营矿业的历史先河。有了这一步，虞阿五力争把"日月"打造成世界首饰业的龙头企业，把"明"牌打造成一个国际化的品牌，使中国的首饰业真正成为世界首饰业的中心这一宏伟目标确实已经很近了。到了 2008 年，上述三家矿业公司都生产黄金等有色金属，这使日月集团在首饰行业拥有较大的话语权。

就是这样一位在国内外首饰品市场具有影响力的越商，虞阿五具有越商勤俭、低调、朴素的"真"劲。据虞阿五所在的绍兴县福全镇尹畈村村民的陈述，虞阿五几乎每天重复着这样的生活流程：早上 5 点钟起床，此时天才蒙蒙亮，空气清新，他就去村里沿河的田头走走，顺便拨弄一下自家田地里的一些作物。6 时 30 分左右，虞阿五便回家吃妻子做的早餐：一碗米饭，一碗青菜汤，他吃早餐的速度还很快，基本上 10 分钟左右就结束早餐时间。早餐结束，休息片刻。在 7 时上下，虞阿五来到他的董事长办公室，这个时候"日月"集团的客户们也陆陆续续赶来，因为他们知道虞阿五董事长上班早。经过一个上午的紧张工作，到中午 11 时 30 分，虞阿五准时下班，赶回家吃中餐。中餐是妻子用柴火烧的香喷喷的米饭，外加从自家田地里收获的蔬菜和一些简单的荤菜。吃完中饭，他先是在自家屋前的小园子里转转，顺便侍弄那些自家养的鸭子和鸡。然后开始午休。到下午 2 时 30 分，午休结束，他随即拧开床头的电视机，观看新闻。当然偶尔也看看武打片，放松一下。这一过程时间不长，大概到下午 4 时左右，虞阿五又起身到田头去走走，在放松身心的同时，采摘一些晚餐用的蔬菜，夏天如毛豆、茄子、丝瓜等。晚饭后，虞阿五几乎每天都去散步，散完步之后再看一会儿电视，到了晚上 9 时他就睡觉休息。

虞阿五的每一天在忙碌中休闲，在休闲中享受大自然、享受广阔的农村、享受家人给他带来的每一份幸福和安宁，同时他也带给家人、村里人直至更多的人幸福和快乐。他的儿子这么评价自己的父亲：父亲从小对我们就很严格，告诉我首先要学会做人，做一个诚实的人，做一个有责任心的人，做一个有头脑的人。这些父亲自己做到了，我也一直不敢有丝毫违背，因为我觉得，父亲是对的；女儿对父亲的感觉是：父亲一直以来都没有把自己当成是一位富翁，他朴实得让人难以相信，而且对自己的家人总是抠门得很；妻子眼中的丈夫又是：老伴总有许多应酬，可他却总是能推则推，喜欢回到家里吃我烧的柴火饭，而且菜也从不挑剔，好"伺候"；"日月"集团的员工又是这样评价他们的董事长的：董事长很有人情味，我进企业已有 20 多个年头了，退休后没事干，他还是给我弄了个做门卫的活，说是这样稍稍轻松点，也好贴补点家用，其实我知道，董事长本来想要年轻保安的。

虞阿五以平日里的点点滴滴诠释了"真"的内在含义——低调、平和、不张扬，贴近他身边的每一个人。就是这样怀着"真"情的农民企业家，虞阿五却怀有高昂、远大的梦想。他认为，目前"明"牌首饰既是中国驰名商标和中国名牌产品，也是被中国品牌研究院评定为中国首饰行业唯一标志性的品牌，这些是中国珠宝行业的最高荣誉，但没有在世界上站稳脚跟。世界品牌是一个国家的名片，更是一个国家经济实力的体现。所以，虞阿五要把明牌打造成像"意大利皮鞋""法国香水""瑞士手表""德国汽车"等象征国家影响力的世界名牌。作为"世界加工厂"的中国应该有这样的产业和世界名牌。

虞阿五是"真"的，是一位生活上朴实、低调、不张扬的越商中的一员，但他又事业有成，对他身边的每一位成员、对社会倾注责任和爱心的农民企业家，他自始至终不忘本色，无所求却乐于奉献。这样的越商还有许多。

章传信，儒雅、低调、稳重，也是一位典型的越商。他是旧时离开绍兴去外地创业的越商之一。1949年，18岁的章传信去香港谋生。18岁，对于现在的人来讲，还是一个孩子。但当时，章传信却要独自在一个人生地不熟的异乡解决自己的生计问题。而今，章传信，有着很多的头衔、名誉——香港鼎盛布行有限公司董事长、总经理，绍兴市政协常委、绍兴市海外联谊会常务副会长、绍兴旅港同乡会永远名誉会长、香港浙江省同乡会联合会理事、兰亭学会副会长、香港书法爱好者协会名誉会长、绍兴市归国华侨联合会海外顾问、绍兴县海外联谊会名誉会长、绍兴兰亭中心学校荣誉校长、绍兴紫洪爱国学校校监等，但他依然是一位执著、低调、富有爱心的越商企业家。

章传信在回顾自己的经商历程时，深深地觉得自己是靠着诚信和肯吃苦这两点才把事业一步步做大的。章传信回忆道：那时很多合作伙伴都这么评价自己，"老章这个人，靠得住"。对肯吃苦这点，他又回忆道："60岁之前我根本不知道什么叫辛苦。"他总结出经商的一些要件。

首先，要诚实。按章传信的话讲，诚，待人一定要诚恳；实，做事一定要踏实。章传信始终认为自己事业有成的主要原因在于"诚实"两字。

其次，要有求新观念。企业要做大，事业要经营下去，光有诚实显然是不够的，还必须让企业永葆青春。按章传信的话讲，"脑子要灵，想法要多，动作要快"。在纺织行业那么多年，章传信认为，做纺织业就要做最好的布料，在布料设计和生产中要有话语权。同时，要对品牌和研发异常重视。章传信记得，自己做纺织品时，对于欧洲最新款的布料，他拿到图样后，一个星期之内就能试样成功，这样的速度让采购商惊叹。

再次，要有专业知识。经营纺织业这么多年，章传信逐渐掌握了对布料的基本知识和解决问题的能力，章传信也由此在业内获得了一个特殊的称号：布医生。章传信认为，"这个称号可不是徒有虚名，需要的是实实在在的本领。别人解决不了的问题，我能解决，一块布料哪里出了问题，因为什么原因没织好、染好，我一看就知道了"。有了这样的专业知识，才能在业内稳操胜券，才能不被欺骗。而这样的专业知识需要日积月累地收集、学习、请教才能积聚起来。

18岁刚到香港时，章传信唯一的亲人是一个远房亲戚，其他什么人也不认识，再加上语言不通，章传信可谓举步维艰。然而，章传信觉得自己别无选择，应该学会吃苦耐劳，学会自力更生，更应该学会一项谋生技能，这样才能在香港这个城市里立足。

还好，章传信的那位远房亲戚开了一家书店，他就可以整天泡在书店里看书，找自己感兴趣的东西。他对会计书籍特别青睐，从最简单的会计知识，一直学到审计学。鉴于此，后来在介绍自己的创业历程时，章传信总说自己是从社会大学毕业的。

懂得了会计知识后，章传信有了在香港生存下去的信心。他离开亲戚家的书店，寻找工作，终于在香港一家染厂找到了当会计的工作。他觉得，自己年轻，能承受辛苦，什么活都应该干。他在这家染厂干了五六年后，染厂由于生意不好关闭后，章传信也就失业了，于是面临新的选择。今后做什么？靠什么谋生？在考虑这些问题时，章传信想到，几年的染厂工作经历，他多少了解了一些纺织行业的业务知识。于是，他觉得自己应该进驻纺织行业，自己创业。但当时他面临的最大困难是没有资本。天无绝人之路，就在他进退两难时，当时纺织业内知名的四个大老板主动找他谈话了，愿意帮助他解决创业资本问题。章传信后来知道，这四个大老板之所以愿意帮助他，是因为，章传信在染厂时，一次看布料或说是选择货物时，章传信的意见对他们帮助很大，他们一直感激在心。章传信在纺织界摸爬滚打几年后，确实是掌握了识别布料的技能。知道这一信息后，章传信十分感动，他觉得对那几位大老板来说自己的帮助真是小意思，但他们却伸出援助之手，帮他解决创业资本问题，这可谓是滴水之恩当以涌泉相报。1972年章传信创建香港鼎盛布行，自己任香港鼎盛布行有限公司董事长、总经理，后来又任毓华织物有限公司董事长、钱塘织染有限公司董事长，他在香港纺织业的名气也越来越大。为什么一个缺资本的人能够在香港纺织业站稳脚跟？原因在于有业界朋友的相助。当时从布商进货做生意，别人要付现金，而章传信却得到额外照顾：享有两个月的"免息期"，也就是说，他拿走的布料可以先不付钱，只要两个月内还上就行。凭着对行业的精通和广泛的客户基础，再加上同行大老板的鼎力相助，章传信轻车熟路，在香港纺织业赚到了第一桶金。

这对章传信的人生产生了重大影响，他多年来捐资家乡绍兴的一个原因就在这里。早在1980年，章传信回到老家绍兴县兰亭镇紫洪山村，当时听人说村里没校舍，学生在危房里上课，他就坐不住了，现场踏勘后，当即决定要捐资建造新校舍，自己带头捐款。在他的四处奔波下，共筹得了20万港元，建起了紫洪爱国学校，这也是绍兴第一所侨校。章传信这么做的原因就在于，他始终觉得自己是绍兴人，绍兴是他的故乡，用章传信自己的话讲，"我是绍兴人，我的根在绍兴。我1949年就离开绍兴去香港，但一直到现在，只要一提到绍兴，我的心就会热得发'滚'。我捐资助学，是尽自己一点力，真的很开心。我对绍兴是热心的，我对绍兴的付出，完全是无私的。我从来没想过要有回报"。为了实现对绍兴的感恩之心，他甚至要求下一代回绍兴发展。章传信第一个提出，绍兴旅港同乡会要积极引进第二代，把更多的新生代吸收进来，把对绍兴的这份爱乡之情传递下去。他身体力行，说服自己的女儿来绍兴创业。"我希望她留在绍兴，看她现在在绍兴创业、生活，还有很多绍兴的朋友，我感到很欣慰"。

第四节　越商企业家精神的"实"

"经世致用""工商皆本""务实疾妄"是越文化的一方面内容。在越文化熏陶下的越商遵循这些道义，做商业，重流通，务实业，在各行各业获得了大发展，书写了越商精神一个大写的"实"。

孙永明，绍兴国商大厦有限责任公司董事长，把自己毕生投身于绍兴的商业，而今他让有着海外留学经历的儿子也投入绍兴商业，并且有意让儿子成为其接班人。在中国历史上，商业是排行最后、为社会歧视的行业，孙永明为什么偏爱商业，把自己的毕生精力投入到绍兴的商业发展中？其中的缘由在于孙永明这样的越商具有"实"情。即使是商业竞争十分激烈、处于"红海战略"发展期的时候，孙永明依然执著于绍兴商业。

在2004年之前，孙永明领导的国商大厦，是绍兴市区百货业当仁不让的"大哥"，行业主导地位十分明显。然而，2004年，绍兴商业格局出现了实质性的变化，规模较大的外来商业进驻绍兴。这对孙永明引领的国商大厦来讲，无疑是"狼"来了。面对这种突变，最担心的是孙永明。但是实际上，孙永明对这种情况早有预料，也早有准备。

2001年，孙永明落下了应对未来绍兴商业变局的第一颗棋；以3700万元的"天价"，拍了国商大厦右侧原五丰食品店2603平方米地块，并于2003年5月建成6000多平方米商场。

但形势变化远远超过孙永明的预料。孙永明原以为一期项目扩建以后至少可以过上几年舒心日子，歇口气后再上二期、三期项目。但事实上，市场根本就不会给你喘息的机会，就像跑步一样，后面的追兵已经到了脚后跟，如果你坐下来歇口气，他就超过了你。

于是，当一期扩建完成以后，孙永明马上启动二期扩建进程。更令人惊叹的是，在二期的脚手架刚刚拆掉之时，孙永明又酝酿了三期扩建计划。孙永明始终认为，"规模是制约发展的第一要素，也是形成现代商业氛围的一个重要元素。一家商场如果规模受到制约，再怎么努力也很难跟现代商场接轨"。

扩建要有地方，地块拍卖的机遇可遇而不可求。一期、二期扩建已经把国商能动用的土地资源全部用毕，接下去的三期如何扩建？想来想去，孙永明想到了商场后面的一幢附楼——这幢楼多年来一直出租给绍兴市工商银行使用，年租金200万元。孙永明认为，"如果把这幢楼拆掉重建，和前面的商场连为一体。那么又可以增加六七千平方米"。然而，当时这个决定遭到了国商大厦管理层、员工和孙永明一些老朋友的质疑甚至反对。但是，想到了曾经与国商一起经历商业沧桑、仅与国商解放路之隔的华谊大厦凄然落幕的结局，孙永明知道只有变守为攻，才能扭转乾坤。孙永明还是顶住各种压力，毅然决定上国商三期扩建项目。从决策、动工、竣工、营业，国商的三期扩建工程，只用了一年时间。"时间就是机会，浪费时间就是浪费机会，我们不愿意在犹豫等待中浪费哪怕只有一天的时间"。孙永明就是在这样的理念下推动国商的每一期扩建工程的。这就是孙永明企业家精神果敢的一面，这种精神意味着，国商早一天营业，就能在激流险滩的商海中把握主动。在2004—2007年的3年时间里进行的前两期扩建工程，前后投入近1亿人民币，销售额从3.5亿元增加到5亿元。

孙永明这位越商企业家精神的重要方面还表现在舍得投资、敢冒风险。孙永明自己觉得最近几年既是其商业生涯中最艰难的日子，也是最成功的年份。因为这几年面临着国商大厦商品结构的大调整、商业格局的大转变。以前国商大厦的消费者群体主要是中低收入者，而今进行了三轮扩建之后，商品结构中要增加面对高收入者的奢侈品。于是，国商增开了精品馆，以劳力士和帝舵手表为代表的奢侈品入驻精品馆。孙永明认为，这是国商历次调整后的一个亮点，他不惜重金引进精品，为了这个精品馆，孙永明狠下心，猛投 2500 万元，这可是在几轮扩建后资金极度困难的情况下作出的决定，但孙永明认为，这是国商扩建后必须冒的又一个风险。天道酬勤！国商的精品馆自开张以来，受到了消费者的肯定，销售额稳步递增；好多国际品牌也因此放下架子入驻国商，从最初的六七个增加到十二个。可以说，三年的大刀阔斧，国商在奢侈品领域杀出一条血路，尝到了头口水的甘甜。这是对孙永明这位老零售业主敢冒风险、舍得投资、勇于担当的最好回报，也充分说明了孙永明作为零售业态企业家决策的正确性。

造就一个优秀的企业家固然有禀赋的因素，但后天的努力和实践的积累显然是不可或缺的。正如孙永明自己所说的，"我们是由老国有企业转制而来的，现在要跟现代企业制度接轨，必须花血本通过学习提升人员素质"。国商有个规定，员工只要进行与岗位相对应的专业学习，不论读到什么层次，学费全包。孙永明注重职工，尤其是管理人员的在职培训。

在国商大厦上下均认为孙永明是能人，在同行竞争者面前又是什么形象？俗话说，"同行是冤家"。然而，孙永明在同行中，一直有着一种难能可贵的大气和大度的评价。

何润德，尽管经历了华谊大厦的落幕，如今成为绍兴商界的幕后人。但是，说起孙永明，这位曾经和自己"面对面"战得不亦乐乎的老对手，何润德竖起了大拇指，夸奖孙永明："为人，他有度量；为事，他有魄力；国商的成功绝不是偶然的。"因为，真的很难想象，以孙永明今天的成功，他还会与助手一人背着一个旅行箱，行走在香港最繁华的商业街上一家一家找旅馆。

现在依然与国商大厦竞争着的供销大厦的老总陈井奢，这样评价孙永明："孙总有一种大将气度，比较能包容人。"

陈井奢和孙永明一样是投身商业竞争的越商中的一员。

陈井奢带领绍兴供销大厦——一家绍兴最早的本土商场生存、发展的经历，展示了越商"工商皆本"的思想理念。陈井奢一直认为，大型商厦是一座城市的门面和窗口。"外地访客到绍兴，判断绍兴城市繁华度的一个依据就是商厦。绍兴城市到底怎样，商贸印象分至关重要"。正因为如此，他注重将公司的发展与绍兴城市的商务发展规划衔接起来，用商业力量擦亮城市之窗。

1983 年，当时年方二十出头的陈井奢出任绍兴供销社下属的乡镇一级百货商店——华舍棉百商店的经理。那时处于计划经济向市场经济转轨的时代，商品还十分短缺，只要有东西就有人买，排着队买，甚至开后门买。当时最让陈井奢感到焦虑的是，在那个紧缺年代，如何找到货源。

为打破区域界限，打破进货只能上绍兴城里的老规矩，陈井奢把目光瞄准了绍兴以外的市场。连续好几个月，他在萧山、桐庐、杭州、上海等地跑，与这些地方的许多厂家建立了联系，想方设法"弄"到了许多老百姓需要的货物。但是，厂家却给出了一个现在看来很奇怪的条件：紧俏的货品要搭大路货。于是，棉布、毛线、小电器之类的紧俏货源源不断地运到了华舍的同时，热水瓶等"搭"来的货品也随之而来，因为销路问题成了积压品。怎么处理这些积压商品呢？陈井奢一方面积极通过商店出售；另一方面入村进厂，求助企业作为福利分发给职工。剩下的一部分，则每月定期送货下乡，到更偏远的农村去搞展销会，效果居然很好。集镇上销得不好的货品，在偏远农村却为老百姓所急需。陈井奢将此段成功经历总结为一句话："没有卖不出去的商品，只有摆错地方的商品。"1990 年 12 月绍兴供销社下属的供销大厦开张营业，陈井奢出任总经理。

1997 年 3 月，陈井奢奉组织之命，负责筹建绍兴供销超市。在当时，连锁超市这种零售业态在绍兴尚处于起步阶段。陈井奢聚拢了一批有志探索现代商业企业经营的同事，四处寻场地、多方筹资金。经过努力，绍兴县供销社有史以来第一家具有现代商业管理模式的超市于1997 年 9 月底成功开张。这样，在陈井奢手中诞生了一颗绍兴市商贸企业的新星。

1999 年 7 月，陈井奢受命调回供销大厦任总经理。当时供销大厦经过几年的积累虽实力较厚，但由于种种原因，企业销售大幅滑坡。陈井奢到任后，提出了"减员增效"等一系列措施，将 800 多人的职工队伍减到 300 多人。经过 5 个月的努力，于当年年底初步扭转了销售额大幅下降的局面，并取得了 15% 的恢复性增长，效益开始提升。

随后，通过调查研究，2000 年 10 月，供销大厦领导班子拿出了《关于供销大厦深化改革的方案》。改革方案实施当年，供销大厦商品销售比上年同期增长了近两成，利税同比增长 25%，取得了销售、效益、利税和职工收入的同步增长。

零售业态的特点就是全年无休。大家休息的时候，不论是"五一""十一"，还是元旦、春节，正是商厦职工全员加班的时候。身为企业掌门人，陈井奢有一个传统，每年大年初一，他和商厦的领导层都会站在门口迎接前来上班的员工，与每一个员工握手、问候，并送上慰问金。

随着市场竞争日趋白热化，就在供销大厦改制前后，大型商场面临着"过剩"困境，不少老商场要么倒闭，要么改行。绍兴的许多大型商场也都在这场大浪中纷纷倒下，绍兴百货大楼、二轻大厦、越都大厦、八达大厦、越城大厦等在市民心中响当当的大型商厦都以关门收场。与此同时，解放路商圈不断冒出新的大商厦、大卖场。2004 年，在外部商业机构强势介入绍兴的大背景下，绍兴商业格局重新洗牌。面对这些，陈井奢的应对策略就是及时思变，先人一步。

面对竞争压力，陈井奢意识到，只有更进一步提升企业形象，扩大经营阵地，才能在夹缝中求生存。2004 年"五一"黄金周后，陈井奢果断地决定让大厦停业 5 个月，投入 2000 万元对大厦进行全面改造装修。对于改造的彻底程度，陈井奢形容说："我们把商场内部翻了个个儿，从天花板到地板全部敲碎，打成毛坯房里里外外重新装修了一遍。"

这次改造深化了供销大厦商品结构，增添了大众时尚元素，扩大了以服饰类为主体的经营架构。改造的同时，商场增加了运动系列，引进宏图三胞、耐克、阿迪达斯、同仁堂、李宝赢堂等国内外著名品牌 100 余种，形成了四楼以家用电器为主，三楼以男女服装为主，二楼以内衣运动品牌为主，一楼以黄金食品鞋子为主的更显合理的商品布局。当年10月1日，改造后的供销大厦重新开业，商场几乎被挤爆，营业额同比翻番。

这次改造对企业的生存和发展是至关重要的。经此一役，供销大厦的销售额开始稳健递增，并在解放路新商业格局中站稳了脚跟。供销大厦开业至今，经历了同行的历史变迁，先后有国商大厦、华联商厦、润和购物中心的开张营业，有绍兴百货大楼、八达大厦、越城大厦、华谊大厦等大型商厦的停业，而供销大厦在绍兴最早开张，如今以昂扬的气势与国商大厦、润和购物中心、华联商厦等屹立在绍兴商业的黄金区。供销大厦的成长、发展与陈井奢"办法一定比困难多""及时思变，先人一步""除了规模还是规模"等商业经营理念密切相关。

30余年的商海拼搏，陈井奢遭遇多番考验，竞争对手换了一茬又一茬，但凭着"工商皆本"、执著经营的理念，陈井奢带领供销大厦一直勇立潮头，在竞争中稳步发展，同时为未来发展留下了空间。

越商企业家精神的"实"，除了表现为"工商皆本"外，还表现在善于抓住时机，果断行事；从点点滴滴做起，做袜子、伞件、农产品生产加工，在劳动密集型产业中淘金；注重精神力量的溯源，寻找共同的价值理念。

陈金迪就是这样一位越商，他选择商业，并且改写了一个区域的商业发展史，改变了一座城市的商业格局，甚至还独创了一种百货连锁发展新模式——低成本物业拓展百货。他用五年时间将一个家电连锁企业做成年销售20多亿元的百货集团，演绎了一场资本、战略与机遇相遇的战争。

现代百货业，在我国及浙江省的发展历史很短。20世纪90年代，以杭州大厦、银泰百货等为代表的一批大型现代百货商场相继问世，形成初期的竞争格局。进入21世纪以后，浙江省现代百货业迎来一个竞争的高峰，包括绍兴及下属各县市也诞生了一批竞争独联体。而此时，诸暨百货业并没有快速跟上时代的步伐，大大滞后于当地经济发展水平。

这一切，陈金迪看在眼里，同时"现代百货"理念在他的战略思维中萌发。

2002 年，一次偶然的机会点燃了他心中潜藏已久的火种：位于诸暨市中心的五洲大厦将要拍卖。这幢楼高五层，三面环街，总建筑面积近 4 万平方米。无数次，陈金迪约来杭州大厦有限公司董事长——他的一位老朋友，在这幢彼时还门庭冷落的大楼前，勾画心目中一座现代百货商场的雏形。

"看见之后抓住机遇"。这是施乐复印机发明者、美国大企业家乔治·威尔逊的成功之道。这个道理同样适用于陈金迪。5000 万元，五洲大厦当时的拍卖成交价，虽然如今看来只是一个"地板价"，当时却是在异常激烈的拍卖竞争中挫败对手的"天价"。一切都按既定的设想稳步推进：引入杭州大厦管理模式，引进现代百货业经营理念。2003 年，诸暨第一座大型现代百货商场，在"家电大鳄"陈金迪的手里崛起。谁也不会想到，仅仅五年时间，这匹绍兴百货业的"黑马"就一骑绝尘、奔向巅峰。

无法想象，没有这个抢来的"先机"，陈金迪和他的雄风，将会走向何处。但有一点可以肯定，绍兴可能将失去一位卓越的现代百货业的领军者。诸暨雄风百货诞生的几年，恰好是诸暨现代百货业从零起步的几年，由于优异的市场环境，"雄风百货"就像处女地上的第一茬麦子，见风就长。在如今激烈的竞争市场，还有这样宽松的市场环境，也许若干年后回忆起来，也足以让陈金迪回味无穷。先机之所以成为"先机"，既在于它的遁于无形，更在于它的稍瞬即逝。当"雄风百货"在业界风光无限、渐呈巅峰之势时，陈金迪的视线却开始穿越诸暨。他不讳言：两三年内，诸暨这片土地上，可能还不会有那么一家现代百货商场可以与"雄风百货"抗衡，但是，这种状况一定会改变。

在先机明朗之前抓住先机，在危机到来之前看见危机，这也许就可以诠释陈金迪缘何能所向披靡的原因。当他借现代百货企业攀上事业第一座高峰，很多人以为这将是巅峰之时，他却像将军一样奋不顾身扑向另一个全然陌生的阵地——百货连锁经营。

"雄风模式"是什么？如果把它归结为一种企业文化，那就是快速、高效、稳健，有着典型的企业家个人行事风格和现代企业特征。而如果把它阐述成一种经营理念，那就是，永远都在朝前看，寻找那片企业发展和市场竞争的"蓝海"。

　　商贸服务业是一个竞争激烈的行业，也是一个微利行业，卖一台电视机只能获 50 元利润，并且，商业企业过去大多依赖租赁物业经营，很难进行长远发展规划。2002 年进入家电连锁行业后，陈金迪就意识到：企业发展要想不受制于人，必须在物权上拥有话语权。正是在这样的理念支配下，他开始尝试以购买产权的形式完成扩张。

　　"这在当时需要巨大魄力。因为那时商业地产的概念还不为人熟知，即便国内和国际的流通巨头，也都还在以租赁的方式开店"。现在回忆曾经的决策，陈金迪颇有感触。当然，此后没多久，家乐福、欧尚等巨头也开始实施"物权战略"，以买地建房及并购房产的形式进入各级市场。这进一步证明陈金迪的决策具有前瞻性。

　　"商业需要培育，有一个很长的成本回收周期。借用地产的增值性，则可以大大减轻企业压力，有实力去培育商业"。诸暨雄风百货的成功打造，堪称商业地产化运作的典范：这幢当初的"烂尾楼"实际估值已达 4 亿元，并且还带动了周围一公里内商圈的繁荣和升级。

　　当"雄风百货"已经成长为一种可以复制的模式时，陈金迪曾经的梦想变成了现实，这也将把他推上一个更高的平台，去俯瞰并规划企业发展今后的目标。在他的战略思维中，"雄风模式"已经有了新的内涵——走出诸暨，复制"雄风"，以商业地产推动百货连锁。他决定向经济稍显落后的地区进军，并开始找寻可以投资的地区。当芜湖南陵的一个旧城改造项目摆在陈金迪面前时，他有一种哥伦布发现新大陆的兴奋。芜湖南陵，人口密集，经济相对落后，现代百货业更是一张白纸，陈金迪认为如果能激发这样一座城市的消费潜力，跨区域连锁的"雄风百货"无疑会籽落沃土，不断成长。当然，陈金迪更清楚，百货连锁是一条没有人敢轻易尝试的路，因为其诡异复杂的商业规律不同于超市，更不同于家电卖场。若要品尝螃蟹的鲜美，必须要探索一条别人从未走过的路——低成本扩张。东西部的经济差距，让很多东部企业家看到了商机，从开发矿产资源到开发房地产市场，形成了一股"淘金"热潮。然而，陈金迪却发现开发中西部地区的百货业不一定具有低成本优势，有可能因为不专业而失败。陈金迪认为开发中西部地区商业有极强的专业性，不是每一个企业家都能尝试，相反，那些准入门槛较低的项目，进去后意味着事半功倍。如芜湖南陵"雄风百货"项目，鉴于"雄风百货"的商业品牌效应，当地政府将之定位为"提升城市品位"的大型招商项目，各方面都得到了大力支持。

陈金迪这样为"雄风模式"进行定义："我们最大的优势是商业品牌和物业产权的统一。过去很多开发商也尝试过商业地产，为什么很难成功？因为商业品牌和物业产权是背离的，商业品牌不愿为开发商做嫁衣，而开发商也往往是以推动地产销售作为最终目的，缺乏培育商圈的远见。我们不一样，我们是成熟的商业品牌拥有者，无论是以商业提升地产价值，还是地产培育商业品牌，都很重视，在这方面具有利益的一致性。"

当企业发展进入一定阶段要想再进一步提升时，知人与用人显得十分重要。一般来讲，职业经理人与民营企业的本土文化融合，这是一个很难解决的命题。但在陈金迪看来，能否引才、用才，与其说是中小城市的客观条件限制了人才引进，还不如说是"老板文化"尚未对人才起到一种强劲的吸附能力。陈金迪认为，"老板文化，其实就是企业本土的思想和战略。你具有何种老板文化，就能吸引何种人才：栽种战略，成就执行；栽种文化，成就企业"。在这种理念驱动下，陈金迪对于招贤纳才就具有超越常态的实践：为求贤，他不惜放下身段三顾茅庐；为留才，他会不惜一切代价创造条件。经过一段时间的努力，陈金迪招揽了来自各方的、进入雄风各个环节的人才。如今的雄风，超过三分之二的中高层管理人员均来自外地。因为人才的进驻，雄风才有了进一步发展的源泉。诸暨雄风百货广场总经理叶复生是陈金迪从珠海引到诸暨的人才中的一员。叶复生的到来，不仅带来了一种专业的管理模式，更带来了一种全新的现代时尚百货经营理念。正是有了像叶复生这样的人才的加盟，此后的雄风百货，犹如快马扬鞭，成长为一座城市的时尚标杆。当然不止是一个叶复生，雄风集团的多位中高层管理者来自不同行业、不同地区。他们带来独特的地域文化、崭新的经营理念，将企业带上了一条飞速发展的通道。

而对陈金迪来说，不断引进人才的过程，其实也是不断吸纳智慧的过程。用雄风集团总经理卢腾的话来形容："他有着与生俱来的悟性，对他而言，对任何一个领域的深入应该只是时间问题。"有人问陈金迪何以有这样的魔力"拢才"，他给出的答案很简单：待遇和平台。陈金迪认为，"经济是最有效的杠杆，因为个人价值的最直接体现就是物质。而平台，是给他做事的空间，实现人才精神层面的自我价值"。"老板和职业经理人，要做到完全融合，那是很难的。但是怎么样让双方的利益达到各自的诉求点，是决定双方能否长期共存的关键"。因为这些，很多人用"大气"和"大度"评价陈金迪，认为陈金迪这个老板讲话直接，喜欢把复杂的问题简单化。陈金迪是一个效率至上、善于自我反思、自我纠正的人，虽然脾气有时急躁，但绝不刚愎自用，当处于火头上时，陈金迪会很严厉地批评下属，但事情过后，他会很真诚地与这位受了批评的下属沟通，达成共识，消除误解。正是这种直接和简单的性格，给陈金迪和他的企业带来了效率。

高效而大胆，敏锐而理性，开放且包容，这就是陈金迪的"老板文化"，这是越商企业家精神"实"的体现。陈金迪将之融入管理、融入战略、融入企业发展，终于成就了一支可与他共担责任、风险的团队，带动雄风跑出了一日千里的现代企业速度。

越商的"实"进一步演绎，可理解为越商踏踏实实做人、兢兢业业做事，从小事做起、从小利赚起的本分精神。

顾光良创办的诸暨市锦源针纺织有限公司是诸暨大唐几千家袜业企业之一，算不上最大，名头也不是最响亮的。然而作为掌门人的顾光良，在诸暨大唐、义乌甚至广东、江苏、山西、山东等地声名显赫。这个看上去朴实无华、甚至有些憨厚的中年男人身上并没有多少商人特有的精明，他靠着自己的努力、诚信经营着企业，也潜移默化地影响着更多的企业主。白手起家的顾光良现在身上有很多响当当的头衔：中国个体劳动者协会理事、浙江个体劳动者协会副会长、绍兴市个体劳动者协会副会长、诸暨市个体劳动者协会副会长、2007 年全国百名文明诚信个体工商户……

起初部队退伍回到诸暨的顾光良承担起养家的责任，四处借钱购买了三台手摇织袜机，每天起早贪黑地干活，拎着篮子四处叫卖自家的袜子，赚点微薄的利润……然而，眼看着大唐镇小袜商们辛辛苦苦生产出来的袜子只能赚点微薄的利润，而更多的利润和名气都被临近的义乌客商赚去了，顾光良坐不住了，他决定成立大唐首家袜业专营商行——大唐袜业，销售大唐生产的质量最好的袜子，同时也从广东等地引进最新款的袜子销售。这样，顾光良从行商变成了坐贾，从销售袜子中得到的利润自然比生产袜子多了。然而，顾光良看中的不仅仅是丰厚的利润，更是在于通过袜行销售质量优良、款式新颖的袜子带动整个大唐袜业产品质量的提高，而从打响大唐自己的品牌，这样利润可以留在大唐而不再外溢。所以他只要一有空就会钻研袜子的质量、款式、花样。20 世纪 90 年代初，随着大唐袜业的快速发展，对涤纶、锦纶丝等原料需求量增加，于是，一个专门经营原料生意的贸易市场应运而生，顾光良成为了市场里的一员；完成了资本的原始积累后，1997 年投资 100 多万元，成立了诸暨市特种原料有限公司；2002 年投资 800 多万元开设一个锦纱厂；2004 年投资 1800 万元成立了诸暨市锦源针纺织有限公司；2006 年投资 2000 万元成立诸暨市锦源置业有限公司；2007 年年底，顾光良再次注资 1 亿元建立了中国锦源恒博集团。

一个成功创业的人，需要不凡的胆魄和善于抓住时机，顾光良就是抓住每次机会转型。当企业正常运转的时候，顾光良认为企业就是要做别人做不到的。诸暨市特种原料有限公司是顾光良集团旗下的一家公司，也是让他备感骄傲的一家公司。对于"特种"两个字，顾光良有着自己的解释："既然是号称特种原料，就要做到客户需要什么样的针织原料，我们就能提供什么样的针织原料；客户在别的厂家找不到的原材料，在我们这里就能找到。我们就是要做别人不能做到的事情。在竞争中体现我们的能力。"

为了实现这个目标，顾光良走访了全国许多生产厂家及原料供应商，组织外地优质原料，与此同时，他还认真钻研化纤原料，尝试生产设计独特的产品，并根据客户要求不断调整。在顾光良的苦心经营下，特种原料公司的产品远销全国，鼎鼎大名的义乌浪莎袜业等品牌企业成了顾光良的用户。并且，特种原料公司为不少袜业公司解过燃眉之急。2005 年诸暨市政府组织有关企业赴太原、青岛等地对当地的袜业企业进行考察，顾光良也随同前行。在考察过程中，不时有企业提到了诸暨有个特种原料公司，大唐那里有个顾光良，当即给予了极高的评价。这让顾光良备受鼓舞，没有什么比在同行和领导面前受到异乡用户称赞更让他自豪的，顾光良这时真正觉得自己以前的心血没白费。

2004 年成立的诸暨市锦源针纺织有限公司是顾光良的另一个"爱

子"，也是一家小有名气的企业。这些年这些企业不仅仅为顾光良赢得了金钱，更让顾光良在袜业产业中赢得了地位和荣誉。

诸暨市锦源针纺织有限公司成立之初，大唐的袜业竞争已经十分激烈。如何才能在残酷的竞争中占据一席之地？如何在林林总总的品牌中崛起？这些问题是顾光良日思夜想要尽快得到答案的问题。为了打响品牌，顾光良认为必须从开发产品、树立品牌做起。于是，"锦源"专门组建了研发队伍，由自己亲自管理，聘请行业专家担任研发要职。公司成立以来，顾光良每年都会拿出利润的3%—5%作为研发基金，这个比例比国内大多数同行企业的研发经费比例高出2—4个百分点。

"锦源"成立之初的发展思路是先抢占国外市场，然后再转回来夺取国内市场。于是，"锦源"85%的订单都是销往国外的。"锦源"赖以敲开国际市场大门的就是品质和个性，公司生产的半边绒地板袜，羊绒、兔绒等中高档特色袜在国际市场上颇受欢迎，订单如云。在众多袜业企业还在为外贸配额而苦恼时，"锦源"则创造出两个产品在一家德国外商处获得180万双超大订单奇迹。

顾光良本着"实"劲一步一步把企业做大。"小赢靠智，大赢就要靠德"，顾光良坚信这一经商哲理。2005年5月，一位江苏客户在诸暨市特种原料公司购货后的第14天，突然发现其中有一包产品因批号不同稍有色差，因客人是出口商，外贸订单交货要求高，交货时间也紧，客户急问有无补救措施。原本这位客户的问题不在顾光良的责任范围内，可是顾光良一接到电话后，立即要求员工寻找同批号的棉纱，但仓库内同批号的棉纱已经卖完。想到客户有可能因为找不到同批号的货而蒙受巨大的经济损失，顾光良万分焦急。于是，他又跟多个厂家取得联系，最终在海宁的一家袜厂找到了同批号的原料，并亲自开车前往海宁与那家公司协商，提到了棉纱。为了将纱送到江苏客户手里，顾光良不顾半夜劳累奔波。天蒙蒙亮时，客户看到因熬夜开车送货而两眼通红的顾光良，所有的感激都融在了两双紧紧相握的手里。

而这样的事情并不是个例。多为别人尽一份微薄之力，是顾光良为人处世的作风，他把这种作风从生活中带到了工作里。"当别人遇到难题时，我会想尽办法去帮助他，这样别人就会感激你。如果所有的企业都懂得去感激别人的帮助，我们就能建立很好的合作关系，一起共赢！"

顾光良这么说，同时也一直这么做。

大唐袜业在发展的最初阶段，不少企业都面临着资金周转困难、无法及时付款的境况，幸好顾光良和他的特种原料公司有着拔刀相助的"侠客风范"：没有现金没关系，先取料后再付款。最多的时候，特种原料公司的账户上记录着 500 多万元这样的垫付款项。

小小的袜子使顾光良成为全国闻名的袜商，在获得丰厚利润的同时，顾光良在袜业界站稳了脚跟。如果没有"实"的精神，顾光良很难做到这样。也正是这股"实"劲，徐海南做伞做成了中国制造业登陆澳大利亚资本市场的首家上市企业。

在全球经济一体化加剧的今天，我国的传统产业正面临前所未有的挑战。特别是劳动密集型企业，面临"用工荒"和用工成本猛涨的巨大压力，传统企业能否顺利起跳？传统企业能否重铸辉煌？这些问题是近年来困扰民营企业，尤其是东部地区从事劳动密集型产业民营企业的主要问题。

地处"中国伞城"——上虞市崧厦镇的天外天集团公司，从 1989 年始加工第一把雨伞开始，目前已成为年产各类伞具 6000 多万把的国内制伞行业的领军企业，成为中国制造业登陆澳大利亚资本市场的首家上市企业。由于在伞件市场的成功，徐海南带领"天外天"涉足被称为"21 世纪人类社会发展机遇"的无线传感技术领域。开始运行的短短一年时间里，天外天集团公司不仅自主研发的五项成果获国家专利，而且自主研发与世界同步的"顺风耳"——车载蓝牙，台商一下子签下了 2 亿元订单。徐海南在引领"天外天"前行的过程中，把越商企业家精神"实"的一面进一步演绎，创立了徐海南独特的企业家精神——"五道"文化，即，领导厚道、职工地道、同行称道、生财有道、事业得道。

徐海南认为，企业要发展首先领导应"厚道"，并且"厚道"是一个人做人的基本原则。古人云，修身是立命之本，修身养德是一个国家、一个民族、一个企业兴旺的根本。徐海南把古人讲的修身演绎成现代语言中的厚道，并且把它进一步理解为诚信。确实，一家企业要成为"常青树"，首先要建立企业的基本准则，这是企业的精神支撑和文化基础，而这种精神支撑和文化基础的奠基者是企业掌舵人。

在众多民营企业中，普通员工"怕领导"是司空见惯的事，只要领导一出现，员工就会集中精力，埋头工作。但天外天的员工看到徐海南，不仅没有害怕的感觉，反而觉得面带笑容的董事长更像兄长。阿珍是"天外天"中一名普通"伞女"，起先她十分怕董事长，但一件事让她改变了看法。据阿珍回忆，2002 年秋季的一天，对阿珍来讲可以说遭遇了飞来横祸：丈夫做生意亏损，一夜之间把全家推向贫困户，刚刚考上高中的女儿因交不起学费面临辍学。正当阿珍为女儿的学费犯愁时，徐海南来到她们家里，塞给她一个信封，里面是一叠钱。阿珍觉得纳闷，自己家里出事，董事长怎么会这么快知道？原来，徐海南有个习惯，喜欢与员工"拉家常"，当他无意之中得悉阿珍家的遭遇后，当即决定资助阿珍女儿。由于徐海南的资助，阿珍的女儿顺利完成了学业，如今，阿珍的女儿已经大学毕业了，阿珍家里也脱掉了贫困的帽子。徐海南将领导厚道作为天外天集团"五道文化"之首，这是徐海南"实"的企业家精神的反映。徐海南觉得只有自己以身作则，言传身教，做个"厚道人"，企业的各层次员工加以仿效，整个天外天集团上下形成一种积极向上、互相帮助的氛围，天外天要不发展都难。

徐海南一直觉得"地道"是对人行为的基本要求，用现代语言解释有两层含义：其一，是指人的行为合乎一定的道德规范；其二，指人的技能、工作、产品的质量等符合标准。从这个意义上讲，做产品一定要精益求精，不得马虎。这就要求员工有种敬业精神，徐海南把员工的敬业精神演绎为"员工地道"。李乐会前几年被评上"十佳新上虞人"，他很是感动，他觉得一个外地人能够够得到这样的荣誉，实在是难以想象，于是，他决心，今后要把自己的青春和热血奉献给上虞，奉献给"天外天"。

事实上，作为天外天的员工，李乐会确实尽心尽力地为天外天集团工作。十多年前的一天，26 岁的安徽籍民工李乐会携妻子来上虞打工，很快在"天外天"找到了一份做保安的工作。夫妻俩在上虞工作，但年幼的孩子在安徽老家实在放心不下，每当夜深人静时，李乐会心里就焦虑不安：年仅 9 岁的儿子在老家，生活、学习不知怎样？如果到上虞来读书，怕读不了。

不知怎的，这个"心病"让徐海南知道了，徐海南利用捐资助学的

"面子"，很快为李乐会的儿子在崧厦镇小安排了插班。滴水之恩，当以涌泉相报！此后，李乐会不仅从事保安工作，一有空还为企业开吊车，一人身兼数职，而且见义勇为，先后六次挺身而出，化解数十名外地人之间的矛盾，并且他还引进了 200 多名老乡来上虞打工。李乐会是地道的，但首先是领导徐海南厚道。

至今，徐海南共为 30 多名外地员工的子女解决入学问题，30 多名员工都以厂为家，成为地道员工的杰出代表。有一年的除夕夜，近 2000 名外来员工邀请徐海南夫妻一起和她们共度除夕之夜。员工地道与领导厚道是相辅相成的关系。唯有领导厚道与员工地道实现和谐共存、互惠双赢，那么企业就会实现经济效益和社会效益的双丰收，员工福利水平就能提升，企业才能可持续发展。

徐海南的厚道，不仅体现在对待员工上面，同时还体现在对待合作伙伴上。一直以来，徐海南视同行为朋友，以诚信为根本，努力做到信息、技术等与同行及其他企业共享。徐海南觉得，只有同行称道，企业才有发展的平台，企业才能兴旺发达。

说起徐海南，华泰伞业董事长顾宜海竖起了大拇指。顾宜海对徐海南的评价简单两个字：厚道。2005 年 7 月，顾宜海接到世界 500 强企业美国强生公司的订单，觉得企业发展的机会来了，于是新征近 30 亩土地，决定大干一番。但一笔 50 万元贷款转贷让他为难了。怀着试试看的心理，顾宜海拨通了徐海南的电话，争取得到徐海南的帮助。徐海南知道事情的全过程以后，立即决定给予帮助。就是因为有徐海南的鼎力相助，顾宜海的企业发展进入快车道，2007 年顾宜海企业产品销售额达到了 2500 万元。

与顾宜海相比，天秀伞业总经理王渭感触更深。2002 年 10 月，天秀伞业做的是清一色的普通广告伞。但国外市场沙滩伞的诱人市场让王渭蠢蠢欲动。市场虽大，但自己没有技术呀！王渭决定冒次险，去"天外天"取经。"当时我怀着忐忑不安的心，因为谁愿把技术传授给同行。但徐海南热情的接待让我的不安抛到九霄云外，当时不仅带走样品，而且徐海南表示无偿提供帮助"，王渭后来这样回忆。接下去，天秀伞业和"天外天"结成了联盟，一边派技术员上门指导，一边派工人上门请教。"如今我们的沙滩伞都跨出国门，近几年每年的销售在

2000 万元左右呢。以后我还要到'天外天'取经,进军高端市场",王渭直言不讳。一般说来,同行是"冤家",许多企业面对同行,除了设置"篱笆",防止技术、市场外流外,有的企业还甚至不惜手段,"自相残杀"。而"天外天"为同行所称道,在市场经济的今天,真是难能可贵。

面对同行的称道,徐海南认为,天下企业都爱财,但只有通过劳动、汗水、诚实、信用所得的财才是正当的。这真是一种民营企业间的"双赢"理念,实践证明,"天外天"能够得到快速发展,与徐海南的"双赢理念"密不可分。由此看来,做任何决策设身处地地为对方、客户着想,以双赢为准则,这样企业也才能持续发展。

徐海南不仅帮助上虞周边的企业,也帮助外地的企业。2002 年的集装箱起火事件让台州永强公司面临了困境,但"天外天"的帮助使这家处在危难中的企业觉得人间自有真情在。2002 年 2 月,台州永强公司出口的集装箱在发往宁波北仑港途中起火了,尽管火很快被扑灭了,但箱内 2 万多把伞面目全非。眼看出口交货期限要到了,永强公司的谢总给许多企业打去求助电话,对方都婉言拒绝了。但徐海南却不同,知道这个情况后,徐海南答应接下永强公司的业务,而且还不计一分报酬。在这个事情进行过程中,徐海南的家人自有不满,这也是情理之中的事情,徐海南最后还是说服了家人,帮了永强公司的忙。经过公司上下半个月的努力,2 万多把伞在"天外天"车间整合出来了,这为永强公司顺利出口立了一功。也因为这个事情,天外天多了一个新的合作伙伴——强生公司,两家企业业务往来频繁。

这正应了徐海南的"君子爱财,取之有道"的道理。当然,说说这个道理容易,但做起来是难的,"天外天"却能把这个道理执行了,上升为公司上下一起执行的"生财有道"。徐海南认为,在经济全球化时代,只有做到领导厚道、员工地道、同行称道、生财有道,事业自然就会得道。这些年,天外天创新不断,业绩不断攀升,人才也不断涌入"天外天"。机载计算机博士朱永甫放弃杭州大城市的生活来了;毕业于上海财经学院的硕士丁亚平放弃大城市一家上市公司的职位也赶来了;近 2000 名外地员工来了……大批人才的到来,给"天外天"安上了"助推器"。2009 年 4 月 12 日,"天外天"股票在澳大利亚上市,开启了中国企业登陆澳洲证券市场的先河。与此同时，"天外天"收购中国制伞老字号企业"五华"也进展顺利。并且"天外天"顺风耳不仅占领了国内大市场，而且打入国际市场……面对"天外天"这些年来的成绩和荣誉，徐海南如数家珍。徐海南坚信，"天外天"将在未来几年继续快速奔跑。

真可谓是，得道者多助，失道者寡助！"天外天"的"五道文化"既吸纳了我国古代道家、儒家学说的精华，又巧妙地与现代企业管理理念有机结合，是越商企业家精神"实"的生动写照。

越商在袜子、伞件制作这些微利行业中崛起，不仅使自己致富发财，而且为社会创造了税收收入、安排了就业岗位，尽可能地使资源发挥到最大效益。同时越商还积极利用农业资源，开发农产品，特别是传统优势农产品。这些举措，其结果是在发挥以上积极作用的同时，还有利于地方优势农产品资源的进一步开发利用。靠山吃山、靠水吃水，这又是越商企业家精神"实"的一面。

香榧是绍兴的优势农产品之一，是由榧树种内自然变异类型经无性繁殖培育起来的一个优良品种。目前香榧大部分处于野生、半野生状态，仅产于浙江省会稽山区的诸暨市枫桥、嵊州市谷来、绍兴县稽东等乡镇的一些村落（三地行政区划属于绍兴市）、东阳、磐安等地，以诸暨产量最多，占全国的70%左右。

与一般农产品的市场结构接近于完全竞争市场不同，香榧这类农产品的市场结构具有垄断特性。从其产品的高度稀缺性、产品有差别、消费者购买香榧时关注商标、品牌、价格昂贵等方面因素考虑，香榧属于垄断竞争市场或寡头垄断市场。

第一，香榧需求富有弹性。香榧是我国特有的珍稀干果，栽培历史已有1300多年，但为普通居民所消费却是20世纪90年代中期才开始的。一直以来，由于香榧的珍稀性，价格昂贵，又因香榧具有特殊的营养价值、药用价值，香榧仅是富裕人士的消费上品。目前，相比于居民收入水平，香榧价格较高，属于农产品中的奢侈品，其需求富有弹性。20世纪90年代中期以来，香榧价格直线上升，到了21世纪初香榧的平均售价维持在100元/斤左右的水平，且有逐年上升趋势。据绍兴市林业局资料，2007年、2008年香榧的价格达到120多元/斤。2007年，青果的收购价格 14—16 元/斤，2008 年上涨到 18—20 元/斤，按 4.7 斤青果炒制 1 斤香榧计算，2008 年 1 斤香榧的价格比 2007 年上涨 10 多元。近几年香榧价格上涨是现代人收入水平、生活水平提高，对健康、美味、营养丰富的绿色食品需求日益增加的结果。香榧具有极高的营养价值，能迎合现代人的消费偏好。

第二，香榧供给缺乏弹性。由于香榧特殊的生态习性和具有挑剔性的适生条件，引种、栽培香榧难度极大，因此，香榧产量一直徘徊不前，历史上对香榧的数据记载也很少。从有正规数字记载的 20 世纪二三十年代开始至今，浙江省香榧年产量一直在 300—600 吨左右徘徊（见表 4 - 1）。改革开放尤其是 1995 年以后，香榧价格直线上升，但香榧的供给量增加很少。香榧的供给是缺乏弹性的。

表 4 - 1　　　　　　　　　浙江省历年香榧产量

年度	平均年产量/吨
1934	400.00
1952—1960	363.50
1961—1970	383.01
1971—1980	323.94
1981—1989	358.00
1999—2000	600.00

资料来源：黎章矩等：《浙江香榧生产历史、现状与发展》，《浙江林学院学报》2004 年第 12 期。

第三，香榧价格具有较大上升趋势。富有弹性的需求曲线，缺乏弹性的供给曲线，决定了香榧市场独特的均衡水平。由于香榧具有独特的保健、美味功能，随着人们生活水平的提高，对香榧的需求呈上升趋势，从而导致较大幅度的价格上升（见图 4 - 2）。

图中 D、S 分别表示香榧富有弹性的需求曲线和缺乏弹性的供给曲线，在供给和需求均衡水平下，香榧的价格和产量分别为 P、Q。随着人们收入水平上升，对绿色农产品的需求量上升，从 D 上升到 D′。然而，相对于一般绿色农产品来讲，香榧供给缺乏弹性，于是价格上升到 P′，较大幅度的价格上升却只能带动较小幅度的香榧产量的增加，从 Q

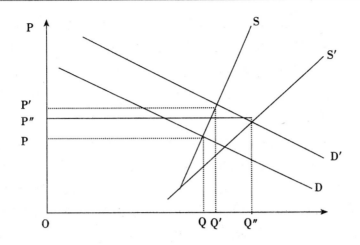

图 4 - 2　香榧供求关系与香榧价格的决定

增长到 Q′。S′代表一般绿色农产品的供给曲线，当一般绿色农产品价格上升到 P″时，其供给量从 Q 增长到 Q″，一般绿色农产品较小幅度的价格上升会带动较大幅度的供给量的增长。由此说明，相比于一般绿色农产品来讲香榧价格上升的趋势更大。

香榧产业的特征决定着发展香榧产业在满足人类对特色干果不断增长需求的同时，对增加农民收入，缩小收入差距具有较大作用。并且把适宜香榧生长的生态环境开发好、利用好，对改善生态条件，美化自然景观，从而更好地实现农业可持续发展，意义重大。

20 世纪八九十年代以来，由于政策重视和种植技术的提高，香榧产业获得了较大幅度的发展。主要表现在：

第一，由单纯依靠自然力进行零散生产到合理利用自然力进行规模化生产。

近几年科研院所、高等学校在不断探索种苗生产。目前，浙江省建有种苗繁育基地 33hm²，繁育苗木 500 万株以上，其中嫁接种苗近 200 万株。香榧规模化生产逐步展开。2000 年以来，浙江省新发展香榧基地约 1.33 万 hm²，浙江冠军食品有限公司、浙江康大实业有限公司等一大批农业龙头企业不断发展壮大。

第二，由盲目生产到品质化生产。

一直以来，香榧是香榧产地特别是会稽山区农民在房前屋后于香榧

收获季节随意收获的特色产品，凭世代流传的炒制经验进行加工，然后
到市场上进行交易获得一些收入。而今，高等学校、科研院所、林业部
门的专家、学者对香榧生态习性、生长环境的跟踪研究不断深入，对香
榧培育中的关键技术有所突破。并且为顺应消费者对香榧的品牌、商标
的关注，香榧生产经营企业纷纷展开了创建香榧品牌的活动。

第三，由只注重产品单一功能开发到注重产品多功能开发，由只注
重产品的物理特性到注重产品的文化特性。目前香榧企业生产香榧不仅
满足人们对绿色食品、原料的需求，而且还提供满足人们休闲、体验、
亲近自然等方面需求的功能。绍兴市下属的诸暨市建立了枫桥香榧省级
森林公园，2007 年接待游客达 10 万多人次；稽东镇依托香榧林建立的
"农家乐"，2007 年接待游客 1.8 万多人次。

第四，由无组织的、零散生产到榧农组织化建设的逐步展开。

香榧产业规模化、品质化、多功能化生产模式的拓展、延续，需要
有竞争力的香榧生产者加以支撑，榧农的组织化建设就是一条重要途
径。目前榧农的组织化建设正在逐步展开，主要表现在：浙江省香榧产
业协会的建立与运行，龙头企业有效发挥引领作用以及林地使用权流转
使得分散零星的林地集中连片等。

这些成绩的取得与越商的努力密切相关。骆冠军是香榧产业的领跑
者。骆冠军创办的冠军食品有限公司所在地，是一片崇山峻岭，地处浙
中会稽山脉中段，北始龙头岗，南至东白山西麓，平均海拔 800 米以
上。这里群山夹峙的地貌，温和湿润的山地小气候，数千年来繁衍生息
着一片片连绵不断的香榧林。它的果实之香、滋味之美、营养药用价值
之高，可说是自然的造化，被世人誉为寰中独珍。这里香榧的产量占全
国的 60%，被人们誉为"中国香榧王国"。古人说：天之所生，地之所
产，足以养人。生活在"香榧王国"的骆冠军就利用这得天独厚的资
源用心经营，从父兄们一斤斤一担担的提篮小卖，发展到如今香榧经过
人工加工再四处推销，市场经济大潮唤醒了骆冠军的商品意识、市场意
识，最后顺理成章地形成了品牌意识。于是，以骆冠军的名字作为商标
命名香榧。这为后来决胜市场起了意想不到但却是不可估量的作用。真
可谓"踏破铁鞋无觅处，得来全不费力气"。当"冠军"商标在国家商
标局注册成功后，"香榧王子"骆冠军作了冷静的思考：当"冠军"成

为"中国驰名商标"品牌时，这意味着这不仅是一个标志、一个符号，更是一种责任，因为在大众的心目中，"冠军"的含义就是第一，冠军就是最好的代名词，这样运行企业、经营商品，无疑多了一份压力、一份责任。换句话说，今后"冠军"企业做出来的产品、经营的企业必须诚信第一，质量第一，才够得上"冠军"的商标。

经过慎重思考，"香榧王子"骆冠军在公司开始实施一系列战略和决策。首先，公司选址在香榧的主产地赵家镇工业区，建造了面积达一万多平方米的现代化办公大楼和厂房，依托拥有2万多株百年以上树龄的大榧树群和万亩香榧基地，年产优质香榧450吨。初步建立起一条从货源基地培育到产品加工销售的产业链。与此同时，他认定：自己既然是炒货企业、炒货产品，那么前提是"炒"，炒得好坏决定香榧品质的优劣。而传统香榧的手工炒制方法，固然是色、香、味俱全，但当面临大批量的商品需求时，手工炒制香榧不仅工效低，且大小干湿不同的香榧难以用手工之力炒得均匀，质量得不到保证。"工欲善其事，必先利其器"，随着公司规模扩大，香榧销量增大，骆冠军参照上海大炒货厂的流动式炒货机，结合平时积累摸索的经验，试制出香榧机械炒货机，并依照枫桥香榧传统的手炒椒盐的配料和炒制工艺手段，依靠炒制工人的一手绝技，炒制出来的香榧色、香、味比手工炒制的更胜一筹，使上海、临安等地的炒货企业打心眼里喜欢，他们的香榧也纷纷运到冠军公司来加工。枫桥香榧经过简短的市场化、品牌化历程，迅速走出了"长在深山人未识"的困境。在上海，香榧成为"谁不识君"的名特产品和礼品化商品，于是，香榧价格成倍地上涨。

此时一些见利忘义、目光短浅的个体加工户、甚至有了牌子的加工企业把劣质香榧掺杂其中，黑着心牟利，枫桥香榧的整体声誉被损害。骆冠军面对这种情况，暗下决心要牢牢把握香榧质量，维护香榧的声誉，让事实证明谁是对的。骆冠军从货源抓起，对枫桥香榧的原产地——赵家镇及周边地区的榧农实施了一整套保质保量的香榧收购办法。抓住榧农最敏感的价格问题，在香榧收购季节到来之前，作充分的市场调查和社会调查，根据当年的经济状况、消费者的经济承受能力、香榧当年的收成和总产量进行客观估计，然后定出一个恰当的收购价格。在产量比较低的年岁里，冠军公司往往会提高青果的收购价格，让利于榧农,使榧农不至于囤积居奇,以此保证公司的货真量足。

在收购过程中,冠军公司一直坚持一手交货,一手付钱。他们深知,山区榧农一年到头,最大最急切的收入是香榧款,并希望马上兑现。冠军公司善解人意、诚实守信的做法,使广大榧农对公司的信赖与日俱增。所以,只要冠军公司的香榧采购车一进村,村民会呼唤左邻右舍,迅速把采摘的香榧投售给他们。高质量的原料为提高香榧产品质量奠定了基础。经过用心组织和精心制作,冠军香榧的质量有口皆碑,在众多产品中脱颖而出,香飘万里。骆冠军知道,质量的保证必须落实在产品的每一个生产环节和加工过程中,这需要现代企业科学规范的质量管理加以保证,执行 ISO 国际质量标准认证,是实现这一目标的必经环节。

在环境倒逼下,2001 年,冠军公司在国内香榧同行中,率先实行了 ISO9001：2000 质量管理体系认证。在认证实施过程中,认证部门的监督和反复指导、培训,进一步使企业改变了过去工作的随意性,完全按行业执行标准进行工序操作。

2002 年 10 月,冠军公司顺利通过质量认证,"冠军香榧冠军品质"的口号真正付诸行动,落到实处。到目前为止,冠军香榧无一例质量和计量方面的消费者投诉,被诸暨市质量技术监督部门评为"质量信得过单位",被浙江省消费者协会审定为"浙江省消费者协会推荐商品",成为国内同行业中年产量、销量最大企业,产品销遍全国各地,进入华联、家友等大超市,并销往东南亚地区、美国和马来西亚等国家。

品牌经营成功,资本日积月累,使骆冠军的目光投向更远处。他从事香榧生产、经营时间长了,对枫桥香榧资源稀缺性、珍贵性比任何人清楚,所以倍加珍惜。他自进驻香榧行业开始,从未停止过对香榧资源的保护,科学开发与集约利用相结合,一直注重对产品做长做久、企业做大做强的思考和筹划。从 2002 年开始,公司在省、市林业部门领导、专家的指导、支持下,相继成立了诸暨市香榧研究所、香榧业省级科技创新服务中心,并建立了与此相配套的省级香榧苗木繁育和种植基地。公司科技开发人员在大专院校、科研部门和特聘专家、学者的带领下,展开了对香榧优良种质的研究。从香榧苗木的繁育、嫁接、培养、成林,到对香榧的科学护理、治虫施肥、人工授粉、采摘到加工;从香榧产品的深加工到香榧假种皮的利用等举措，对香榧品牌延伸、项目开发等具有重要作用，对香榧基地、榧农增产增收、香榧企业增强实力以及对社会作出巨大贡献。据浙江省林业局资料，目前，冠军香榧专业合作社入社社员有261个，社员代表遍及诸暨直至浙江各个香榧产区各县市，联结基地5万余亩，带动农户2.5万余户，初步形成了"龙头企业＋合作社＋农户"的运作模式，以企业为依托，以合作社为载体，联结千家万户榧农，每年可为山区农户增加经济收入3500万元，解决当地上千人剩余劳动力的就业问题，为山区农民过上富裕生活提供了支撑之路。

　　诚然，冠军企业从最初的提篮小卖到眼下拥有近9000万元固定资产和"全国林业产业化龙头企业"、"浙江省骨干农业龙头企业"、"浙江省农业科技企业"、"绍兴市农业龙头先进企业""诸暨市人民政府特别奖"等荣誉的骨干企业。冠军香榧从被人们视为山货野果到拥有"浙江名牌""浙江绿色农产品"，"国家级有机食品""国家级AA绿色食品""浙江省优质农产品金奖"，"十大浙江市民最喜爱的品牌农产品""浙江省首届森林食品""浙江省优质农产品金奖"等多项国家、省市荣誉称号的珍稀干果。其中凝结了骆冠军无计其数的日日夜夜的辛劳。而今，"冠军"商标被认定为"中国驰名商标""浙江省著名商标"，这是对冠军企业、冠军香榧的褒扬和鞭策。今后骆冠军和公司员工一如既往地以"冠军品牌、冠军品质"为宗旨，以现在的成功为起点，打造一个现代化的"香榧王国"。

　　有骆冠军这样的越商积极投入香榧这类绍兴优势农产品资源的保护、开发，香榧产业呈现了较好的发展前景。虽然对照发展区域特色农产品、调整农业产业结构和发展现代农业的要求，目前香榧产业发展还存在以下一些不足。

　　第一，香榧生产经营方式落后，经营管理粗放，集约化程度有待进一步提高。由于香榧产业具有较高的收益率，一些原先从事别的干果食品业或其他行业的企业纷纷转型，从事香榧生产加工，导致香榧生产加工企业剧增。据绍兴市林业局资料，到2008年下半年，绍兴市香榧加工企业达92家，注册商标50多个，再加上没有注册商标的企业以及单个榧农自我生产加工进行零散不定点销售的情况，可以推断目前香榧生产处于无序竞争状态，不利于标准化生产和成熟的先进技术的推广应用，从而影响了香榧的品质。香榧炒制加工是影响香榧品质的重要环节。目前，绍兴香榧炒制工艺，如炒制温度、炒制时间等完全凭经验，没有严格的量化标准可遵循。

第二，香榧产业没有列入国家出口振兴计划中。优势农产品出口，是我国近几年出口振兴计划的一项重要内容，也是发展现代农业的一项目标和要求。通过出口促进、优势农产品基地建设、产品改进等措施，逐步提高我国优势农产品在国际市场上的竞争力。香榧特殊的生态习性和对生长环境的较高要求，香榧生产具有极强的原产地区域性。因此，通过把香榧产业列入国家出口振兴计划这一途径，向国际市场推介我国特有的、独具竞争力的香榧产品，在拓展香榧销售渠道的同时，实现香榧的潜在价值，弘扬我国的香榧文化。

第三，香榧基地的相关功能急需进一步开发。近几年，居民对生态旅游的需求日益高涨，杨梅、葡萄、桃子采摘游、桂花休闲游、垂钓游等旅游项目不断开发，在活跃旅游市场的同时，也满足了人们亲近自然、了解自然、陶冶性情的需求。香榧基地游虽已有所展开，但力度不够，急需进一步开发。

第四，香榧产业发展规划操作性不强，有待进一步细化。目前，从浙江省到绍兴市及下辖县、市均制定了有关香榧产业发展的规划，但真正把香榧产业列入详细规划的很少。没有具体细则及政府扶持重点，使得政策很难操作。于是有些政策只能停留在文件层面上。

第五，香榧产业发展相关数据有待整理、归档，并逐步列入各类统计年鉴中。目前，无论是中国统计年鉴，还是浙江省的统计年鉴，都找不到有关香榧的专门数据，香榧集中生长地的绍兴市统计年鉴中虽在"林业生产情况"中有香榧的产量记载，但只有产量一栏，反映香榧市场情况的香榧市场平均价格、产值等数据没有记载和反映，从而难以使人们了解香榧产业发展历程、发展现状及发展趋势。

通过政府、生产加工企业、榧农共同努力，合力打造香榧这一特色产业，香榧产业将迎来大发展的前景。

第一，尽快引入香榧现代生产经营方式，实现香榧生产加工的标准化、规模化、集约化，优化市场结构。首先，巩固、扩大香榧的订单生产模式。即在香榧的生长季节，香榧生产加工企业与榧农签约收购订单，确定收购数量和收购价格（属于保护价水平），生产加工企业对榧农所产香榧的品种、质地做出严格规定，并对香榧的施肥、采摘时间安排等进行跟踪管理，从而达到了使榧农安心香榧生产、香榧生产加工企业节约挑选时间和精力的双重目标。其次，加强香榧良种选育工作。政府应鼓励科研院所加大良种选育工作，提高香榧遗传品质，丰富香榧品种资源。再次，整合生产加工企业，实现香榧规模化生产加工。引入优胜劣汰机制，根据企业生产加工开发水平高低、市场开拓能力强弱，确定政府支持培育政策。

第二，尽快制定实施香榧原产地保护规则，加强对香榧产业发展的规划，并加以细化，有序、合理地保护性开发香榧资源。要注重有序、合理地开发香榧资源，边开发边保护，尽快出台并组织实施香榧产业保护和发展规划；可依据《产品质量法》《标准化法》和《原产地地域产品保护规定》等，制定香榧原产地保护规则。

第三，把香榧产业列入国家出口振兴计划中。加强对香榧生产经营过程的管理、监控，使其符合国际干果类产品进出口标准，努力把会稽山香榧产业基地建设成为我国香榧生产、加工、出口以及香榧加工机械制造中心、香榧文化交流中心。打造、整合会稽山香榧区域公共品牌，全面推广香榧标准化生产技术，鼓励制定香榧产业标准，开展香榧绿色食品、有机食品和无公害农产品及其产地的认证。

第四，加强对香榧生产、经营及相关经营活动的数据记载工作。为客观反映香榧产业发展状况、为科学研究提供数据资料、为进一步促进香榧产业发展，今后在浙江省统计年鉴、中国统计年鉴中的农业栏目中的"林业生产情况"中，有香榧产量、销售情况、产值情况的数据记载。

从身边的事情做起，做好身边的事情，注重优势农产品资源的挖掘和有效利用，实现企业效益最大化，传承并弘扬香榧文化，这就是越商的义利并举，即越商"实"的精神写照。

越商企业家精神的"实"除了以上表现外，还表现在从细微处做起，不放过能促使企业发展的任何一次机会，如，建香榧博物馆、麻鸭博物馆，以此为依托，开发休闲观光旅游、开展科研培训等；又如，出资修族谱，旨在弄清家族的历史，铭记祖先功德，继承先人奋发向上、吃苦耐劳的精神，以勉励后人艰苦创业。

绍兴是具有 2500 年历史的文化名城，历史遗留诸多，其中就包括一些风物，前面说过的香榧、绍兴麻鸭、嵊州花猪、新昌小京生等均是全国文明的特色产品。一段时间来，相当部分越商认为要提高这些产品的附加值，挖掘其文化内涵，提高科技对产品价值的贡献率，于是这些越商提议建立特色产品文化会馆来实现上述思路。

2010 年在诸暨赵家镇由骆冠军牵头的香榧国家森林公园——一个大型的香榧文化会馆开始兴建。建成以后，赵家镇香榧国家森林公园将成为集香榧科研、教育培训、文化鉴赏、生态休闲为一体的大型会馆，这一举措有利于进一步弘扬香榧文化，拓宽香榧市场。骆冠军认为，随着人们生活水平的提高，具有绿色、美味、珍稀、保健等特性的香榧产品市场将不断看好，价格也将不断提高，但是对香榧这一千年珍果的文化内涵，很少有人知晓，于是很有必要建立一个大型香榧文化会馆来传播香榧文化。

同年绍兴麻鸭博物馆由咸亨绍鸭育种有限公司投资，在越城区动工兴建。绍鸭羽毛上斑斑点点、黄白相杂，故称"麻鸭"。绍兴麻鸭体型小、产蛋多、饲料省、成熟快、适应性强，是我国优良的蛋用型鸭种，甚至有"禽中明珠"之美誉。建立麻鸭博物馆旨在介绍麻鸭的品种，展示麻鸭的一些老照片，同时展示与麻鸭有关的菜品。越人很早以前就开始驯养家鸭，南北朝时就有农民专门以养鸭为业，到唐宋时期，越州一带养鸭业相当盛行。越人在长期的养鸭实践中，悟出了选择良种的相鸭术，还摸索出了人工孵鸭、适时放圈和控制生长等技术。绍兴麻鸭博物馆是出于弘扬麻鸭文化，进一步扩大麻鸭知名度，提高麻鸭科学养殖度，从而提高文化对产品价值贡献率等目的开工建设的。

香榧文化会馆、麻鸭博物馆等的开工建设均是在越商的倡议和投资下进行的。越商旨在通过这些兼具商业性、公益性的投资活动，提升文化力，进一步提升传统产品的附加值，这是越商脚踏实地、从细微处做起的精神写照。

越商从细微处做起这种精神，还有比建香榧文化会馆、麻鸭博物馆更具体的表现，那就是资助修族谱，寻根问祖，让后人铭记祖先功德，奋发向上、努力进取。

浙江置业房产集团公司的董事长孙妙川，出资 50 万元，历时三年，集合人力编撰了《孙家桥孙氏族谱》，于 2010 年 11 月圆谱。孙妙川认为自己的这一创举在于使孙家桥孙氏族人了解他们的祖先是谁、来自哪里、孙族延续及规模等问题。通过《孙家桥孙氏族谱》，孙妙川和其他孙氏族人终于知道，孙氏族人的祖先是三国时期吴国的开国皇帝孙权的爷爷孙钟，他们竟然和孙权同宗同族，从而增强了当代孙氏族人的自豪感，激发了他们奋发有为、弘扬族人风范、光宗耀祖的精神。在《孙家桥孙氏族谱》中，当代孙氏族人进一步了解了他们孙族在杨汛桥的规模。自 1505 年，孙氏族人祖先来到杨汛桥，在牛头山安家落户起，经过 500 多年的繁衍生息，现在孙家桥的孙氏后人有 150 多户 550 多人。了解到今天有这样一个偌大的孙氏家族，孙氏族人对家族的敬仰和热爱被进一步激发出来，他们创业的热情进一步高涨。这是越商从细微处做起，寻找共同价值理念的一个表现，也是越商重视文化力作用的表现。

第五节　越商企业家精神的"慎"

文化对越商企业家精神的影响是根深蒂固的。师爷传统——冷静缜密的思维方式，多谋善断，谙熟人情世故这些文化元素，使越商企业家精神具有"慎"的特质。

越商企业家精神的"慎"，有着几重表现：一是越商之间合作具有特殊性，他们彼此诚实、守信，坚守承诺，以集聚经济的形式，共同致力于一个产业或行业的形成、发展，很少联合起来，做成大企业；二是越商在资本积累的过程中，善借外力，成为上市公司，做大企业，且实现责任、风险分散化；三是越商往往在一定时候进行多业态经营，"不把鸡蛋放在同一个篮子里"。

集聚经济，按官方的名称叫"块状经济"，一般性的定义是：介于市场和层级之间的空间组织形式，有人也叫"集群经济""柔性生产体""企业群落""专业化产业区""区域生产综合体"。从绍兴的经验来看，在集聚经济中，户是基本的生产单元，一个村甚至一个镇就是一个没有围墙的工厂，"厂"与"户""村"、镇相互渗透。集聚经济的发展丰富了所有制结构理论，显示了个体、私营经济在经济增长中的积极作用。

集聚经济的模式由一村一品、一乡一品演进而成，这根植于绍兴市以轻型加工业为主的劳动密集型产业结构。有如下内在关系：轻型加工业——源于绍兴市的传统技艺，又最适宜于由民营企业承担——借助邻里效应，逐步发育成长，经集聚效应的放大作用，最终显现出区域分工和区域竞争优势。集聚经济的发育、发展过程，也是生产的地域分工优势在市场选择中逐步确立的过程。绍兴众多集聚经济，是在市场激烈竞争条件下，综合区位、资源、传统技艺特别是文化历史等因素的作用逐步建立起来的。因此，其生存和发展本身，在一定程度上是市场对其比较优势的确认。

绍兴县的纺织、印染，嵊州的领带、厨具，诸暨的袜业、珍珠，上虞的化工、机电，新昌的医药、轴承，越城区的家私等均是较具规模的集聚经济。这些集聚经济的相关支持性产业情况如何？它们是如何实现范围经济效益的？这些问题引起了业界的关注。绍兴的企业以中小企业为主，占全部企业的 99.9%；从业人员中有 93% 在中小企业就业。从利润最大化角度出发，绍兴的中小企业通常不搞小而全，很少自成体系，而是融入于某一产业链之中，实现差别化战略，拉开产品差别。这些中小企业集聚在一起，加大了企业间的竞争程度，其结果一方面有利于产品质量的提高，成本下降，另一方面企业经过重复博弈，最后选择了纳什均衡。于是他们形成了合作关系，尤其是适合中小企业的上下游产业间的合作。这种合作形式往往没有正式的文字契约，看似松散，其实这种合作形式具有"小企业、专业化、大协作"的特点，它们通过寻找产业链中的适宜位置，站住脚跟，独树一帜。它们中的好多没有资源禀赋优势，但具有一定程度的集聚经济优势。

表 4－2　　　　　　　　　绍兴市集聚经济及相关支持性产业

县（市）	集聚经济	相关支持性产业
绍兴县	纺织业	化纤、印染、服装
诸暨市	袜业、五金、珍珠	纺织业
上虞市	化工、伞件	染料

县（市）	集聚经济	相关支持性产业
嵊州	领带、厨具	绢丝
新昌县	医药、轴承	胶囊业
越城区	家私业	纺织业

源自邻里效应、一村一品的集聚经济，是众多参与者信息共享、互教互学、提高整体竞争技能的"社区""创新型组织"，人人都是生产组织者和市场主体。绍兴经济的最大特点是，在发展过程中培养出千百万市场竞争主体，这些竞争主体发扬并演绎了卧薪尝胆精神，使其富有时代性。绍兴的集聚经济表面看是从小产品起步，而其实质则是从土地中转移出来的一批批农民从自身具有优势的传统产品生产开始，借助邻里效应，逐步扩散，形成星罗棋布的一村一品生产圈。农民做最适合自己从事的产品生产，体现着最佳的生产分工，因而也最具竞争力。研究结论显示，从制度成本角度，凡是个体、私营企业能独立承担的项目，采取个体、私营方式是最佳组织选择。随着科学技术不断进步，个体、私营及其联合投资体所独立承担的能力也相应地增强。这就是绍兴民营企业起主导作用的内在原因。

当集聚经济的规模实力、整体素质、辐射能力达到一定程度，形成相关人才、科研机构、国内外合作者等要素定向集聚，从而借助集聚效应，进一步强化集聚经济的辐射功能。再进一步演进，集聚经济的专业化分工关系进一步发展，网络化协作关系进一步完善，通过企业日常的紧密接触，在区内频繁快捷地进行信息、经验、技术的传播，交易成本降低，从而形成高效率、低成本的强竞争力区域，巨人企业因势而出，与为其服务的小企业形成纵向带动关系，而专业巨人之间的竞争则又促进各自核心竞争力不断提高，由此形成企业竞争力与区域竞争力彼此促进的互动关系。目前，集聚经济的专业化分工关系蕴涵着一种独特的优势，即产业配套优势，主要表现在产业配套条件或供应链上。这种配套优势所体现的，不仅是要素集聚实现低成本，而且企业间的交易成本也较低。产业配套优势可能比低成本优势更具竞争力。这是目前及今后一段时间内，集聚经济仍可以重点凭借的优势。当劳动力工资水平上升以后，一些地区的要素低成本优势将逐步丧失。而集聚经济可凭借专业化分工关系，发挥产业配套优势，继续维持竞争力。这里就存在着一个各专业化分工环节（包括各交易主体）间如何进行契约约束的问题，这个问题解决好了，利于更好地发挥产业配套优势。

按照"板块模式"理论，企业发展一般经历四个阶段，即从"点的企业"，也就是地区范围内产品的最早发明者和生产者；到"线的企业群"，即某地区集中出现大量的规模和性质基本相同的生产同类产品的企业；再到"面的企业群"，即大量相互配套的线的企业群在一地区集合而成；最后到"板块企业群"阶段，即少数企业通过自身规模扩大、兼并、品牌垄断或政府协作等途径，在竞争过程中获得更多资源，成为龙头企业，其他企业依附于这些龙头企业。在企业发展的四个阶段中，一、二两阶段与三、四两阶段存在着实质性的不同。"点的企业"到"线的企业群"只是企业数量和规模的变化，而第三阶段"面的企业群"则存在着企业间相互合作、整合优势的特点，第四阶段"板块企业群"阶段，市场竞争筛选出优势企业，其他企业自觉地服从这些优势企业的资源配置，从而真正体现了迈克尔·波特所揭示的资源向报酬更高产业流动的规律。

目前，绍兴企业发展实际上已处于第三阶段，因为在集聚经济内部，产业配套能力很强，规模化优势显现，这就是这一阶段企业具有相互间合作、整合优势的特点，但基本上还没有出现一个行业内互相竞争，筛选出优势企业，其他企业自觉地服从这些优势企业进行资源配置的局面。不是越商中没有这一能力的大企业，而是越商企业选择集聚经济这一模式，从而在集聚经济内谋求企业间的彼此配套，而非单方面的服从，因为后者的风险比前者要大。

以上分析的是越商企业家精神"慎"的一方面表现。越商企业家精神"慎"的另一方面表现是越商在资本积累的过程中，善借外力，成为上市公司，做大企业，且实现责任、风险分散化。到 2010 年年底，绍兴全市有 42 家上市公司，其中绍兴县的杨汛桥镇有七家，新昌县有六家。小小的一个镇竟然有七家上市公司，杨汛桥因此在全国文明，被誉为"杨汛桥现象"。杨汛桥位于宁波、绍兴通往杭州的咽喉处，因镇内有著名的杨汛桥而得名。境内西小江横贯东西，萧绍运河纵贯南北，是典型的水乡风光小镇。杨汛桥有常住人口 3.4 万，外来人口 3.5 万，近几年连续获得"浙江省最发达 100 名乡镇"排行榜之冠。人均 GDP 超过 1.6 万美元，农民人均纯收入 11000 元。

自 2001 年 12 月 10 日"浙江玻璃"一举登陆香港 H 股，到 2010 年共有七家杨汛桥的民营企业在境内外上市，浙江玻璃、浙江宝业、展望集团、永隆集团、加百利集团等上市公司的相继出现，杨汛桥也因此有了"杨汛桥板块""杨汛桥现象"等称谓，这使得杨汛桥在香港和内地资本市场声名鹊起。一个镇有七家上市公司，而且有些在境外上市，这是杨汛桥也是绍兴的显著特征之一。

为什么绍兴的民营企业有这么多选择上市？这与越商企业家精神"慎"的特质有密切关系。越商遵循冷静缜密的思维模式，遇事仔细考虑，尽可能分散风险。上市公司吻合越商的思维特性。首先，上市是解决企业直接融资难题的最佳捷径。上市，意味着高成长的中小民营企业取得资本市场准入证，由只能依靠银行间接融资，变为可以到股市直接融资，获得长期、无息、大量、稳定的资本，而且这一部分资本，永远都不需要归还。有些上市企业可以融资几亿元、几十亿元，行情好时，首日开盘价可以达到认购价的数倍。上市为企业开通在公开资本市场上融资的通道，增加借贷能力，如通过配股、增发、可转债等多种金融工具实现低成本的持续融资。与银行贷款等间接融资方式不同，股市直接融资不存在还本付息的压力，其独特的风险共担、收益共享的机制在改善企业资本结构的同时，还可促进股权资本收益最大化，更加有效地增强企业发展和创新的动力和能力。一家完成首次公开上市的公司只要具有较好业绩和发展潜力，很容易再度在证券市场上筹措源源不断的资金，并易获得银行的信任。需要筹资的公司能够通过上市募集到可用于多种目的的资金，包括增长和扩张、清偿债务、市场营销、研究和发展，以及公司并购等。其次，上市公司有利于企业长期稳定发展。高度市场化运作的股市体制在选择上市企业方面，注重的是企业的成长性和高质量而不是企业的身份。上市后，以股权为核心的激励机制，将促使企业吸引和留住核心管理人员以及关键技术人才，为企业的长期稳定发展奠定基础。再次，上市公司有利于增强企业的变现能力。上市可以增加公司股票持有者的个人净资产。即使上市公司的持股人不立刻兑现，能够公开交易的股票也可以用作贷款抵押。股票变现，有时意味着战略退出，更多时候意味着财富转移。股票自由的买进卖出，为上市企业股东资产变现提供了灵活性，他们可以很容易地出卖股票，收回现金。另外上市公司还具有能提高企业品牌价值、增强企业安全性、提高企业市盈率等有利之处。孙大海、乐文、施立华（2010）共列举了上市公司13个方面的有利之处。足见，绍兴企业这么多选择上市公司形式与越商企业家精神的"慎"密切相关。

越商企业家精神的"慎"还表现在注重多业态经营，"不把鸡蛋放在同一个篮子里"。前面说过的越商企业家精神"韧""勤""真""实"的相关事例中，有很多涉及越商多业态经营的案例，徐海南在坚持伞件主业的同时，发展无线传感技术产业；濮雅萍在延续父辈传递的印染产业的同时，发展区域性粮食物流中心、房地产开发有限公司；吴利忠在做大臭豆腐市场的同时，进行仿真字画生产和销售……这一切说明越商在生产经营时善于化解风险，即使在面临困境时，也能选择适宜的路径进行突围。

纺织业是绍兴的传统产业，这些年面临转型升级的巨大压力。但就在这样的生存环境下，纺织企业冷静思考，寻找适宜自己成长发展的路子。绍兴市一些"老纺织"企业转型方向各不同，但都获得了成功。

地处袍江新区的贝力生科技有限公司原先是家纺织企业，但就在2009年1月全球经济衰退日渐清晰的时候，该公司却获得了出口2500万美元、同比增长五倍的业绩。这其中的原因在哪？在于贝力生实现了从纺织业到液晶设备生产的转变，而实现这样的全新转变"贝力生"仅仅花了五年时间。

"感触最深的是，电子行业比纺织行业机会更多"。"贝力生"董事长王光荣事后这样感慨。2004年2月，做纺织生意的王光荣注册成立浙江贝力生科技有限公司。纺织业是一个进入门槛较低、竞争激烈的行业。2004年，对纺织业来讲，算是进入较晚了，面临的竞争压力就更激烈了。于是，成立贝力生科技有限公司的初期，王光荣的生意不好做，于是就想到转行。曾经尝试过多个产业经营，但最后选择了液晶显示屏行业。选择了这一行业以后，王光荣认准了，于是就不惜花人力、物力进行研发，争取进入这一行业的技术高地，把前些年的损失补回来。终于，工夫不负有心人，王光荣研发成功了 LCOS 这一当时世界最先进的电视机技术。这样，在短时期内贝力生获得了纺织业数十年未有的业绩增长，2007 年公司销售额 2.7 亿元，2008 年猛增至 11.35 亿元，此后业绩继续上扬。

目前王光荣已经彻底告别纺织业。2009 年 11 月，他关停了赖以起家的那家纺织厂，利用老厂房的 17 亩土地，投资 4—5 亿元，上马一个新的电子项目。与王光荣一样经营纺织产业，面对同样的困境，董事长孙永根是通过加大技术投入、探索新产品开发等途径，带领天圣控股集团一直在纺织业驻足，获得了企业的重生。近几年，天圣控股集团每年仅在面料研发上的投入就达 1000 多万元。2006 年，孙永根在纺织业界率先上马羊绒纺等高端纺织项目，此后天圣控股集团的市场销路迅速打开，生产能力随之提高，达到企业毛纺产能突破 800 万米的业务水平。产能提高，产品附加值、利润率也随着提高，甚至远远超过同行水平。所以，在对危机时期企业业务水平受到的影响进行总结时，孙永根这样认为，"我感觉市场萎缩并不大，2009 年过年后不久，公司就接到了来自欧美地区的 100 多万米订单"。确实，2008 年、2009 年这些年里，天圣集团总部六楼样品室，琳琅满目的高档纺织样品让人惊艳，客商盈门。当孙永根生产的毛纺面料卖出每米 700 多元高价时，你确实会感觉到，2009 年的世界性的经济危机对天圣控股集团的影响不会大，甚至不会有影响。

看来，企业是否会受到国内宏观环境、全球环境的影响，最终还是取决于企业本身，有竞争力的企业，面对外部环境的激烈敲打，他依然会岿然不动。田建华带领的浙江凤仪集团与天圣控股集团等以上列举的企业一样是具有竞争力的企业。2009 年 4 月，一直生产家纺产品的凤仪集团放弃贴牌，从生产型向品牌营销转型，企业投资 1 亿元，与香港莎鲨国际集团主动联合，仅花了半年时间，浙江莎鲨家纺已经在国内 22 个一线城市设立了 100 余家专卖店，卖的商品品位高、质量好，价格自然也高，甚至有一套床上用品卖到了 18800 元的高价。

在地处轻纺城柯北市场的莎鲨家纺展馆内，你时常可以观摩到时尚的家纺秀。以前"凤仪"作为一家生产企业，虽然做得很好，但下游产业和销售总是受制于人，企业很难有较大的向上突破空间。自 2009 年企业转型以后，公司掌控了终端，企业核心竞争力就大大提升了。越商就是这样凭借"慎"的精神特质，善于抓住企业转型发展的时机，适时转型，获得持续发展。

第五章　越商企业家精神的阶段性表现

越商是历史延续而成的商帮群体。在不同的历史时期，越商企业家精神呈现出不同的特质。在几千年的封建社会时期，越商经历了从手工工匠、工商业雏形的形成到近现代工业出现催生出企业家的过程。新中国成立以后，越商又经历了从计划经济时期的国有、集体企业的经营管理者向市场经济时期现代企业家转变的过程。

第一节　不同发展阶段的越商

一、手工业主

绍兴手工业主的出现时间较早，且分布面广，涉及的行业较多。在越国时期，与农业生产相伴的农产品加工业开始出现，随后逐步发展为三个大类手工业。一类是农产品生产和加工手工业，最为典型的就是茶叶的炒制和竹木业等产品加工；另一类是与军事战争需求相关联的手工业，如冶炼业和造船业；再一类是与人们日常生活相关联的纺织业、酿酒业、制陶业等。随着三类手工业的发展、延续，一批技术含量较高的手工业也随之产生。随着手工业工场和作坊的大量出现、产品数量的不断增加，商业流通也不断繁荣，以经营贸易为生的商人开始出现。手工业主往往具有"老板与伙计"、"场主与职工"合二为一的特征，一方面要计划工场、店铺的生意，力争达到支出最小、收益最大的目的；另一方面自己要从事搬运、送货以及一些杂活等，真可谓什么活都要干。手工业主是历史上最原始、最草根的企业家。

二、工商业主

秦汉以后，随着北方战争连年不断，大批北方人士接连南迁。特别是六朝时期以来，许多达官贵族、商贾人士纷纷南下，驻足绍兴，带来了先进的生产技术和经商理念。这些思想与当时绍兴传统手工业经营理念相冲撞，绍兴本地的经商思想发生了改变，推动了绍兴经济的飞跃式发展。到南宋时期，作为陪都的绍兴，工商经济发展达到了鼎盛阶段，一大批手工工场、作坊和商铺也随之强盛。到了明清时期，近代工业开始萌芽，一大批手工业工场、作坊逐步向工厂化发展，大批传统商铺纷纷转变成具有一定规模的商场，于是早期的工商资本家开始出现。值得一提的是，明清以后，在中国工商业史上有较大影响力的商人队伍——宁波商帮的出现，对于处于同一地域、具有亲缘文缘关系的绍兴来说，无疑是一次工商业大发展的极好机遇，于是绍兴经商之风大兴，经商人数大增，商人活动范围扩大。如，当时在上海经营煤炭生意的绍兴商人，利用余款放贷给邻近商店，调剂资本余缺，有效发挥资本效益。这样的余款放贷活动逐步发展成一批上海钱庄；再如，在山东济南、江苏常熟等地经商的绍兴商人，建立了诸如浙商公仁堂、宁绍会馆等商人会馆，以此作为在外经商绍兴人活动和聚会的场所，加强在外经商越商的联络和交往。由此可以说明，明末清初绍兴工商业主无论是数量还是经营业绩均发展较快，越商群体逐渐形成。

三、现代企业家

企业家是工业化的产物，是伴随着工业社会的发展而产生的。绍兴在明末清初虽有商人群体出现的迹象，但真正意义上的工业却始于清朝末期。在洋务运动和实业救国的大背景下，越商一方面积极响应时局号召，在上海等地与洋务派一起筹建官督商办的企业。如，绍兴籍人士经元善等，与洋务派一起在1880年筹建了官督商办的上海机器布局、上海电报局等企业；另一方面越商在绍兴本地创办企业，走以实业兴国之路。如，越商创办了使用机器的公豫丝厂、开源水丝厂等企业，其中嵊州商人楼景晖与萧山商人陈光颖等于1895年开办的开源水丝厂开业，初期就购买了英国蒸汽机、弹花机、梳花机等设备，纺锭就达1.09万枚，与当时杭州的通益公纱厂、宁波的通惠公丝厂合称为浙江"三通"，成为浙江省近代首批工业企业之一，这标志着绍兴现代工业在当时已经起步。到民国时期，传统锡箔业、化工业、印染业、纺织业、食品加工业和电力、运输、电信、邮政等产业相继出现，并获得发展，这时在绍兴出现了以兴办企业为主要形式的资本家。后来，在工厂化生产经营和管理过程中，孕育了一批资本投资与产业经营融为一体的早期企业家。新中国成立以后，随着私营工商业的改造和大量手工作坊的合作改组，到1952年年底，全绍兴地区经过重新审查批准登记的工业企业达到了3275家，一大批原来的资本家、实业家经过改造，转化成为社会主义制度下的企业家。

四、企业家群体

新中国成立后到改革开放前夕这段历史时期，越商基本上处于零散状态下进行生产经营，数量较少。党的十一届三中全会以后，党中央提出了以经济建设为中心，坚持走改革开放之路的战略决策，全社会范围内呈现了宽松的创业、创富环境，经济发展活力得以迸发，创造社会财富的愿望得到尊重。以社会主义市场经济为目标的经济体制机制逐步建立，于是，工商企业进入了大发展、大繁荣的时期，越商企业家队伍由小到大，覆盖领域由少到多。而今，已形成了特质明显的越商企业家群体。

纵观改革开放以后越商企业家群体的形成过程，发现越商主要由三大类别人群组成。

第一类是乡镇企业创始人转化而成。随着农村改革开放的不断推进，一大批有着经营头脑的农村"草本才子"灵动起来，他们因地制宜，纷纷创办了乡镇企业。这些乡镇企业的创办者凭着"设备靠换旧、技术靠退休、供销靠亲友"的灵活经营方式，发展乡镇企业。他们发扬踏遍千山万水、说尽千言万语、施尽千方百计、吃尽千辛万苦的"四千精神"，带领农民兄弟走南闯北，开拓市场。到20世纪90年代，绍兴全市已有涉足纺织、建材、机电等24个大行业的乡镇企业49856家，这些乡镇企业创造了占当时绍兴全市工业总产值74.05%、占全社会总产值56.83%的巨大财富。迅速崛起的乡镇企业孕育了改革开放后第一批企业家。20世纪90年代中期，乡镇企业改制全面推开，一部分传统乡镇企业逐步向现代企业制度转轨，企业向着规范化的股份公司发展。于是，草根的乡镇企业家也随之转变为现代企业家。

第二类是国有企业和城镇集体企业的主要管理人员发展而成。20世纪80年代中期，随着国有企业和城镇集体企业改组改造工作的纵深推进，厂长（经理）负责制和承包经营责任制的全面推行，股份制企业和企业集团培育试点的全面展开，原先国有、城镇集体企业渐渐地转变身份，到21世纪初，绍兴全市已有98%国有企业和99%城镇集体企业完成了改制，一批国有企业和城镇集体企业掌门人开始走上发展市场经济之路，探索现代企业管理之道。于是，原来带有浓厚政府色彩的国有、集体资产的掌门人发展成为市场经济条件下的企业经营者，甚至成长为上市公司的总裁。

第三类是外资企业和个私企业创业者发展而成。随着对外开放进程的加深，外资企业也纷纷进驻绍兴。从1984年诞生第一家三资企业起，中外合资、中外合作、外商独资等三资企业相继出现在绍兴大地上。外资企业的进入，有利于绍兴利用外资和国外先进管理经验及技术的同时，培养了一大批具有国际眼光、适应全球竞争的本土企业家。21世纪以来，随着招商引资、招才引智战略的实施，一批拥有高学历、掌握高新技术的人员落户绍兴，与本土化的企业家一起创新创业，成为越商企业家队伍的重要成员。同时，随着个私经济的发展，一批中小企业主茁壮成长，脱颖而出，成为越商企业家群体的宽厚基础和重要力量。

第二节　越商女企业家精神

改革开放以后，越商群体不仅人员数量不断增长，而且内在结构也发生着显著变化，主要表现在越商企业家队伍中出现了相当部分女企业家，如，陈爱莲、冯亚丽、徐爱娟、周晓光、连雅君等。在绍兴，不仅有企业家协会，更有女企业家协会。绍兴女企业家协会创立于1989年，至今已有22年了，有会员90多名。在绍兴女企业家协会成立20周年的庆祝大会上，绍兴市市长亲自出席大会，并做重要讲话。为什么绍兴女企业家协会会受到如此重视？那是因为绍兴女企业家，在本书中称越商女企业家，为绍兴经济、社会发展作出了重大贡献，在绍兴具有深远影响。据统计，在绍兴市私营企业中，以女性为法人代表的私营企业占绍兴私营企业总数的11%，且这些企业相当部分属于规模以上企业。

绍兴的女企业家朴实无华、足智多谋，具有中华民族的传统美德，在相夫教子的同时，驰骋商战，获得了家庭、事业的双丰收。她们自立自强，创业创新，同时又热心公益，回报社会，

越商女企业家精神特质包括越商企业家精神的一般特质和作为女性企业家独有的精神特质。越商企业家精神的一般特质，具体表现为"韧""勤""真""实""慎"五个方面，越商女企业家均具有。

越商女企业家凭着其女性身份，在具有一般越商企业家精神特质的同时，还具有其女性企业家独有的特质。

一、相夫教子

越商女企业家大凡能较好地处理好家庭与事业的关系，她们把对亲人的爱、对亲人的责任和对事业的忠诚融合起来，在越商女企业家看来以上两者存在互动关系。所以，越商女企业家在获得社会声誉的同时，也稳固了她们在家庭中的主人地位，在她们那儿家庭、事业的冲突可以随时化解。

徐爱娟，天宇交通建设集团有限公司副董事长，她有着诸多荣誉：全国五一劳动奖章、全国"三八"红旗手、全国巾帼建功十佳标兵、"爱心中国"首届中国百名最具影响力慈善人物、全国创业女性、浙江省劳动模范、浙江省十大慈善之星、浙江慈善奖……然而徐爱娟却是一位平凡的女性，她始终觉得今天的成就是她跟着丈夫白手起家、艰苦创业、苦心经营积淀起来的。肖国英，浙江华港集团公司的总经理。华港集团公司是一个集纺织印染、服装设计生产、外贸出口、房地产开发于一体的、总资产达8亿多元、员工2000余名的大型企业集团。然而肖国英依然低调，在家里她乐于充当妻子、妈妈的角色，在她事业成功的同时，她在家里的地位也得以不断稳固，家庭关系和谐如初。她始终认为，在家庭生活中摆正妻子的地位十分重要，肖国英像经营企业一样用心地经营她的家庭，她把家庭打理得其乐融融。肖国英是一位集团公司的总经理，但一回到了家里，她完全是一位好妻子，一位好母亲，在家里，烧菜做饭都是肖国英的分内事。她一直把丈夫顾福林称为顾老师，时时处处尊重丈夫，宴请陪客往往由丈夫出面。由于这些，她的家庭被评为"全国五好家庭"。连雅君，天外天伞业有限公司总经理，她与丈

夫徐海南创办的天外天有限公司，是目前全球最大的太阳伞生产基地之一。近几年，天外天伞业有限公司有 20 多个系列、100 多个品种的伞件产品和户外庭院系列产品，年产伞 600 多万打，产品 90% 出口，远销 80 多个国家和地区，年销售额突破 2 亿元。然而，连雅君和丈夫徐海南自企业创建之初到现在，一直同甘共苦，相濡以沫，丈夫任董事长，妻子为总经理，这样的搭配让企业有序运转，欣欣向荣。1989 年，在上海打零活的夫妻俩回到家乡上虞崧厦镇创办伞厂，自此以后，丈夫主外，妻子主内，他们像养育孩子一样培育企业，他们的企业一天天地成长壮大。2007 年 4 月 12 日，天外天伞业在澳大利亚成功上市，开启了中国制造企业在澳大利亚资本市场首家企业上市的先河。

像徐爱娟、肖国英、连雅君这样具有艰苦创业、锐意进取、敢闯敢拼、家庭事业兼顾、注重言传身教、乐于培育后人的越商女企业家已形成一个群体。

二、热心公益事业

徐爱娟、肖国英、冯亚丽等在企业做大的同时，积极投身慈善事业，勇于承担社会责任。

从 20 世纪 90 年代开始至今，徐爱娟在慈善事业中作出了惊天业绩——为社会各项公益事业捐赠款价值已达 1.5 亿元，它以博大仁爱之心，勇挑社会责任，勇担社会义务。帮困、助学、扶老是徐爱娟慈善事业的主要部分。肖国英在事业取得成功的同时，没有忘记过去的贫困生活，没有忘记为社会尽一份责任。她积淀了巨额财富，依然朴实无华，却积极投身慈善事业，肖国英已累计捐资捐物达 800 多万元，用于扶贫帮困、助残办学以及各种社会公益事业。她一次性拿出 3 万元给处在困境中的妇女，帮助她修建房子，解决日常生活困难，并且还承诺以后每年资助这位妇女解决生活困难。作为一个成功的企业家，连雅君始终不忘承担社会责任。2005 年，"天外天"向上虞市妇女发展基金捐资 100 万元，2006 年，"天外天"捐资 200 万元建立了上虞市第一个乡镇计划生育公益基金——"天外天计划生育公益基金"，一批优秀的计生干部受到了奖励，一批特困计划生育家庭得到了资助。2008 年"5·12"汶川地震发生以后，连雅君和丈夫徐海南在第一时间想到了灾区百姓的第一需要，决定暂停厂里的一切外销产品生产，赶制价值 50 万元的 500 顶帐篷捐赠给四川灾区，在面临各种材料短缺的情况下，夫妻俩与员工们一起想办法，以最快速度赶制帐篷，及时送到灾区。同时还承接了上级下达的生产 8000 多顶帐篷的艰巨任务。为使灾区能顺利用上帐篷，夫妻俩还派出志愿队，前赴四川，帮助搭建、使用帐篷。冯亚丽，浙江海亮集团公司董事长、总裁、党委书记，她一直认为，致富思源、自觉回报社会是企业家义不容辞的责任。在她的领导下，公司广泛地参与各类社会公益活动——帮困、助学、扶老、平衡区域发展。海亮集团现已招收残障职工 290 余人，退伍军人 200 余人，并解决了 200 余名下岗职工的再就业问题。此外，从 2003 年起，公司面向全市低保户、贫困户家庭，招收这些家庭初三应届毕业的子女入学读书并冠名成立了海亮机电班，至 2007 年 4 月，企业已累计出资 30 余万元，培训 200 余人，并安排就业。从 1997 年开始，海亮集团推出了资助贫困学生上大学的爱心活动，十多年来共资助"双特"（特困、特优）学生 200 余人，资助 200 余万元。2007 年，冯亚丽倡导设立了"海亮关爱助学金"，每年投入关爱助学金 20 万元，将"助学帮扶"纳入了常规化轨道。从 1995 年开始，海亮每年组织慰问当地贫困户和孤寡老人，已累计出资 330 多万元。对于修桥、修路等社会公益事业，冯亚丽更是慷慨解囊。作为一名女性企业家，冯亚丽对妇女儿童事业发展更是倾心支持，仅 2007 年，海亮向省、市妇联、妇女儿童基金会支持、赞助活动经费 100 多万元。冯亚丽还捐赠 1000 万元成立海亮医疗救助基金会，主要用于海亮集团所在地店口行政规划区域内因突发事故伤害、患疑难杂症造成大额医疗费而无经济支付能力致困的人员救助。

越商女企业家就是这样关注着社会的点点滴滴、角角落落，她们用娇弱的肩膀撑起一片蓝天，用大爱书写着人生的价值。

越商女企业家凭着"韧""勤""真""实""慎"的精神特质做大企业，同时又善于经营家庭事务，相夫教子，富有爱心、责任心，很好地处理了事业、家庭、责任间的关系，成为企业家中的佼佼者。

绍兴的历代名媛故事伴随着越商女企业家的成长，她们有着一些共性：坚韧、朴实、富有爱心、善于协调家庭和事业的关系，获得了家庭和事业的双丰收。

天宇交通建设集团有限公司副董事长、副总经理徐爱娟现今获得了众多荣誉，然而徐爱娟却一直是一位平凡的女性。徐爱娟1952年出生在一个绍兴县安昌古镇的干部家庭。由于家里人口较多，徐爱娟小时候家里生活条件十分艰苦，有时候还陷入困境。使徐爱娟记忆最为深刻的是1960年——她8岁那年。那年徐爱娟刚刚上学半个月，突然患上了急性肾炎，那是中国三年自然灾害时期，大家连饭都吃不上，根本就没有钱看病。徐爱娟的生命危在旦夕，父亲作出了住院治疗的决定，为了给女儿看病，父亲把手表卖了，把皮鞋卖了，把唯一一套出入会议场合穿的衣服也送进了旧货铺。终于父亲和女儿一起战胜了病魔。然而，接下去的问题还是很大，徐爱娟只上了15天的学却因身体原因要辍学了。徐爱娟好学，天性聪明，失学对她的打击甚至比病痛留下的创伤更沉重、更深刻，这也许就是她后来资助那么多失学儿童的原因之一。日子在平淡中一天天地过去，徐爱娟日渐长大。虽然没读多少书，但她坚信只要心里怀着梦想，总会有所收获的。

20世纪80年代，改革开放的春风吹遍大江南北。当时在国有企业里工作的人们都跃跃欲试，想下海经商。在这样的大背景下，1987年，徐爱娟和丈夫商量，想双双下海，放弃国有企业的"铁饭碗"，去商海里搏一把。丈夫觉得妻子的决定有道理，于是，他们拿出家里全部积蓄，并且又费尽力气借了9000元，一共1.2万元。从绍兴市二轻公司那里购了一辆二手面包车，夫妻俩联合经营绍兴到华舍的中巴客运业务，丈夫开车，妻子卖票收钱。为了及时还款，经营中巴业务的头三个月，徐爱娟每天从卖票收入里挤出100元，一年以后还掉了9000元的买车借款。夫妻俩早出晚归，没有休息日，艰苦创业。因为他们属于绍兴市最早跑中巴业务的经营户，获得了"喝头口水"的实惠，经营业绩不断显现，夫妻俩没有就此停息前进的脚步，而是选择不断增加投资，扩大经营规模。就在跑中巴业务的第二年，他们把借款还掉后，增添了一辆新的客车。接着第三年，又买了五六辆客车。到了第五年，徐爱娟夫妻俩已经拥有了几十辆汽车，他们创立一个属于他们俩的企业——绍兴县合兴汽车运输公司。

从一辆车到一支稍具规模的车队，徐爱娟夫妻俩创业的成功与他们敢于尝试、敢于吃苦、敢于创新、舍得投资的精神品质密切相关，其中较为重要的是他们具有一种探索、吃苦精神。在他们创业的过程中经历了多少艰辛、曲折，只有他们自己知道了。随着业务量的扩大、经营业绩的增加，对徐爱娟夫妻俩的考验也随之增加。1995年，徐爱娟夫妇创立了机械施工有限公司。1998年，收购了一家严重亏损、面临倒闭的路桥公司。接下去的几年里，又并购了一些经营领域不同的企业。在20世纪90年代末，徐爱娟夫妇门下拥有的是一个八家子公司的跨行业集团企业。企业做大了，利润增加了，但风险也随之加大了。

就在2008年这场席卷全球的金融海啸中，徐爱娟夫妇面临极大的困境：银根收紧、融资困难。然而，夫妻俩及时应对，通过加强内部管理，盘活资产、及时转型等方式将企业从困境中拉出来。可以说，正是转型升级，改变增长方式，使企业在危机中得以重生。2008年以来，徐爱娟夫妇的企业承接路桥建设工程项目开发资金10多个亿；入驻房产开发领域，开拓衢州、江苏房地产市场，回笼天津宝坻区房地产开发资金3个多亿。通过经营这些项目，公司实力进一步增强。徐爱娟夫妇的企业经过金融危机的洗礼，显得更加强壮、更加稳健。徐爱娟这位有着显赫成就的女越商就是这样与丈夫一起白手起家、艰苦创业、做大企业的。

在企业做大的同时，徐爱娟这位女性企业家对经济、社会的发展也作出了积极贡献。她投身慈善事业。20世纪90年代开始至今，徐爱娟在慈善事业中又作出了惊天业绩，她以博大仁爱之心，勇挑社会责任，勇担社会义务。帮困、助学、扶老是徐爱娟慈善事业的主要部分。

身患绝症无钱医治的孩子、交不起诉讼费而哭倒在地的妇女、失足少年、下岗职工、贫困家庭、残疾人士、失学儿童……无数在贫困和苦难中煎熬的普通百姓，无数在绝望和痛苦中挣扎的弱势群体，都得到过徐爱娟无私而有力的帮助。2005年5月，绍兴一位小学生患白血病在上海住院，因无钱治病，其母只能无助地痛哭。徐爱娟知道这一消息后先后两次赴沪探望，送去医疗费4万元；一次她到医院看望亲戚，获悉一位29岁的小伙子身患尿毒症急需换肾，因负债累累一直拖着。徐爱娟当即资助2万元，并四处奔走为患病的小伙子争取到5万元慈善救助，帮助他成功进行换肾手术；又有一次，徐爱娟在法院门口看到一位妇女哭倒在地，她上前去了解情况，知道这位妇女是因为付不起诉讼费才这样焦急，于是她向绍兴县法律援助中心捐款 10 万元，由法律援助中心派出律师对这位妇女提供法律援助。每年 8 月，作为绍兴市越城区慈善总会会长的徐爱娟，和越城区民政局的领导一起把学费发放到 200 多名贫困家庭的大中专学生手中；每逢六一节、除夕，她想到的是福利院的孤儿们，十多年来，每年"六一"和除夕，徐爱娟都要去福利院，为每位孩子送上礼物和压岁钱，给孤儿们带去节日的欢乐；20 世纪 90 年代以来，她向 100 多名贫困肢残人员赠送假肢，主动安排千余名下岗职工就业；设立慈善救助基金捐款 2200 万元；职工救急帮扶基金 2000 万元；红十字博爱基金 2000 万元；设立"爱德"、"德锋"等教育基金，捐资助学达 1000 万元……

徐爱娟不仅帮助家乡绍兴的人们，而且还给千里之外的百姓送去温暖。徐爱娟了解到甘肃宕昌县的贫困情况后，多次前往当地慰问贫困家庭，并捐资建造两所希望小学，投资 4000 万元创办扶贫企业；从报上看到苏北一名患绝症的大学生帮助七名贫困小学生的故事，她毅然决定继续爱心接力，奔赴江苏徐谷店小学，给贫困学生送去文具用品和生活费用，还帮他们交纳学费，出资改善校舍和教具。

徐爱娟还帮助失足青少年，1998 年以来，坚持开展"母亲盼儿归"帮教活动，为浙江省未成年人管教所捐资百万余元，设立"失足孤儿爱心救助站"、"缺损型家庭未成年犯救助金"等。

帮困、助学的同时，徐爱娟没忘了扶老。她始终觉得，每个人都有父母，每个人都会老，老了本身意味着悲伤，但最为悲伤的是贫困家庭的老人没法安度晚年。徐爱娟总是尽力帮助这些老人，十多年来，她已为 300 多户老年贫困家庭送上她的一份爱心。

像徐爱娟一样的越商女企业家在绍兴真是不少，她们坚韧、勤劳、具有开拓精神，她们对家人富有责任感，愿做丈夫的贤内助，她们又具有自己独立的一份事业，她们对社会富有爱心，倾力投入慈善事业。

浙江华港集团公司的前身，是 30 多年前一家濒临破产的小厂，而今是一个集纺织印染、服装设计生产、外贸出口、房地产开发于一体的大型企业集团，总资产达 8 亿多元、员工 2000 余名。是谁使华港集团发生如此戏剧性的转变？肖国英，浙江华港集团的总经理，30 多年来，她以独特的做事风格，在一个个暗藏玄机的商海中，凭着女性独有的魅力创造了华港集团的辉煌。

肖国英出生在丝绸之乡绍兴县华舍镇。1970 年春天，19 岁的肖国英被生产队推荐进入当时唯一一家乡办企业——管墅针织厂工作，肖国英从此从泥地里起身，成为一名手摇袜机挡车工人。在针织厂，肖国英觉得自己年轻，应该多学点、多干点，于是肖国英在厂里见什么就学什么。她天生对纺织业具有极强的悟性，她学什么就懂什么，一学就会，一点就通。当时的厂领导就觉得，肖国英这个小姑娘不简单。进厂不久，肖国英以她的聪明才干，很快进入了角色，没几年，便被提拔为班组长、车间主任，后又任生产副厂长，直至厂长。在企业转制的时候，肖国英成为企业的所有者。而她确实不负众望，通过几年的努力，管墅针织厂由原来仅有 10 多台手摇袜机的小作坊，发展成为具有百余台国产袜机和进口全自动袜机的中型企业。

纺织主业做大了，为了延长纺织产业链，提高产品附加值，肖国英在柯桥的柯北、柯西工业园区征地 200 余亩，创办了工业区第一家制衣厂——朗莎尔制衣公司和华港服饰辅料有限公司。在资金充裕的情况下，她又进驻房地产业。首先在国家 AAAA 级风景区开发了高档住宅景观别墅小区，接着又投资 5 亿元开发了位于柯桥步行街上的锦麟天地购物中心，两个房地产项目由于较好的质量和信誉，均获得了较好业绩。企业的业绩随着经营业态的多样化继续增加，肖国英自然又想到了她发家的纺织业，但当时生产经营纺织产品的企业在绍兴真可谓多如牛毛，常常出现打价格战、互相压价的情况。肖国英认为这种状况不利于国内企业发展，于是她想到要尽可能减少产品流通环节，直接与外商联系，有可能会在一定程度上避免恶性竞争。

有了上述想法后，肖国英的企业就启动了国际化发展历程。她借用人脉把一批学历高、会英语、懂外贸的年轻人招揽到华港，成立了华港外贸公司，利用广交会、华交会等渠道和国外市场联系，把企业和产品推向海外。一向依靠外贸公司进货的客商，自然感觉到直接与企业合作的益处，于是各种订单纷纷向华港飞来。华港自建外贸公司的举措给华港自身、整个纺织行业、外商都带来益处。这是华港又一次创新得到的成绩。

通过一系列的创新活动和日益完善的企业内部管理，今天的华港已是具有全国民营企业五百强企业、全国服装行业销售利润双百强企业、全国纺织行业出口百强企业、全国女职工建功立业标兵岗、全国印染企业先进单位、全国 CAD 应用示范企业、全国企业文化建设创新单位、浙江省工商企业信用 AAA 级企业、浙江省第二批廉政文化进企业示范单位、浙江省诚信示范企业、浙江省劳动用工诚信企业、绍兴市大型工业企业等荣誉的国家大型企业。

但面对巨额财富、众多荣誉的肖国英，不变的是她朴实、低调、踏实的为人风格，变的是她对社会多了一份责任和义务。

说她依然朴实、低调，其中一个原因是她始终觉得自己是女性，在家里她应该充当妻子、妈妈的角色。事实上，她乐于充当这样的角色，所以在她事业成功的同时，她在家里的地位也得以不断稳固，家庭关系和谐如初。在家里，她始终认为，要摆正妻子的位置，这才可以过好家庭生活，而家庭生活是一位女性必须重视的一个方面。她确实是这么做的。

肖国英一直把丈夫顾福林称为顾老师。肖国英是位只有初中文化程度的农家女，她的丈夫顾福林是当年插队到肖国英所在生产队的知识青年。1969 年，两人相恋了，几年后，他俩结为夫妻。事业有成就后，肖国英始终这么认为，"我的事业有成，都亏了顾老师在后方顶着"。在一些重要场合，肖国英经常会提及这句话。她始终认为，一对儿女出生后，自己由于忙于经营企业，孩子都是由顾老师一个人拉扯大的。并且顾老师把自己的事业也做得挺出色，他在柯桥成人文化技校做了多年的校长、书记。虽然肖国英是一位集团公司的总经理，但一回到了家里，她完全是一位好妻子，一位好母亲。在家里，肖国英喜欢烧菜做饭，她觉得这是自己的分内事。每年的大年三十不管公司有多忙，到下午 3 点，她总会准时回家准备年夜饭。肖国英说过，"我一直在实践着我的想法，只有我围着家转，而不能让家庭整天围着我转"。凡是认识肖国英的人，都知道她在日常生活中很注重生活上的自我约束。从 30 岁左右当厂长至今，大大小小的应酬不计其数，但她一直不破自己定下的规矩：谈业务从不放在晚上，请客应酬都让顾老师去替代。她觉得女人创业要把握好一个度，否则很有可能事业家庭难以顾及。因此，她立下的规矩一直不折不扣地遵守。肖国英说，无论你在事业上获得多大的成就，作为一个女人，家庭永远是第一位的；作为一个创业的女人，必须把家庭与事业放在同等重要的位置上。肖国英深深地懂得，只有家庭生活和谐了，社会才能真正和谐。企业家是管理者，是社会财富的主要创造者、社会发展的引领者，更有责任促进社会和谐。

肖国英在事业取得成功、家庭生活幸福的同时，没有忘记过去的贫困生活，没有忘记为社会尽一份责任。她积淀了巨额财富，依然朴实无华，却积极投身慈善事业。肖国英已累计捐资捐物达 800 多万元，用于扶贫帮困、助残办学以及各种社会公益事业。她一次性拿出 3 万元给处在困境中的妇女翁某，帮助翁某修建房子，解决了日常生活困难，并且还承诺每年资助翁某解决生活困难。翁某丈夫几年前帮别人干活时，因事故落下残疾，生活不能自理。儿子上学需要钱，丈夫治病需要钱，家里的日常生活也需要钱。正当翁某对生活不知所措时，肖国英伸出了援手，使翁某重新有了对生活的希望；一位高三女孩因家境贫困面临失学困境，知道这一情况后，肖国英给女孩送去了高三学年的学费、生活费，并告诉她有困难可随时去找她。这给了女孩生活的信心和力量。女孩回到了学校，努力学习，考上了上海的一所高校。肖国英就是这样用慈善之心唤起了一个个需要帮助的人们的生活信心，在慈善活动中，她把自己辛勤积淀起来的财富流动起来，增加了财富的边际效益，使财富发挥到最大效用。当然这中间爱心和勇气起了推力作用。

连雅君，天外天伞业有限公司总经理，她与丈夫徐海南一起创办天外天伞业有限公司。天外天伞业有限公司是全国制伞专业委员会的副主任单位，入围中国中小企业 500 强，先后获得"中国轻工业质量效益先进型企业"、"全国质量服务消费者满意企业"、"浙江省三优企业"、"中国知名产品质量公证十佳企业"等荣誉，其主导产品"风雨牌"晴雨伞系列被评为"浙江名牌产品"、"中国名牌产品"、"浙江省著名商标"等。

连雅君夫妻俩出生在浙江上虞崧厦镇，修伞、做伞一直是当地村民的一项主要副业。然而是什么使连雅君夫妻俩把伞业做大，获得超凡业绩的？1989 年以前，连雅君和丈夫一起在上海的建筑工地干活，该年 4 月夫妻俩萌生了拾回本业制伞办企业的念头，他们在上海四处奔波，寻找便宜的原材料，功夫不负有心人，终于找到了两车梅花骨等废弃伞零件。他们把这些废弃的零部件买回来后，离开上海的建筑工地，回到他们的家乡上虞崧厦镇唐家桥老家，夫妻俩办起了伞厂。由于伞业发展较快，没过多久，他们的企业发展成为天外天伞业有限公司，丈夫徐海南任董事长，妻子连雅君任总经理，丈夫主外，妻子主内，他们的企业有序运转。企业大了，伞件生产量迅速增加。为了打开销路，连雅君联系义乌小商品市场上的一个雨具经营户，经过协商，这些经营户承诺专门进天外天的伞进行销售。有了这个销售平台，天外天伞迅速拓展了销售网络，远销沈阳、昆明等地市场，并且产品常常供不应求。

生产发展以后，夫妻俩决定进一步扩大生产厂地。1995年，连雅君夫妇开始新建厂房，这时天外天也逐步步入公司化发展之路，同时，天外天企业产品不断更新升级，已从晴雨伞、帐篷、太阳伞延伸到户外休闲家具。2007年4月12日，天外天伞业在澳大利亚成功上市，开启了中国制造企业在澳大利亚资本市场首个上市的先河。

在天外天成立、发展的历程中，身为总经理兼党支部书记的连雅君确实起了半边天的作用。为增强企业凝聚力，连雅君和丈夫徐海南一起丰富、创新企业文化，发挥企业文化的积极作用。天外天在吸纳中国传统文化精髓的基础上，加入现代企业管理元素，创立了独特的"五道"企业文化，即领导厚道、员工地道、同行称道、生财有道、事业得道。"五道"文化把领导的表率作用、员工与企业的融合、企业内外环境的兼顾等一并考虑，作为企业发展的坚实基础。"五道"文化成为企业发展的文化生产力要素。另外，连雅君在倍加关心员工生活的同时，还组织员工开展技能培训和劳动竞赛，创办中专职业技校，举办职工运动会、歌咏晚会等。通过这些活动，一方面丰富员工精神文化生活，让精神文化成为一种生产力，让职工感受到企业大家庭的温暖；另一方面，进一步发挥员工的生产积极性，不仅留住人，还吸引新人扩充天外天的员工队伍。天外天现有员工2000人，来自全国20多个省市。

作为一个成功的企业家，连雅君始终不忘承担更多的社会责任。2005年，"天外天"向上虞市妇女发展基金捐资100万元，2006年，"天外天"捐资200万元建立了"天外天计划生育公益基金"，2008年"5·12"汶川地震发生后，连雅君和丈夫徐海南赶制帐篷捐赠并及时送到四川灾区。同时不顾企业生产任务紧、急于交付订单的风险，承接上级下达的赶制帐篷的艰巨任务。连雅君夫妻俩在企业成长的历程中时刻不忘社会、回报社会。

像徐爱娟、肖国英这样具有艰苦创业、锐意进取、敢闯敢拼、家庭事业兼顾、注重言传身教、乐于培育后人、积极回报社会的美德的越商女企业家真是大有人在。冯亚丽又是一位具有典型性的越商女企业家。冯亚丽是浙江海亮集团公司董事长、总裁、党委书记,诸暨市人大常委会委员,浙江省党代会代表。海亮集团是一家以铜加工为核心产业,横跨房地产、教育、有色金属、国际贸易等产业多元发展的国际化大型民营企业集团,近几年综合实力跻身中国企业 500 强、中国民营企业 500 强前列。2010 年销售收入达 525.8 亿元,位于 2011 年绍兴市百强企业榜首。

冯亚丽出生在 20 世纪 50 年代中期,承受了比当时国人所承受的更多的生活困苦。她上有 3 个姐姐,1 个哥哥,下有 1 个妹妹,1 个弟弟。20 世纪 60 年代,因父亲有海外关系,她们被下放到当时的诸暨市湄池镇湖西村,在那个特定的时代,七兄妹吃了很多的苦。每当说起孩时的生活经历,冯亚丽总情不自禁地眼含热泪,她至今不敢多看反映“文革”时期的电视剧,因为她觉得看到电视剧中的孩子受苦,总会勾起心酸的回忆,眼泪会忍不住哗哗地流。苦难是人生最好的大学。这段至今仍让冯亚丽觉得感慨万千的经历,磨炼了她的坚强意志,也正是这些经历,让她能不断地征服创业途中的各种磨难。1992 年以前,冯亚丽在诸暨市阮市镇一家羽绒厂主管技术、生产业务。这一年冯亚丽的弟弟冯海良把她叫到现在这家企业的前身——诸暨铜材厂工作。诸暨市铜材厂是一家于 1989 年创办的新企业,自然头绪万千。说起在诸暨铜材厂创业的经历,冯亚丽又是感慨万千,她觉得创业的苦真是苦,不但要熟悉新环境、新业务,而且什么事情都要自己做,管仓库、管生产、管质量,一天到晚都在厂里忙个不停。年幼的孩子——当年一个 12 岁、一个 6 岁没人照顾,只能自己上下学,回到家也没人照顾他们的生活。弟弟冯海良在创业初期还要艰苦,全国各地的市场他一个人跑。想到亲人与自己一起所受的艰苦,冯亚丽没有退却,她觉得只有努力工作,把事情做好,才能报答自己、报答家人所受的一切苦难。冯亚丽以她女性特有的细腻和爱心,在企业内实行精细化管理,在企业外,事情交由弟弟张罗。弟弟敬重姐姐，姐姐顾惜弟弟，这样的管理层搭配在浙江省的企业当中是十分少见的，却也较为合理。

姐弟俩内外配合，仅仅十多年时间，就把海亮集团打造成了一个大型集团企业。2007 年，海亮集团实现营业收入 258.7 亿元，利税 8.5 亿元，自营出口居国内铜加工行业首位，综合实力居中国企业 500 强第 186 位，中国民营企业 500 强第 13 位，中国制造业企业 500 强第 93 位，被国家统计局评为第二届国家大企业集团竞争力第二位。到 2011 年，连续 5 年居绍兴市百强企业第一位。

企业做大了，冯亚丽却一直谦逊、低调、朴素。如果你在店口的大街上碰到她，你还以为她是一个普通的女子，根本无法与年销售收入 525.8 亿多元的企业总裁联系起来。这不是冯亚丽不舍得花钱，而是她觉得钱应该花在更有价值的地方。冯亚丽认为的更有价值的地方就是社会公益事业。冯亚丽始终认为，致富思源、自觉回报社会是企业家义不容辞的责任。在她的领导下，公司广泛地参与各类社会公益活动——帮困、助学、扶老、平衡区域发展。

冯亚丽和她引领前行的海亮集团通过招收残障职工、下岗工人、低保户、困难户子女等途径实施帮困计划。海亮集团现已招收残障职工 290 余人，下岗职工 200 余名。从 2003 年起，公司面向诸暨全市低保户、贫困户家庭，招收初三应届毕业的子女入学读书并冠名成立了海亮机电班，至 2007 年 4 月，企业已累计出资 30 余万元，培训 200 余人，这些学员毕业后均由海亮集团安排就业。另外，从 2002 年开始，海亮开展村企结对，与柯溪坞等村子结成帮扶对子，长期通过"三供"（提供技术、提供就业岗位、捐赠资金）帮助他们脱贫致富。海亮还捐赠 1000 万元，成立海亮医疗救助基金会，并且每年注资，充实基金，主要用于资助海亮所在地——店口行政规划区域内因突发事故伤害、患疑难杂症造成大额医疗费而无经济支付能力致困的人员救助。

冯亚丽通过资助贫困学生上学、设立奖学金等途径助学。从 1997 年开始，海亮集团推出了资助贫困学生上大学的爱心活动，十多年来共资助"双特"（特困、特优）学生 200 余人，资助金额达 200 余万元。2007 年，冯亚丽倡导设立了"海亮关爱助学金"，每年投入关爱助学金 20 万元，此后，海亮的"助学帮扶"活动就进入了常规化轨道。

冯亚丽通过慰问贫困孤寡老人、组织老人体检等途径扶老。从 1995 年开始，海亮每年组织慰问当地贫困户和孤寡老人，已累计出资 330 多万元。2006 年 8 月，她出资 10 多万元，组织柯溪坞村 60 岁以上的老人全部进行体检，并为患有白内障疾病的老人治病。2008 年春节，冯亚丽出资 100 万元，慰问生活困难的父老乡亲……

冯亚丽通过投资西部大开发等活动为区域平衡发展贡献力量。从 2002 年起，海亮集团响应党中央的号召，积极参与西部大开发，分别在重庆、内蒙古等西部地区投资房地产、商贸、市政工程、塑胶管道等领域，累计投入几十亿元，在发展壮大企业的同时，促进了西部经济和社会的发展，促进了区域平衡发展。

冯亚丽除了以帮困、助学、扶老等形式参与社会公益事业以外，还积极从事修桥铺路、保护历史文物等公益事业。为修建企业所在地店口至诸暨市区的公路，海亮一次性捐款 200 万元；为保护五泄禅寺这一历史文物，海亮集团捐助 80 万元，使这一千年古寺重新焕发了青春；为修复杭坞山寺庙，海亮捐赠 180 万元；冯亚丽关注妇女儿童事业发展，仅 2007 年，冯亚丽向省、市妇联、妇女儿童基金会支持、赞助活动经费 100 多万元。

为什么越商女企业家具有如此魅力？她们的个人努力当然是首要因素，这其中包括她们的人格魅力、处世哲学等因素。然而，当一个地区的某一群体具有相似行为特征的时候，我们自然会想到这一地区的风土人情、历史传承等因素是怎样影响这一群体成长、发展的。越商女企业家的成就与绍兴的环境有着密切关系。

俗语说得好，一方水土养一方人。越商女企业家队伍的形成发展，与其他地区企业家成长发展一样，既有普遍性因素，也有独特的区域性条件。越商女企业家这一群体的出现及其发展壮大，受着越文化的日益滋润，同时，历史传统、人文特征等也影响着越商女企业家精神的形成，尤其是越地丰富的名媛故事影响着越地女性的成长，从而使相当部分越地女性成为企业家。

绍兴自古以来，人杰地灵，俊彦迭起，其中有相当部分是女俊彦，在绍兴历史上，她们撑起了绍兴的半边天，沉淀为绍兴历史上流芳百世的名媛故事，激励着一代代绍兴人，尤其是绍兴女性的成长。这些名媛故事中包括春秋末年有智慧、有谋略的绝世美女西施；立志尽孝投江寻父的孝女曹娥；忍辱负重、入吴为质、受尽苦难，回越后尽力协助句践励精图治、富国强兵的爱国女子句践夫人；秦末随夫项羽驰骋疆场、垓下悲歌别英雄的虞姬；精心养育男儿使其成为开国总理的姑娌俩，即周恩来生母万氏、嗣母陈三姑的教育对周恩来品德和成就的伟业密不可分，等等。西施、曹娥是古代绍兴分别具有忠、孝品德的名媛代表，她们的故事激励着越地女子自小树立了对国家、民族要忠诚、要回报的志向，由此找到了越商女企业家在取得成就之后都积极投入慈善事业的精神渊源。同时，句践夫人、虞姬的故事是越商女企业家乐于相夫教子的文化基础所在。

句践夫人原是一位楚国公主。春秋末年当越国被吴国战败后，越国面临民族危难、民众生死难料的困境时，句践答应了吴国议和的条件。句践夫人义无反顾地跟随夫君句践入吴国为人质三年，受尽屈辱和苦难。归国后，又身体力行，夫人自织，协助句践卧薪尝胆，十年生聚、十年教训，终于实现灭吴雪耻、复兴越国的宏愿。句践夫人由此成为越国历史上一位有名的爱国女子。

公元前496年，越国国王允常驾崩不久，新国王——24岁的句践刚刚登基，年轻气盛。吴国趁着越国的这种局面准备发兵攻打越国。知道这一消息后，句践积极应战，准备出兵御敌。战争的结果是吴军在李（今浙江省嘉兴市西南）打了败仗，吴王阖闾受伤，不治身亡。于是，阖闾的儿子——夫差被立为新的吴王。夫差自登基之日起，就决心要为父报仇。于是广招男丁，日夜练兵。越王句践知悉这一情况后，不顾谋臣范蠡的规劝，决定先发制人，主动进攻吴国。公元前494年，越国兵马仓促出师，对吴国进行主动打击。夫差统率十万精兵，并在父亲留下的楚国名将伍子胥的得力指挥下，在夫椒（今江苏省太湖境内）与越国军队会战。终因寡不敌众，越国军队大败。句践最后带着5000残兵退回到越国领地会稽山。然而，吴军并未就此罢休，准备就此消灭越国剩余兵力，于是长驱直入，紧跟越军，将越军残部紧紧围困在会稽山中。在危难之际，句践只能派谋臣文种前去求和。文种到了吴国阵内，先是贿赂了夫差的宠臣太宰伯嚭，后又把金玉美女献给夫差，终于使吴王夫差答应以议和的方式解决吴国越国两国间的矛盾，但夫差提出要句践夫妇作为人质去吴国服侍夫差的苛刻要求。

文种带着议和条件回到越国阵地，向越王句践和大臣们汇报。听了吴国的议和条件后，越王句践十分生气，甚至拔出宝剑要杀文种。越王觉得自己入吴国做人质，那是自己罪有应得，可以接受，但王后入吴国做人质就太欺人了。所以，越王坚决不答应吴国的议和条件。越国的大臣们在商议中认为，在目前敌强我弱的形势下，以休战议和、越王和夫人入吴为人质的方式缓解吴越矛盾是上策，这样可以为越国争取时间。但句践还是不答应。听了大臣们的商议意见，句践夫人毫不犹豫地发表意见，她愿意为大王、为越国，陪句践入吴国做人质，她甚至认为这是情理之中的事情。在句践夫人的坚持下，越王句践也就答应了吴国的议和条件。

句践和夫人同意入吴为人质，这意味着越国的江山可以保住了，越国的民众可以不再受战火之灾，尤其是越国的妇女们不会再受蹂躏之苦了。

公元前492年5月，在大臣们和越国民众同情和敬佩的目光里，越王句践和夫人踏上了去吴国为人质的征程。随同前去的还有谋臣范蠡。

越王句践和夫人到了吴国，等待他们的确实是苦难和屈辱。他们住在潮湿的石室里，一日两餐霉米饭，地为床，草作盖，辽陵、养马、除粪、洒扫，过着屈辱、艰苦、漫长的幽禁生活。并且，他们时时处处还要避开吴国重臣伍子胥的发难和谋杀，因为伍子胥一直认为吴王不应以议和解决吴越矛盾，应该就此杀掉越王，消灭越国。但夫差坚持让句践夫妇入石室。夫差认为，句践夫妇在石室里，住则为其先父阖闾守灵，行则为自己养马执蹬。夫差想在石室里把句践夫妇吓死、苦死，这样自己既落得仁德之名，又报了杀父之仇。

更令越王句践屈辱难受的是吴王要求句践夫人为吴王妾。一天，吴王夫差派人到石室将句践夫人带到姑苏台的静碧宫。句践夫人到了姑苏台下，转乘凉轿至静碧宫，两名宫女替她沐浴更衣。吴王夫差兴冲冲地来到静碧宫，开口便说："公主如愿留在吴宫，可以享受荣华富贵。"而句践夫人义无反顾地回应，"现在我不是楚国公主，而是越国罪囚，干好那份下贱之活是我的本职，现在我该回石室劳作去了"。说罢拔腿就走。

句践夫人的几句话，说得有理有节，不亢不卑，使夫差无懈可击，只好望着句践夫人的背影，惋惜地让她离去。夫人回到石室后，情不自禁地淌出一行热泪，她把万般委屈、痛苦、羞辱吞到肚里。

公元前490年，句践和夫人在吴为人质满三年。夫差对句践夫妇三年来的一举一动，看在眼里，感动在心里，他说："越王迷惑，弃守边之事，亲将其臣民，来归寡人，是其义也。躬亲为虏，妻亲为妾，不愠人；人有疾，亲尝人之溲，是其慈也。虚其府库，尽其宝币，不念旧故，是其忠也。三者既立，以养人。人曾听相国而诛之，是人之不智也，而为国相快私意邪！岂不负皇天乎？"于是，夫差不顾伍子胥要求杀死句践的再次谏言，决定将句践和夫人释放回国。

在《史记》中有记载，句践夫妇和范蠡回到越国，受到了越国臣民的列队恭迎。同时，句践卧薪尝胆，劳力焦思，夫人尽力协助句践励精图治，富国强兵，为了实现复兴越国的志向，他们以身作则，身体力行，以自身的实际行动激励了全国军民。回国后，句践身自耕作，夫人自织，食不加肉，衣不重彩，折节下贤人，厚遇宾客，振贫吊死，与百姓同劳。句践夫妇这些身范之举，使越国的大臣和民众深受感动。可以说，越王句践复兴越国与夫人密不可分。如没有夫人的劝导、坚持，句践不会去吴国作人质，越国将走上被覆灭的境地；如没有夫人的陪伴、忍辱负重，句践将从此消沉，不再有后来的越王句践；如没有夫人自织的垂范，越国民众不至于马上从战争阴影中挺出来，发展生产，富裕越国。

从某种程度上说，句践夫人挽救了越国。虞姬，项羽妻妾，在一定程度上为项羽英雄气概的激发"垓下悲歌"。

虞姬，历史有着"虞美人"的美称。秦末西楚霸王项羽的姬妾，故被称为"虞姬"。虞姬秀外慧中，知书达理，深得项羽宠爱，常随军中。公元前202年，楚汉争战，结果项羽损失惨重，兵败粮绝，被困垓下这一地区。虞姬起初以歌舞相随，试图重新鼓起项羽及部下的士气，但知道项羽当时的困境以及自己已成为项羽拼力搏杀的后顾之忧时，为不拖累丈夫，毅然选择自刎而死。虞姬忘我助夫的选择成为千古佳话。虞姬是绍兴名媛中一员。

项羽是楚国贵族出身的一位秦末农民起义军领袖。战国末年，秦始皇灭楚后，项家迁到现在的江苏宿迁县境内，过着隐居的生活。项羽早年丧父，随叔父项梁生活。项梁曾因杀人，带着项羽避仇于吴中。据《水经注》记载，当时吴郡、吴兴、会稽为"三吴"，于是当时的吴中包括今绍兴的一部分。秦二世元年（公元前209年），项羽和虞姬结婚。婚后，虞姬随项羽戎马倥偬，过着紧张的军旅生活。虞姬将丈夫的战事看做自己生命的一部分。每次在项羽出征之前，虞姬帮他扣好盔甲战袍，目送项羽出征；每次项羽从战场上归来，虞姬总是为他温好酒，备上一盆清水，待他洗刷完毕，边笑边舞两人共贺胜利；每次见项羽沉迷于饮宴、寻欢疏于军务时，虞姬很是焦虑，并不时地开导项羽，希望他成为有志向的人，同时也表达自己的意愿，虞姬希望总能看到项羽意气风发的形象，并把此看得比自己的生命还要珍贵。项羽知道虞姬真实心愿时，十分感动。正由于这些，项羽觉得虞姬不仅是自己的爱姬，更是他的知音和知己。

公元前202年，项羽的军队在垓下（今安徽灵璧东南）修筑壁垒，与刘邦和韩信、彭越的汉军对阵。中了韩信的十面埋伏之计，军队被重重包围，兵少粮绝，又无后援。项羽自知处境艰难，自己的军队维持不了多久了，他知道胜败乃兵家常事，所以也没有多少沮丧，但虞姬却成了他唯一的牵挂和担心。

虞姬在项羽的一举一动中觉察了项羽的心思。在感动之余，虞姬觉得当时项羽应该做的是，带领部下全力突围，以图东山再起。为了不拖累项羽、为了使项羽有重生的机会，虞姬选择了自尽。她从项羽腰间拔出佩剑，割向自己的颈项……虞姬的死，的确为项羽减少了一重牵挂，他草草埋葬了虞姬，含泪上马，率领八百壮士，乘着夜色，突出重围。

虞姬是旧时一位绍兴女性，但她能顾全大局，全力支持丈夫的事业，把民族的前途、丈夫的事业看得比自己的生命还重要。

今天的绍兴确实有着一些与项羽、虞姬相关的传说和记载。首先绍兴有项羽随项梁避仇的古迹——"项里"，别称为"项里山"、"项里溪"。其次，若耶溪永贞庵内有祭祀虞姬的虞姬庙。再次，绍兴西南部与诸暨交界的棠棣，有两座山，一座叫"项王山"，一座叫"美女山"，传说它们是西楚霸王项羽和虞姬的化身。山西边是虞姬的故乡——塔石村。塔石村的姑娘至今还有一个风俗，就是名字中忌用一个"翠"字，因为这个字拆开就是"羽卒"。

绍兴名媛中有句践夫人、西施、虞姬、秋瑾等具有赤胆忠心的典范，也有立志尽孝的垂范。曹娥，这是中国文化中孝女的代表。

曹娥（130—143 年），东汉会稽郡上虞县皂湖曹家堡人，是我国第一位被立庙祭祀的女性，也是千百年一直被人传颂的著名孝女。曹娥一家生活在舜江之畔。她的父亲曹盱水性特好，能在水上抚节按歌，常被乡人推选为迎神使者。

春秋末期，为了纪念伍子胥，曹家堡一带的人们每年在端午节这一天举行迎伍潮神活动，迎神使者往往是那些水性极好、被众人推选出来的勇者。东汉顺帝汉安二年（143 年）五月初五，人们照例到舜江两岸扎棚设案，挂灯披彩，敲锣打鼓，举行仪式，迎接伍子胥。乡里族人把曹盱推选为这次的迎神使者。曹盱感觉到这是众人对自己的信任，应该感到自豪，并且自己的水性极好，对完成这次任务很有信心，于是接受了推选。迎神仪式开始，曹盱跃入事先备好的船中，逆涛而进。然而，由于当天风大浪高，当他逆潮按歌之际，一个巨浪扑来，将其卷入水底，没有再上岸。当年才十四岁的曹娥目睹了这一切，惊恐万状，悲痛欲绝，几度昏厥。接连几天，曹娥天天在父亲出事的岸边哭喊，但总没见到父亲的踪影。过了几天，曹娥听人说，凡是淹死而找不到尸体的人，只要把瓜投到那人溺水的地方，如果河底有尸体在，瓜就会沉下去。于是，曹娥找了一个瓜，投入江中。起先，瓜随着江水漂浮，曹娥沿江边哭边跑，直到第 17 日，瓜顺流到了上虞，忽然下沉。曹娥觉得，父亲的遗体就在瓜沉下去的地方，于是投江寻父，曹娥也没有再上岸，但她立志尽孝的事迹传遍舜江两岸，直至当时的朝廷。人们为了纪念曹娥的孝行，将舜江改名为曹娥江。

越商女企业家大凡专注慈善事业，在这里找到了答案。曹娥的尽孝举动虽然可以讨论，但曹娥的孝心感动了历代的人们，也使历代的人们，尤其是越地的女性富有孝心，且推而广之，成为一种爱心。

在绍兴的名媛故事中，有的相夫教子，帮助丈夫事业有成、子女茁壮成长；有的孝行天下，德泽后世；有的巾帼不让须眉，女子成伟业。妯娌精心育伟男是绍兴名媛教子有方、子成大业的故事。

周恩来生母万氏、嗣母陈三姑是妯娌。周恩来所具有的高尚情操、超众才华、不朽风范和魅力人格，和他自幼所受的教育，尤其是母亲的教育密不可分。周恩来一生接受过两位母亲——生母万氏、嗣母陈三姑的教育。

周恩来不满周岁时，他的十一叔（即他父亲的四弟）身患重病。有人提出一个解救方案，把周恩来过继给十一叔为子，这样的喜庆之事可以为病人"冲喜"，消灾祛难。生母万氏，为了拯救小叔的生命，忍痛将周恩来"抱"给十一婶陈三姑。这样一来，周恩来就有了两位母亲——生母万氏、嗣母陈三姑。

周恩来的生母万氏虽然书读得不多，但人长得漂亮，为人善良，是位能干、善解人意、善于应酬的妇女。由于万氏一开始就跟着周恩来的父亲出入于官宦人家，经历过较多场面，时间一长，万氏形成了见多识广、聪慧精明、办事公道的性格特征。周恩来的爷爷去世后，万氏承担起了周家的"管家"事务，家里大大小小的事情都由她出面调解，且往往能处理得恰到好处。周恩来虽过继给十一叔做儿子，但也时常在生母万氏身边生活。万氏在排解纠纷时，周恩来常常跟着去，边看边听，周恩来自小对母亲善于倾听，有效发表意见，最后使矛盾得到妥善解决的本领十分佩服，再加上母亲万氏性格开朗、直率、处事精明果断，这些对周恩来良好品格的养成产生了极大影响。

然而，清光绪三十三年（1907）春天，周恩来九岁那年，他的生母万氏由于长期贫穷、劳累、忧愁，英年早逝。此后，周恩来的嗣母陈三姑担当起了全权养育周恩来的职责。陈氏把年幼的周恩来当做唯一的精神寄托和生活希望，如同己出，悉心呵护，潜心教养。陈氏懂诗文、善书画、知书达理，整天和周恩来待在一起，渐渐地周恩来又从养母陈氏那儿学到了很多知识。养母陈氏的品格和为人使周恩来的品格进一步完善，富有魅力。周恩来从三四岁起，陈氏为他裁纸片，写方块字，从读音开始教周恩来认字，再讲偏旁部首，再讲字义，陈氏一笔一画，手把手地教，周恩来听得认真，学得刻苦，从不爱描红到好练悬笔，常在磨光的地砖上反复蘸水练习。周恩来后来的一首魏碑加颜体的好书法就是这样练出来的。周恩来五岁后，陈氏教他读儿歌和简单的唐诗宋词，幼小的周恩来就这样早早地开始接受中国古典文学的熏陶。周恩来稍长些时，陈氏就给他讲一些古典名著、历史故事和民间传说，如西游记、岳飞传、太平天国、义和团等方面的故事，周恩来总是百听不厌。等周恩来再长大些时，陈氏就指导他阅读《水浒传》、《红楼梦》等许多中国优秀的古典小说。陈氏在教周恩来文化知识的同时，还常常培育周恩来好学、仁慈、礼让等方面的品格。为了使幼小的周恩来能接受枯燥的知识，陈氏在教育周恩来的过程中注重方法得当，如不时地教他做各种智力游戏，以消解周恩来学习的困乏。

由于生母、养母的精心培育，周恩来从性格、学识、修养到为人处世等方面都为后来的成就奠定了坚实的基础。对两位母亲的感激之情伴他一生，他总是认为自己的成长与两位母亲自小对他的良好教育密切相关。

周恩来的两位母亲都是平常之人，但她们的人格魅力和苦心教育成就了孩子不凡的人生，她们是绍兴历史上又一类型的名媛，她们在历史上同样贡献卓著。以她们为历史榜样或者她们的故事深深地影响着绍兴的女性，包括女性企业家在内，不管自己事业如何，都不忘教育孩子、培育孩子，徐爱娟、陈爱莲、盛国娟等都这么做了，正是因为这样，新锐越商或子承父业，或白手起家，不计个人喜好，勇于承担起新一代越商创业创新的社会责任。

第三节　新锐越商企业家精神

改革开放以后，越商群体内的结构发生显著变化，不仅表现在女企业家队伍的形成和壮大，而且越商的接班人——新锐越商，不断成长，能勇担重任，不负众望。他们中有的站在父辈肩膀上续写新的辉煌，给企业注入新的活力；有的几年甚至十几年磨一剑，白手起家，成为某一行业的佼佼者；有的承接父辈基业，但坚持技术创新引发产业转型，实现华丽"蝶变"。

2011 年 1 月 13 日，绍兴市首届"十大新锐越商"揭幕，意味着"新锐越商"这个词得到社会的认可和强烈关注。据绍兴团市委统计数据，绍兴的青年企业家中，年龄在 20—39 岁的占 90% 以上，且 70% 的人都是本科以上学历，好多又有海外留学甚至实践锻炼的经历。这些青年企业家理想较广、志向较高，他们立志打造国际品牌，使企业成为国内甚至国际的行业引领者。

丁立清是绍兴首届新锐越商之一，他是从昔日布商大胆进军文化创意产业的年轻越商，原创了绍兴第一部动漫片《少年师爷》。2010 年 8 月 31 日，《少年师爷》在中央电视台黄金时段播出，一下子轰动全国。作为总策划人的丁立清，他的名字，也随之传遍大江南北。丁立清是绍兴市斗门镇坝头丁村村委主任，进驻文化创意产业后，又任绍兴特立宙电脑动画有限公司董事长。人们自然要想，一个农民，怎么会想到做动漫片？又是如何做到一炮打响，一举成名的？

丁立清原来创办的是一家服装企业，主要经营麻纱系列服装的生产销售，以"古纤姿"为服装品牌，主要出口意大利等欧洲市场。一直以来，公司稳健地运行着，规模不大，但经济效益不错。如果按照常规思路，丁立清应该将这个服装企业进一步做大做强。但是，丁立清却不这么认为。早在 2005 年，在公司形势一片大好的情况下，一种强烈的危机感却不时地萦绕在丁立清的心头。

通过长期对国外的考察，丁立清认识到类似他这样的劳动密集型企业终会有走到头的那一天。他认为，无论是在西欧各国，还是近邻的韩国、日本等国的企业，都纷纷经历了从从事劳动密集型产业向高新科技产业转变的过程。特别是韩国，十多年前的发展状况与中国现在非常类似，到处都是印染纺织服装企业。但现在再去当时韩国的那些地方，发现那些企业已经空荡荡一片了，原来这些企业自觉或者被迫实施了企业外迁战略，到了中国、越南等地。丁立清觉得，这里面包含着一个规律，当经济发展时，人们不会再愿意从事辛苦、利润微薄的工作。国外是这样，年轻的绍兴本地人也已经是这样了，现在劳动密集型产业主要靠外来民工支撑，当外来民工的观念改变，也不愿意从事这些产业时，那这些产业自然就会退出经济领域，于是一定需要进行产业转型。

在 2005 年，虽然金融危机还远远没有来临，但中国许多地方已经开始出现用工荒，沿海城市的不少企业也开始向内地搬迁。明白了大势的走向，虽然自己的服装企业形势良好，每天的订单如雪片般飞来，但是丁立清却经常在问一个问题，我们离今天的韩国还有多远，5—10 年之后，绍兴的企业还能像今天这样红火吗？我们还能在这口井里挖到多少金子呢？

正是由于这种强烈的忧患意识促动，丁立清开始努力寻找出路。他从儿子喜欢看的动漫片里找到了灵感，随后他开始对动漫产业进行分析，发现这是一块中国人还没有深挖的处女地。有关资料显示，20世纪初，我国90%以上的动漫片来源于国外，动漫带来的衍生产品更是占据了中国广阔的儿童市场，从书包、铅笔盒到各类玩具、小食品，只要印有相关动漫产品图案，这些产品不但畅销，而且利润率极高。且动漫制作具有人员少、场地小、文化科技含量高等特点，非常符合今后高新技术产业的发展方向。

许多企业可能对中央文件不感兴趣，但丁立清却常常看得出神。在2004年4月20日，国家广电总局就颁发了《关于发展我国影视动画产业的若干意见》，2005年中共中央下发了一则有关鼓励文化产业发展的文件。丁立清敏锐地意识到，中央已经将文化产业提到很高的地位，必将不遗余力地推动这个产业向前发展，甚至不惜运用一切行政手段加大力度发展动漫产业。借鉴国外的成功经验，丁立清意识到，在劳动密集型道路越走越窄的时代，另起炉灶，发展动漫产业，将会开辟一方新天地。动漫是个大概念，但究竟去拍什么片子呢？这是一个涉及选题的问题，仅仅为"选题"，丁立清整整花了一年时间、100多万元投资，终于才想到了拍《少年师爷》。丁立清最初想到的是拍一部《大禹》，并迅速下水，成功地制作了一集，但是，多方论证之后，觉得大禹题材虽然不错，但要让小孩子接受，可能有难度。之后，丁立清还想到过鲁迅笔下的阿Q、兰亭雅集以及徐文长的故事等，还多次请人写一些有关绍兴民间传说的剧本，并拿着剧本故事到一些小学去与小学生见面，发现学生们对这些传统故事的兴趣并不高。于是，丁立清发现以前的选题都不对。

这样几个来回，从制作《大禹》动漫片、请人撰写剧本到与小学生见面等，丁立清共花了100多万元。如果是其他商品，做得不好，可以低价卖掉，但是制作的动漫、写作的剧本，一旦不用，便只能放在那里，一文不值。当时，许多朋友劝丁立清，放弃动漫产业。但丁立清认为，开弓没有回头箭，认准的方向，只能前进不能后退。

之后，他考虑到少年儿童的特点，并撷取绍兴师爷的重要元素，使之儿童化，创造性地提炼出一个少年师爷的人物形象。这个人物形象，既赋予传统绍兴师爷勤奋好学、吃苦耐劳、精明能干的元素，又将一些优秀少年儿童身上的聪明、机智、正义、乐于助人的元素糅合在一起。整部动漫片由一个个斗智斗勇的故事展开，整部片子生动活泼、趣味性强，很符合少年儿童的审美情趣，同时又充满智慧、发人深省、寓教于乐。这样，丁立清终于创造了这部让专家称心、让家长放心、更让孩子开心的优秀动漫片——《少年师爷》。

师爷故事是绍兴文化的一部分，丁立清在《少年师爷》这部片子里融合了许多绍兴元素——小桥、流水、人家，乌篷船、臭豆腐、黄酒坛。看这部片子，观众们既为少年师爷的机智勇敢所折服，也免费经历了一次江南风情的旅游，可谓一举多得。

正是因为具有地方特色又富有童趣，《少年师爷》很快受到了业内专家的好评。2010 年 7 月，在《少年师爷》开播前夕，该片被国家广电总局评为中国优秀国产动画片，广电总局在评语中这样写道，该片"有浓厚的人文情怀，选材新颖而富有意义，可长期挖掘、丰富和提高；故事可看性强，人物塑造个性鲜明，动漫形象突出，特别在对主人公少年师爷的刻画上较成功；主题歌旋律优美，且富有较强的地方特色"。

在不断探索的过程中，丁立清明白了一个道理，越是民族的，越是世界的。在前进的道路上，虽然还有这样那样的困难，但丁立清明白，只要勤于思考、乐于投入，一切皆有可能。也正是这样，丁立清有了《少年师爷》的成功。丁立清，一位新锐越商，居安思危，敢于创新，善于转型，在动漫业白手起家，成为绍兴动漫界的一位拓荒者，也将成为动漫业进一步发展的引领者、推动者。应该说，年轻一代越商传承了老越商"韧、勤、真、实、慎"的企业家精神，而且还多了开阔的视野、开放的思想、丰富的知识等。

陈滨，获得浙江省首届"十佳新生代企业家"荣誉称号，这是绍兴市迄今为止唯一获此殊誉的青年企业家。由团省委、省人力资源和社会保障厅、新华社浙江分社联合开展的浙江省首届"双十佳"，即"十佳新生代企业家"、"十佳新生代农民工"评选活动，经过基层推荐、媒体公示和评委会评审，陈滨等十名青年才俊被授予浙江省首届"十佳新生代企业家"称号，他们同时还获得浙江青年创业奖。

陈滨，1979 年生人，2005 年 9 月毕业于英国赫尔大学，获得工商管理硕士学位。2005 年 10 月进入万丰奥特控股集团工作，历任管理中心总裁助理，浙江万丰车业有限公司总经理。如今才 30 岁出头的他任万丰奥特控股集团副董事长、万丰奥威汽轮股份有限公司总经理，肩负起了企业发展的重任。陈滨是陈爱莲的儿子，可以说是"含着金钥匙"出身的企业第二代接班人，从小在父母的光环下成长，而如今他践行的则是自己的一个超越梦想，陈滨正用自己独具匠心的思维谋划着自己"车轮帝国"的未来发展。

　　在很多人的想象中，根据陈滨的出身，可能会多一点"娇生惯养"的秉性。事实上，陈滨从小懂得父母创业的艰辛，立志长大后要帮助父母。陈滨把自己的父母当做崇拜对象，他一直认为，父母就是自己人生的启明灯，灯亮到哪里，他的目标就在哪里。尽管在一段时间里，陈滨的兴趣爱好更偏向于考古专业，但他深知自己肩负着子承父业的重任，要多学一些经商的知识。于是，他在本科时选择了法学专业，到硕士时又选了工商管理专业。从北京大学法律专业毕业后，他进入英国赫尔大学研读工商管理专业。2005 年年底海外学成回国，他主动要求安排到基层岗位锻炼自己。由于陈滨融入公司的时间特别快，半年不到的时间，他就被调到了万丰奥特控股集团下属的车业公司当总经理。在那里工作了十个月，不但熟悉了公司的整个生产流程，而且对公司经营管理积累了一定的实战经验。2007 年，陈滨开始担任上市公司万丰奥威汽轮事业部营销中心的副总经理，通过近两年的努力，他对市场的把握日渐成熟，定位不断清晰，公司销售业绩得到很快提升。陈滨觉得他是站在巨人——自己父母的肩膀上展开工作的，需要一种更深邃的目光与眼界。于是，陈滨考虑较多的是在传承中如何加以突破这样的问题。2008 年的金融危机对出口依赖度较高的万丰奥特控股集团影响较大，惨痛经历让陈滨深刻意识到"多米诺骨牌"效应破解的迫切性。凭借自己在英国学习时积累起来的对欧洲市场的了解和两年的市场营销经验，陈滨认为，破解公司困境的较好办法是实现出口市场由"美国市场"向"欧洲市场"的快速转换，并且尽快加大力度扩大中国市场的容量。

　　在接下来的时间里，他充分利用海外留学的国际视野，进一步建立了美国、英国、意大利、日本、巴西等海外研发服务中心，提出"3331"的市场战略，即美国、欧洲、日本汽车系各占 30% 的市场份额，国内自主品牌系占 10% 。在陈滨看来，"营造国际品牌、构筑百年企业"不仅仅是公司的愿景目标，同时也是中国企业发展壮大的路径选择。陈滨觉得，当国家把增强自主创新能力作为国家战略摆在突出位置时，如何能够走出一条别具特色的自主创新之路，不仅在考验着企业的生存能力，而且也关系着企业未来的品牌创建。作为一个制造型公司，品牌效应不仅仅来自产品本身，而是来自整个公司，优秀的营销队伍、出色的产品还不足以能诠释公司品牌，倒是公司形象持续地改进、良好的信誉及社会美誉度等能诠释品牌价值。

陈滨觉得管理企业真是一门大学问。正是因为这样，陈滨打算退休以后去当一名老师，讲授自己在工作时候经历的管理事例以及中国自己的管理理论。工作之余，陈滨喜欢思考、喜欢看史书、哲学书，他觉得自己是新生代企业家，在传承路上，会碰到很多父母这代企业家没有碰到的问题，所以只有抓紧时间学习，掌握更多知识，以利于尽快找到解决问题的方法。陈滨，要工作、要学习、要不断适应、要有所开拓，所以他总觉得时间不够用。像陈滨这样"衔着金钥匙出生"的新锐越商在绍兴已不是少数。

张亚波，三花控股集团有限公司董事长张道才的儿子，1974 年出生，1996 年 7 月毕业于上海交通大学机械制造工艺与设备专业及低温技术专业，获双学士。1996 年 8 月至 1997 年 7 月，任职于日本东方贸易株式会社上海办事处；1997 年 7 月至 2000 年 9 月，任上海三花电气有限公司总经理助理；2000 年 9 月至 2003 年 9 月兼任三花控股集团有限公司董事、副总裁；2001 年 8 月任三花不二工机有限公司董事长；2001 年 12 月至 2007 年 4 月任本公司董事长；2007 年 5 月至 2009 年 9 月任三花控股集团有限公司副总裁；2007 年 5 月至今兼任三花控股集团有限公司董事。从上述描述中，可以发现，张亚波是十足的新生代越商，又一子承父业的范例，但张亚波确实不负众望，在传承历程的开始交上了令父辈满意的答卷。

三花控股集团以总销售收入 71.1 亿元的辉煌业绩名列 2011 年绍兴市百强企业第 18 位。这中间有张亚波的努力和艰辛。张亚波在商界的成长历程富有侠士色彩，即凭着绝技奇招、一统江湖的精锐霸气和肝胆忠骨的侠情傲气，张亚波在业界和媒体被赋予"张少侠"的美称。

张亚波 10 岁那年，父亲张道才开始创业。父亲凭着"韧、勤、真、实、慎"的企业家精神，20 多年后，把一个原先毫不起眼的乡镇企业发展成为一个全国有名的三花集团。这对张亚波是一种极好的现身教育，他虽然活在富贵乡里，无忧无虑，但他立志要传承父亲的经商历程，在商战中搏击。张亚波觉得要在商战中称雄，没有基本功是不行的，于是他从小刻苦好学。1992 年，他考上了上海交通大学，选了机械制造专业。毕业后，张亚波拿回了双学位。在很多人看来，张亚波是三花掌门人的儿子，自然可以轻松地直接进入三花集团的企业管理层，但刚从大学校门出来的张亚波与众不同，极有个性，他觉得自己应该先给别人打工，在锻炼自己心智的同时，积累工作经验。于是，他选择了日本东方贸易株式会社，做起了一名公司驻上海办事处的普通销售员。张亚波去日本公司工作，目的之一是了解日本企业是如何注重贸易环节，如何重视细节的。在日本公司里，同事从微小处开始教张亚波做事，如，教他装订文件，怎么弯折、怎么分类，就是这样做，训练了张亚波做事情的条理性。在日本公司里，张亚波从事设备销售工作，接触很多行业，包括汽车、压缩机、摩托车行业等。这些对他以后的成长发挥了很大的作用。

张亚波认为，日本企业教了他很多细节规范，不断地提醒他需要思维拓展，这是帮他定型的关键。有了这些基础，一年后，他父亲的三花集团因业务需要，准备在上海设立三花电气有限公司，从事上海地区的汽车零部件生产和销售业务，张亚波觉得这时可以向父亲提出要求，接受父亲公司的工作。当时的三花集团在上海收购了一家濒临破产的"新辰汽车零部件"公司，后来更名为"上海三花"。尽管母公司三花集团在全球的制冷行业中已经享有盛名，但汽车行业对三花集团来说却是个新领域。当时，张亚波的父亲张道才也不知道，把这个重任交给儿子这个决策是对还是错。新的行业，新的市场，一切从零做起，对张亚波来说真是个考验。以后怎么把这个领域做好，张亚波开始焦虑了，整整几个晚上他躺在床上思考着。

终于，张亚波确定了上海大众、广州本田等一些大客户作为他日后产品的对象客户。于是，张亚波狠抓产品研发，立志要生产出技术含量较高的新产品。当时，汽车空调系统的控制面板、电子伺服器、控制模块等技术产品处在世界领先水平，张亚波决定生产这些产品。功夫不负有心人，不到四年时间，张亚波开拓的"上海三花"年销售额达到1800万元，逐渐成为了三花集团内成长性最好的子公司之一。

21世纪初，随着国际合作步伐的加快，行业竞争到了兵戎相见的程度。特别是对制冷行业来说，受天气、生产成本等影响，不少制冷厂、空调厂、配件厂都被淘汰出局，如，2002年这年，不少企业都选择进口配件作为替代。在总部，张亚波从基层干起到销售副总，张亚波形容这段时光是他人生最开心的日子。人总是在不断进取中充实自己，而充实和挑战也让张亚波懂得了什么叫"驾驭"。

三花集团当时除了拥有三花制冷集团外，还拥有三花不二工机有限公司的部分股权。三花不二工机有限公司是一家中日合资企业，由于合作者日方在产品技术等承诺上一直未按合作协议兑现，双方合作出现很多不协调的环节，合作濒临危机，日本不二工机最终退出。作为第二大股东的三花集团出面收购退出者门下35%股权，三花集团一下子成为大股东，2001年，公司正式更名为浙江三花股份有限公司。当时，张亚波积极倡议公司上市和公司股权分置改革。2007年，三花集团出资1600万美元反向并购英国英维思集团门下兰柯公司的四通阀业务，三化集团报出的这个价格整整比当年兰柯公司欲收购三花集团的报价低了近1倍。这足以说明三花集团的盈利水平和竞争力已大大提高。这次反向收购对全球制冷空调控制元器件领域来说是一大具有标志性意义的事件，整个行业由此形成了一股强大的"三花冲击波"。

回想自己这些年的成长历程，张亚波认为，自己与企业一同在成长，自己和普通员工一样，凭着敢想、敢拼，不断提高能力分享企业发展业绩。企业发展一定会面临竞争，谁有能力面对竞争，谁就能经营企业，自己是命运的决定者。张亚波就是这么坦然，他始终觉得做个平常人，凭自己能力获得发展机会，挺好！他也确实像平常人一样，休息日在家陪妻子、孩子，享受家庭的温馨，同时为孩子的成长尽自己的力量。

丁立清、陈滨、张亚波等新锐越商，他们不仅有着父辈"韧、勤、真、实、慎"的企业家精神，他们受过较多教育，甚至有着留学经历，于是他们比他们的父辈多了国际化的视野、开拓创新的理念、善于运用技术驾驭市场的信心和对生活的乐趣，他们是新时代的越商，比他们的父辈更富竞争力。

裘秋帆，浙江工业大学毕业，在英国兰开夏大学留学两年，2004年学成回国，2007年，从父亲手中接过浙江银河时装有限公司董事长的担子。裘秋帆说，在国外留学时就一直想继承家业，刚刚接手的时候那种兴奋的感觉十分短暂，很快就过去了，因为压力一下子上来了。浙江银河时装有限公司是全国最早以生产绢丝针织衫为主的中外合资企业，公司生产的绢丝、丝绒、丝绵、麻棉等产品，采用独特的生产工艺，在一开始的时候确实与众不同，其手感效果及品质极好，产品主要销往欧美、东南亚等地区，成为 Liz Claiborne、Perry Ellis 等多个品牌的加工企业。服装业是个低附加值、劳动密集型的产业，在裘秋帆上任董事长初期刚好碰到人民币升值、劳动力成本上涨、融资难等一系列问题，这些问题给裘秋帆一个严峻的考验。但裘秋帆是越商的第二代掌门人，越商的那股"韧劲"使他不言放弃。事过以后回想起来，裘秋帆认为那些曾经面临的考验，与其说是考验还不如说是一次次的机遇，因为正是这些考验，使他练就了处理棘手问题的能力，同时也使企业尽快升级。

面对困难，选择降低成本是裘秋帆想到的一条途径。为了节省成本，裘秋帆不断地向父亲请教有关技术方面的问题，因为父亲一直从事这个行业，对技术方面有相当多的了解。经过几番努力，裘秋帆试着将产品生产的一些环节加以调整，这一项调整就为"银河"省下了百万元资金。接着，裘秋帆想到银河产品必须走高端之路。父亲时代"银河"主要是生产中档产品，那时人们消费主要停留在满足生存需求和一部分享受需求，而今，人们的收入增加了，消费观念也随之而变，有相当部分消费者购买商品，看重的是品牌和生态，"银河"要实现新的发展，就必须紧跟时代潮流，注重培育品牌，提高产品层次，于是，裘秋帆决定"银河"转向高档产品的生产。

然而，产品要走高端之路，光凭"银河"拥有高档生产设备是不够的，必须经过专业训练的员工进行操作，这就需要加强员工培训。从2008年开始，裘秋帆注重对员工的技术细节培训。他在接受客户订单的时候，客户可以渗透到企业的生产过程中，这一环节对员工迅速熟悉高档产品的生产有很大帮助，对产品品质提升是一种促进。裘秋帆认为，高端品牌的服装之所以高端，就是因为其注重细节，领子、袖口、套口等环节，高端品牌的做工都非常精细。为了改进产品生产工艺、加强生产的精细化，"银河"以 Calvin Klein（简称"CK"）为样板，调整服装生产线。之所以选择"CK"为样板，是因为服装知名品牌"CK"向来以优质的做工出名，剪裁非常合体，色彩高雅，质地精良，不用过多装饰，也能体现产品的品味。通过一系列的改革、调整，裘秋帆的"银河"时装逐步与高端接轨。裘秋帆的目标是，下一步他要使自己的服装进一步与"CK"的标准接轨，这有待企业的进一步转型。像裘秋帆一样，新锐越商总是在不断地努力，他们懂得付出、勇于挑战、乐于创新，越商企业在他们手里绽放出了新的光芒。

新锐越商有的生于绍兴本土、长于绍兴本土、在绍兴本土创业；有的生于、长于绍兴本土、在绍兴以外的地域创业，他们的根在绍兴，他们是越商群体中的一员；当然有的新锐越商生于、长于外地，却在绍兴创业，他们也是越商群体中一员。

陈天桥，绍兴新昌人，是生于、长于绍兴本土、在绍兴以外的地域创业的越商中一员。陈天桥 1990 年 9 月进入复旦大学经济系学习，由于成绩优异，提前一年完成本科学业。1999 年，创办了上海盛大网络发展有限公司，担任执行董事长兼总经理职务。此后，陈天桥一直在上海创业、发展。凭着开拓创新精神、凭着对网络技术、IT 产业的热爱，目前，陈天桥引领的盛大网络发展有限公司已发展成为一家资产规模达数亿元、进行互动娱乐产品开发、运营、销售，同时进行出版物、立体品牌经营等业务的大型集团化企业，属于世界上用户规模最大、收益额位居前列的网络游戏企业，甚至被国外媒体誉为世界三大网络游戏企业之一。

就这样，陈天桥的名字和网络连在一起，具有传奇色彩，因为他做了比尔·盖茨和保罗·艾伦没有做的业务。1999 年年初，微软总裁比尔·盖茨抛出了《微软维纳斯计划白皮书》和普及机顶盒计划，这个计划的核心就是信息家电，同样具有超前眼光的还有微软的另一创始人保罗·艾伦，他们欲对信息家电进行一场革命。然而，美好的设想最终因为缺少有吸引力的运营内容、有效的平台运作和管理，没有得以实现，由于尝试计划，保罗·艾伦的公司业绩大幅下滑。然而，陈天桥却实现了那个计划。2001 年，盛大网络进入互动娱乐行业，不久研制成功中国本土家庭互动娱乐的第一个产品——盛大易宝，即，在用户原有的 PC 上安装娱乐门户软件"易宝平台"，也就是说，PC 多了一种应用新模式——网络内容电视化操作。只有普通遥控器大小的盛大易宝产品，却集合了无线游戏手柄、电视遥控器、盛大易宝和迷你键盘等功能，用户可以自由地在屏幕上享受电影、电视、音乐、游戏、新闻、财经、文学、教育等众多精彩节目，这项技术的效果，用陈天桥的话表达，就是"将网络内容电视化、让一些不会使用网络、一些不想上网的人拿着遥控器就可以直接上网"。盛大易宝一进入市场，就展示出了数字家庭美好的应用前景。

可以说，陈天桥的成功就是凭借网络游戏技术，这样的技术一推出就得到了各国媒体的高度评价。美国有线电视网这样评价，"盛大以市场份额和用户量的双重实力证明自己是当之无愧的'中国网络游戏之王'"；英国《金融时报》报道称"盛大正引领中国网络游戏业走向一个新的境界"；韩国最大的专业媒体《电子报》称陈天桥"改变了历史"；全世界最大的游戏大会东京 GAMESHOW 专门邀请陈天桥作为大陆游戏产业唯一代表在一次国际会议上作主题演讲……

面对众多的荣誉和褒扬，面对日益增长的财富，陈天桥显得冷静、沉稳。在陈天桥看来，他的成功与勇气、智慧紧密相连，没有智慧就是有勇无谋；没有勇气，在碰到很多诱惑或巨大压力时，就会轻易放弃，无法继续。同时，陈天桥认为，每个创业成功者在回顾创业历史时，几乎都会发现，他们的成功是因为把握了先机，利用了智慧，抵住了诱惑，抗住了压力而取得的，创业不容易，气度、战略、勇气、智慧一个都不能少。陈天桥就是这样一位年轻、敢闯、敢冒险，但又不乏理性、沉稳的个性，具有"真"劲的新锐越商企业家代表之一。

与前面不同，陈庆松是生在外地、长在外地，在绍兴创业的越商之一。说起"老台门汤包"，除了前面说的周波以外，还有一个关键人物，他是"老台门汤包"的创始人之一，他就是陈庆松。陈庆松一般穿着西服，夹公文包，见谁都微笑、打招呼，一副商人模样。但陈庆松来自安徽农村，在创业路上他有着感人的故事，说起陈庆松的感人，不仅仅是他走过的艰难的创业之路，更是他先后带出家乡一百多位父老乡亲，到各个城市开汤包店，以此脱贫致富，并且在全国寻找合作伙伴，希望用小汤包撑起大事业。

30多岁的陈庆松老家在安徽安庆市，15岁离开家乡外出谋生。这么小离开家乡不是因为贪玩、叛逆，而是家里实在是穷，逼着少年陈庆松只能外出学技术，以改变自己和父母的贫困局面，过上好日子。

离开家乡的那天刚好是过完春节，陈庆松手里揣着家里卖猪获得的100元钱离开了家乡。他花了其中的24元上了去苏州的火车，决定到那里拜师学艺。可下了火车却不知道往何处走，天气又特别冷，想到车站候车室有暖气，于是候车室成了刚到苏州的陈庆松的第一个落脚点，白天他出去转悠找活干，晚上偷偷回到候车室躲在角落里休息。三天下来，依然找不到工作，100元钱已用得没剩几个了。到了第四天，有一个操着家乡口音的小伙子到候车室卖馒头，陈庆松下意识觉得这或许有办法，他上前与卖馒头的小伙子搭讪，跟他说了自己的情况，求他帮忙。那小伙子答应让陈庆松跟他回去，见见他们老板，也许能给陈庆松找点活干。陈庆松没想到的是就是那小伙子的这一带改变了自己的命运。

卖馒头小伙子的老板是开馒头店的，一看见陈庆松这样一个小孩子流落异乡很可怜，再加上陈庆松人挺机灵，老板终于收留了他。在馒头店，陈庆松每天都非常勤快地干活，有时候还给老板的孩子刷鞋、洗衣服。一个月后，老板被陈庆松的勤快、踏实感动了，决定从第二个月起收他为徒。终于可以学技术了，知道这个消息后，陈庆松万分高兴。

就这样，陈庆松在馒头店里当起了学徒。每天凌晨3时就得起床，晚上8点多才能下班，跟着师傅学和面、揉面等技术，每天还要干搬面袋子、擦笼屉等辛苦活。陈庆松学技术很投入，总是细心观察和实践，他发现，做面食放碱的多少和醒面时间的长短是关键，碱用少了馒头颜色发黑、味发酸；可是碱用多了馒头又发黄，还有苦味。于是他细心观察师傅的制作方法，总结经验，有时偷偷地试着自己做，他还发现馒头的外皮若能薄些，内馅有汁将会更好，这个建议得到了师傅的大加赞赏。这样，陈庆松做馒头的基本功越来越好。

一年多后，师傅便叫陈庆松离开馒头店自己创业去。这样，少年陈庆松开始了他的创业之路，那艰辛可想而知，现在他回忆道，"接下来的一段时间里，我几乎跑遍了苏州的大街小巷找店面。为了省钱，我从没坐过车，都是步行到达每个地方的，走得多了脚底起了水疱，没办法只能继续走，水疱走破了，还是继续走。晚上没地方去，只能在老乡的住处窝一晚。这样每天早出晚归，不停地找价钱便宜的店面。有一天终于找到了一个 4 平方米的店面，可租店面、配备简单设备的费用至少每月要 500 元，当时手头仅有 300 多元钱，怎么办？无奈之下只能向当时在苏州打工的老乡借凑了 200 元钱。终于在万般努力下，第一家店开张了"。

比起找店面的辛苦，开店经营更辛苦，"每天凌晨 2 点钟起床准备，晚上需要把第二天经营的前期工作做好，忙到九、十点睡觉，没人帮忙，一个人什么都做"。由于手头没钱，买不起设备，每天要用的 40 多斤面粉全靠陈庆松用手工和成一个个的小面团。和这么多面团需要很长时间，所以陈庆松不得不牺牲自己的睡眠时间，早起晚睡，实在困了就在一旁趴一会儿，醒了再做。高强度、重体力地干活，陈庆松每天后背、肩膀和两腿都酸疼难忍，可他凭着不服输、不怕苦的"韧"劲，挺过去了一个个艰难的创业日子。

陈庆松开的小店位于一个住宅区内，凭着陈庆松的好手艺，店开张以后生意直线上升，周边的住户都十分喜欢陈庆松做的"多汁馒头"。开业后的第二个星期每天能卖 200 元，第三个星期每天卖到 250 元，生意一天比一天好。

但是由于陈庆松没有什么经验，对政策不了解，没人可以请教，开店时什么手续都没办，包括营业执照、卫生许可证都没有，于是半年后的一天小店被相关部门查封了。这对陈庆松来讲真是一场噩梦。付出了那么多艰辛，第一次开店惨遭失败，对陈庆松来讲是沉重的打击。

但仔细一想，陈庆松觉得第一次开店失败并不是一无所获的，使他积累了经验，得到了家人的认可和支持。很快陈庆松又投入到开张第二家店的工作中，家里人动员所有的亲朋好友给他凑了 1 万元钱，舅舅还亲自把钱带到了苏州，这让陈庆松十分感动，又感觉这次的压力比第一次开店要大。所以，对于开第二家店，陈庆松特别小心谨慎，在正式开张之前准备好所有必需的步骤。第二次开店的店面比第一次要大，有

20 平方米。

　　第二次开店的区域集聚了各家馒头店，三五步、五六步之内，就有馒头铺。于是，竞争就比上次激烈多了。陈庆松觉得在这种情况下，一定要做出自己的特色。通过观察分析后他发现，皮薄、馅大、汤汁充盈的"灌汤包"几乎没有馒头店作出来，于是，陈庆松觉得他的特色应该就是生产这样的"灌汤包"。没想到自己推出了"灌汤包"馒头后，生意是意想不到的好，店门口竟然每天排队买"灌汤包"。

　　店里生意一天比一天好，陈庆松的生活也越来越好，但他并不满足当时的成功，他想去其他城市闯闯。可真的把店放弃了又觉得太可惜，他便把家乡最穷的一个亲戚带了出来，让他来经营这家店，并把自己的手艺和心得毫无隐瞒地传授给了他。安排妥当后，陈庆松离开苏州，辗转上海、嘉定、张家港等多个城市，每到一个地方他边开店，边吸取当地馒头行业的好手艺，以积累更多经验，并与很多"馒头高手"切磋技艺。陈庆松的馒头越做越好，"汤包"也越做越精。陈庆松在继承传统工艺的同时根据现代人绿色、保健的美食新理念做馒头，大胆革新，反复实践，形成了独特的制作工艺与口味特色，他做的汤包具有口感清爽、面皮弹性足、软糯有嚼感的特点。正是由于这些，陈庆松的店每开到一处就引来一股"汤包热"。陈庆松后来回忆，"那段时间，我过得特别兴奋，有时候，一天能卖四五百、五六百元的馒头"。想到自己因为做馒头生活好起来了，陈庆松就想到去帮助家乡的亲戚朋友，"先是哥哥、姐姐、姐夫、大姨、二姨……后来全村的年轻人差不多都被我带出来了"。

　　慢慢地，陈庆松觉得自己应该把馒头店开到更多的地方去。一个偶然的机会，陈庆松来到了绍兴，怀着小时候对鲁迅的崇敬，他对绍兴这座城市有着特别的感情，终于在绍兴留了下来，他留在绍兴的一个重要原因是"我觉得绍兴人很热情，对外地人毫无偏见，让我感到很温暖、很踏实，有一种特殊的缘分，我觉得这里将会是我第二个家"。就这样，陈庆松成了生在、长在外地，在绍兴创业的越商之一。事实上，从陈庆松的创业历程看，陈庆松确实很有越商的那种精神特质。

　　前面的新锐越商从事的基本上是与制造业、服务业相关的职业，按中国传统观点看，这些行业涉及的大凡是年轻人愿意从事的职业。然而，一个从农村出来，接受了高等教育，在大学受了较多高技术、新型产业熏陶的年轻人，按传统习惯，应该不会再进入农业领域了。但是，在新锐越商中就有这样的年轻人，他愿意放弃在大城市工作、生活的机会，回到农村创业。新锐越商就是具有开拓创新精神，会把握经济、社会发展的形势，跳出传统成长模式，获得非凡的成长业绩。

刘荣杰，1982年10月出生，目前拥有上虞市政协委员、共青团绍兴市六届委员、绍兴市青年企业家协会会员、绍兴市大学生创业之星、上虞市丰惠镇南源村团支部书记、第九届绍兴市十大杰出青年等头衔和荣誉，他是一位生于农村、长于农村，接受了高等教育选择了计算机专业的大学毕业生。他放弃了在大城市成长、发展的机会，选择到农村从事养猪业。在一般人眼里，刘荣杰当初的选择真是不可思议。

然而，刘荣杰恰恰做了这样的选择，而且事实证明这种选择是正确的。刘荣杰获得的荣誉是基于这种选择，是他在创新创业征程上取得的成功和他具有社会责任感的反映。

刘荣杰在学生时代就具有创新创业精神。2003年，还是在校大学生的刘荣杰选择了创业，他集资5万元，创立了学校第一家学生创业公司——宁波市科技园区英特思计算机有限公司。在最初的尝试过程中，他克服了阅历不够、经验欠缺等年轻人普遍存在的弱点，多方筹措资本、寻找客户，终于在宁波立住了脚。一年后，他大学毕业了，可以全身心投入自己的那家公司了，于是刘荣杰立即追加资金，在校外租赁写字楼作为公司办公场所。经过一番努力，刘荣杰的公司渐渐走上了正常轨道。正当他苦苦思索如何做大做强企业时，父母的一番话改变了他的命运——"农村天地广阔，养猪场正缺技术，回家帮助我们养猪吧！"

刘荣杰的父母在1995年创办了养猪场，生意一直不错，刘荣杰的家在当地是知名的养猪专业户。但父母十年拼搏下来，养猪场的规模仍然维持原状，效益也踯躅不前。父母希望经受过高等教育的、有知识的儿子能传承他们的养猪事业，把养猪业做大。在父母的再三催促下，2005年5月，刘荣杰怀揣梦想和信心，毅然回到了家乡。他设想着用现代生产技术与经营管理理念发展生态绿色农业，走农业产业化之路，父母的养猪场将步入新的发展阶段。回来之后的第一年，刘荣杰的父母完全支持儿子的创新举措，两年内投入500万元，对原有猪场实施彻头彻尾的改造，对原来的建筑及设施重新进行了规范的布局与改进，建造了沼气综合利用工程，杜绝环境污染，实现了资源的综合利用。第二年，刘荣杰聘请浙江省农科院两名专家，对生猪的疫病防治和养殖技术进行专业指导，并承包山林，扩大了养殖规模。在随后的几年里，养猪场的面积都在增加，养猪的数量由刘荣杰刚回来时的 5000 头增加到 8000 头。

刘荣杰的养猪方法富有新意。养猪场的一部分肉猪从小接受"音乐熏陶"，每天"享受"着悠扬的《梁祝》、《茉莉花》等乐曲，猪的生长状况确实较好。还有一部分肉猪，长期放养在竹林间，悠然自得，很有"名士风度"。回想养猪场采用音乐熏陶、散放养殖的方法时，刘荣杰解释原因说，"给动物听音乐，是浙江省农科院的专家偶然间说起的，专家说欧洲农场早已开始摸索。我开始是尝试着采用这种养殖方法的，发现实际效果非常明显，于是开始全面试用这种方法，长期下来发现，音乐熏陶、散放养殖的方法确实能促进肉猪消化吸收，促进其生长，并且猪肉肉质与一般养殖的猪不一样"。由此看来，刘荣杰的创新举措是在科学探索基础上展开的，是在有把握的情况下推广的，而不是盲从和一味地求新。刘荣杰的这种气质就是越商"真、实、慎"企业家精神的又一反映。

由于较好的业绩，2008 年，刘荣杰获得上虞市农林渔牧局的支持，在原有的养猪场基础上，稍加改造，建立起了浙江省首个放养猪基地。基地里的部分肉猪每天上午从猪圈里被赶到竹林，傍晚再赶入猪圈休息，这些猪每天有好几个小时的自由活动时间。自由活动消耗能量，这些猪的出栏周期比圈养猪要长 3—5 个月，再加上放养猪吃的完全是绿色食品，因此，放养猪养殖成本要比圈养猪高出 1.5 倍。如此高的成本怎么定价销售？直接放到市场上跟普通猪肉竞争？这个问题曾经难住了刘荣杰。考虑到放养猪的稀缺性、居民对放养猪肉的较大需求，刘荣杰觉得还是设专卖店销售比较适合，这有利于与普通猪肉区别。半年后，刘荣杰在上虞市区开出浙江省首家绿色、健康放养猪肉专卖店——"大自然生态"放养猪专卖店。放养猪肉得到市场的高度认可，前几年在一般猪肉只卖 12—13 元/斤的情况下，"大自然生态"放养猪肉的价格在 18—25 元/斤，这样，一头放养猪可获得的利润是一般圈养猪的三倍。

　　由于"大自然生态"放养猪较好的养殖效益以及较强的抵御市场风险的能力。目前，"大自然生态"每年出栏生猪1.2万头以上，在刘荣杰的设想中，以后他的养猪场最终要实现全部放养。相应的，专卖店也将逐步拓展到100家以上，覆盖绍兴市下辖的主要城市。

　　刘荣杰知道，"大自然生态"放养猪经济效益的提高是个系统工程，既要生态养殖，也要做好营销、品牌创建等工作。在养殖过程中，刘荣杰对原料的选择与饲料的配方都亲自把关，毫不松懈，严格按照生态绿色产品、有机食品的要求执行。同时，他对猪场防疫防病、用药卫生、环境卫生、通风消毒等方面都十分用心，制定了一系列规范化的操作规程和管理制度。由于对质量的常抓不懈，2006年，"大自然生态"生猪被评为国家级无公害农产品，公司被认定为浙江省无公害农产品生产基地。

　　刘荣杰更不忘创名牌、打品牌。2003年他为公司的生猪注册了"英台故里"商标，有利于实现生猪产业化、品牌化发展。经过宣传、促销，"大自然生态"放养猪肉在多个农产品展销会上参展，"英台故里"猪肉被越来越多的人所熟悉，品牌知名度越来越高。2008年，"英台故里"被评为绍兴市著名商标，公司正在积极创建浙江省名牌产品与浙江省著名商标，进一步提升品牌效应和市场知名度。

　　当初从城市回到农村，刘荣杰确实带有一丝犹豫，然而，经过六年在农村广阔舞台的拼搏，刘荣杰觉得农村广阔的天地使自己的思路更开阔，发展现代农业，正是实现自己创业梦想和人生理想、体现生命价值的大平台。今后，刘荣杰打算用新技术和现代经营管理理念发展生态绿色农业，将现代农业产业化道路开拓得更为宽阔和平坦。刘荣杰计划继续创新，在建设好省级现代农业示范园区的基础上，将"大自然生态"建成一家集生态猪养殖、加工、销售于一体的大型企业集团，把大自然放养猪产业做强做大，进一步打响"大自然"品牌，使更多的人吃上生态、绿色、健康的放养猪肉。同时，经过自己的切身经历，他希望有更多的接受过高等教育的年轻人，学成后回到农村，投身农业这个前景广阔的大产业，发挥自己的才智，为中国农业的发展贡献力量，并且他将以实际行动支持和他一样扎根农村的大学生创业者。刘荣杰不仅自己投身农业产业化实践，而且也召唤着甚至用自己的实际行动鼓励他的同龄人，尤其是学有所成的大学生投身农业，进行创业、创新，这就是越商"韧、真、实"企业家精神的写照。

第四节　政府在越商企业家精神形成中的作用

俗语说得好，一方水土养一方人。越商企业家队伍的形成、发展，与其他地区企业家成长发展一样，既有普遍性因素，也有独特的区域性条件。越商企业家群体的出现、壮大，有丰厚的绍兴文化日益滋润的作用，更是历史传统、政治、经济、社会、自然等多重因素综合作用的结果，在这些因素中政府的作用对越商企业家精神，尤其是改革开放后越商企业家精神的形成起了重要作用。

$Y = C + I + G + X - M$ 是反映经济均衡的恒等式，其中 Y 为 GDP，C 为消费支出，I 为投资支出，G 为政府购买，X - M 为净出口。这是从支出法角度反映 GDP 构成的一般模型。这一模型用函数关系来表达，即为 $Y = F (L. K. T. N. P.)$，L 为劳动，K 为资本，T 为技术，N 为自然资源，P 为政府政策，这些变量共同作用于上面的 C、I、G、X - M。这一模型是在传统的宏观经济学 $Y = F (L. K. T. N)$，即作用于经济增长的四大因素的基础上，再加 P 这一政策因素得到的。P 这一因素对 Y 的作用可分为两种情况：一种情况是，把 P 看作是一个与 L、K、T、N 并列的解释变量。在解释促进一国 GDP 增长的因素时，考虑本国劳动力总量与结构、资本投资总量与结构、技术变化情况、包括土地、电、煤、石油等在内的自然资源总量和价格变化的前提下，强调政府采取了有效政策，从而对 GDP 增长具有直接推动作用，于是 GDP 的函数关系式可写成：

$$Y = F (L. K. T. N. P)$$

另一种情况是，政策因素对影响经济增长的劳动、资本、技术、自然资源等要素发生作用，致使此时 GDP 总量大于没有出台政策前的 GDP 总量，即：

$$F (PK. PL. PN. PT) > F (K. L. N. T)$$

$$\therefore PF (K. L. P. T) > F (K. L. N. T.)$$

$$\therefore P > 1$$

P > 1，意味着 P 对 GDP 的贡献率大于 1，此时的政策是一项积极、有效的政策。

由于要素之间存在着关联性，并且政策往往要通过作用于要素，才能对 GDP 增长发挥作用，于是 P 对 GDP 增长以第二种情况出现的可能性较大。

在 Y = F（PK. PL. PN. PT）这一函数关系式中，P 对 K、L、N、T 四大要素发生作用的程度不一，为了分析问题的方便，假设此模型没有这种差异性，并且假定具体内容、操作方法不一样的政策都抽象成 P 这一因素。选定 1990—2010 年绍兴引进外资总量、教育投资总量（以社会文教费支出为样本）、政府支出、税收收入为自变量，以 1990—2010 年的 GDP 为因变量，进行回归分析。四个自变量都显示了政府政策的作用。就引进外资总量来讲，虽然近几年区位优势、市场因素对引进外资具有较强作用，但政策拉动还具有较大的惯性；教育投资既是影响劳动的要素，也可以划入到人力资本投资中，成为人力资本积累的一种路径依赖，并且还可以算作技术水平提高的依据。教育投资的主体仍是政府，政策对教育投资的影响较大；政府支出、税收收入是单纯的政策因素。

四大因素都包含着政策的作用成分，从回归分析结果（见表 5 - 1）来看，回归系数 R^2 均在 0.75—0.87 间变动，而且以 0.87 以上居多，说明政策因素对 GDP 增长的相关性显著；F 检验值最小的为 33.105，其余均在 67.991 水平及以上，也说明上述结论正确；T 检验值除引进外资这一回归方程的常数项小于 1 以外，其余的均在 2.5 以上，基本上也能符合相关关系显著的要求。

表 5 - 1　　　　　　　政策因素对 GDP 变动的影响程度

自变量	R	R^2	F 检验值	T 检验值	
				常数	变量
引进外资	0.866	0.751	33.105	0.129	5.754
教育投资	0.934	0.872	67.991	3.003	8.246
政府支出	0.933	0.871	74.477	3.260	8.630
税收收入	0.933	0.870	73.517	2.840	8.574

回归分析的结果显示，1990 年以来政府政策对推动绍兴经济增长

的效果较为显著。政府政策的有效推动促使绍兴经济与中国经济一起处于增长加速时期，且绍兴经济的增长速度远远高于中国经济的总体水平。发达国家、新兴工业体国家的发展实践给我们以启示：政府政策对经济发展的作用范围较广、潜能较大。

从一般意义上讲，企业家队伍的出现与壮大是市场经济的产物，市场竞争是造就企业家的强大动力。然而由于某种特殊机制的存在，政府在企业家的培育中有着独特的作用。从改革开放以来绍兴经济发展的实际来看，正是由于绍兴市委、市政府始终坚持把推动全民创业作为实现富民强市的战略来抓，极大地激发了全社会的创业活力，绍兴走出了一条全民创业、自主发展的成功之路，形成了千军万马闯市场、千家万户促发展的生动局面。政府在有力地推动绍兴经济社会全面协调可持续发展的过程中，更是催生了一批又一批企业家，形成了规模宏大的企业家群体。总结绍兴市政府培育企业家及企业家精神的实践经验，发现政府的作用主要体现在以下四个"致力"上。

第一，是致力弘扬优秀创业精神。

改革开放以来，绍兴市继承优秀的历史文化传统，不断总结提炼广大干部群众创业发展的成功经验，大力培育优秀的创业文化，使之成为推动越商企业家健康成长的强大精神动力和文化条件。具体包括三个方面举措。

一是引导观念更新。思想观念是创业发展的先导。改革开放以来，历届绍兴市委、市政府始终坚持以"三个有利于"为标准，在不同时期适时组织开展解放思想大讨论，有力地推动绍兴企业家从那些不合时宜的观念、做法和体制中解放出来。20世纪70年代末以来，先后组织开展了实践是检验真理的唯一标准大讨论、发展社会主义商品经济的讨论教育、市场经济学习讨论和弘扬胆剑精神、推进率先发展、实现富民强市讨论等活动。一次又一次的解放思想、更新观念，在传统计划经济体制下被压抑的创业致富欲望得到了充分激活和释放，有力地冲击和荡涤了"怕""难""满""等"种种保守陈腐的观念，与时代要求相适应的发展意识、改革意识、市场意识、机遇意识不断得以催生和强化，永不满足、永不平庸、永不落后的思想观念深入人心，使之成为引领绍兴人民不断投身创业发展热潮的精神动力，从而推动乡镇企业异军突起、专业市场蓬勃兴起、民营企业竞相上市、家庭工业经久不衰。

二是强化精神动力。绍兴是一个历史文化名城，具有深厚的文化底蕴，孕育了经世致用、工商皆本、发愤图强的精神品德。绍兴市委、市政府注重发掘绍兴优秀历史文化传统，在改革开放的伟大实践中，全面激活了绍兴人特有的"文化基因"，并不断内化为绍兴人民创业发展的热情和干劲，始终保持创业发展的良好精神风貌。改革开放初期，大力发扬走尽千山万水、说尽千言万语、想尽千方百计、历尽千辛万苦的"四千精神"；进入新世纪，大力弘扬卧薪尝胆、奋发图强、敢作敢为、创新创业的新时期"胆剑精神"。正是一大批越商企业家的敢作敢为、创业创富，使绍兴这个资源禀赋先天不足、静态比较优势相对薄弱的地方，发展成为经济繁荣、人民富裕的较为发达地区。

三是强化舆论氛围。注重宣传引导，运用电视、广播、报纸、网络等各种媒体，进行各种创业政策、信息、知识的宣传，充分发挥了宣传舆论的引导作用。注重典型引导，近几年来，连续组织开展了"弘扬胆剑精神，宣传创业新星"系列活动，通过全民推荐评选、媒体集中报道、事迹宣传展示，培育和树立了一批创业新星；绍兴市委、市政府连续四年召开"千家企业大会"，及时总结发展经验，表彰发展功臣，在全社会营造了一个创业致富光荣、企业家受人尊敬的浓厚舆论氛围。注重活动引导，加强市县联动，先后组织开展了"人人都是投资环境，个个都是发展主力"、"家家致富奔小康"、"新世纪新发展"、"推动全民创业、促进全民就业、实现全民保障"等活动，以营造创业氛围。

第二，是致力培育多元企业家队伍。

改革开放以来，绍兴市按照国有、集体、个体私营和外资四个轮子一起转的发展思路，积极探索促进全民创业的有效途径，多渠道、多形式培育创业主体，形成了一种以民营经济为主体、多种所有制经济共同发展的混合经济发展模式，造就了一支类别多样、梯度分布、结构合理的越商企业家队伍。具体包括以下环节：

一是抓改革，放活发展一批企业。绍兴市按照"一退三进"和"双置换"的要求，率先进行了以市场为导向、以企业产权制度为重点的一系列改革，到2000年前后，全市国有、集体企业改制基本完成，改制面高达99%，形成了以民营经济为主体的所有制结构，民营化程度达到95%，民营企业成为绍兴发展的中坚力量。国有、集体企业机制的成功改革，极大地激发了企业自主发展的积极性、主动性和责任心，有力地推动了各类企业高强度、高质量投入，近十年来年均投资增幅保持在14.5%以上，工业区单位面积投资强度每亩达250万元、产出每亩达280万元；有力地推动了企业家自觉走向市场，把企业做强做大，到2010年，销售收入在100亿元以上的企业有九家，在50亿元企业有24家，在10亿元以上的企业达85家，共有42家企业在境内外证券市场成功上市，民营企业家成了越商企业家的杰出代表。在大力推进国有、集体企业改制的同时，积极推进事业单位产权改革和体制转型，全市有近50家技术服务型、社会中介型和经营型事业单位改制成为具有独立法人资格的实体，一大批懂技术、会经营、善管理的技术人员领办或创办科技开发、技术服务、信息咨询等企业，自主经营、自我发展，成为服务经济领域的创业新主体，并逐步成长为专家型的企业家。

二是强龙头，分蘖发展一批企业。围绕发展支柱产业这一宗旨，绍兴市在纺织、五金、化工、电子、环保等领域中培育龙头企业，扶持发展一批"小型巨人"、"单打冠军"，使之成为行业排头兵。这些龙头企业通过建立零部件配套企业、发展定牌生产、组织带料加工，带动了小型企业、家庭工业的迅速发展，逐步形成了"一村一品""一镇一业""一业一市"的发展格局。绍兴县在中国轻纺城等市场效应的带动下，纺织服装行业蓬勃发展，全县共有纺织、印染企业3320余家；诸暨市以大唐镇袜业城为中心，覆盖周边12个乡镇，发展袜业产业，目前共有2500多家企业从事袜业生产；上虞市以崧厦伞业城，特别是金鼎、天外天等企业为龙头，发展伞业生产经营业，目前共有18个村的3560余人从事伞业制作加工及零部件生产行业。2010年，绍兴市仅家庭加工业类的生产企业共有18余万家，实现工业产值超过万亿元。龙头企业、中小企业、家庭工业和专业市场的集聚发展，形成了一批特色显明的集聚经济，目前全市共有纺织、衬衫、袜业、领带、五金、化工、机电、厨具、轴承、医药、家具、伞业等较大规模的集聚经济41个，涉及企业5.1万多家。集聚经济的发展推动了专业市场的兴起和繁荣，绍兴市相继建成了中国轻纺城、诸暨珍珠市场、大唐袜业市场、中国嵊州领带城、诸暨店口五金城、中国上虞伞城等各类商品专业市场 332 个，各类专业市场年成交额达 1076.18 亿元。大集团企业、行业龙头企业、骨干企业和千家万户家庭企业集聚发展的后面，是一个多层次、多领域的越商企业家群体在逐渐壮大。

三是搭平台，引进发展一批企业。通过大力建设一批开发区、工业园区和总部经济园区、个私经济集聚区和高新技术孵化区等基地，大力建设一批工业标准厂房、中小企业创业大厦、总部大楼和科技院所等平台，依托资源优势和产业优势，加大招商引资、选资力度，坚持以民引外、以外带外等途径，坚持引资引技引才相结合，吸引市外、境外的企业及其科技成果、管理团队到绍兴落户，在拓展越商企业家群体的同时，带动了越商企业家整体素质的提升。

四是靠科技，提升发展一批企业。绍兴是全国科技进步先进城市，浙江省唯一的"全国技术创新工程示范城市"。各级党委、政府始终坚持把依靠科技进步、提升科技竞争力放在突出位置，积极引导企业更加关注产品科技含量和核心竞争力的提升。在企业处在乡镇企业发展阶段时，就注重依托高校和科研院所、依靠大企业科技人员来提升企业发展水平。近几年来，随着企业步入全面提升竞争力的发展阶段，政府积极实施科技型企业培育工程，通过科技型示范企业抓提高、科技型中小企业抓培育、科技型苗子企业抓孵化、科技型大企业抓服务等活动，不断推动企业加强技术改造和技术研发，加强与浙江大学、中国科学院、中国纺织研究院等大院名校进行产学研合作，积极组建区域性研发中心、高新技术创业服务中心、企业工程技术研发中心等，加大科技人才培养和引进力度，推动中小企业，特别是中小企业中的传统企业向科技型企业转型，促进绍兴传统产业改造提升和高新技术产业加快发展。在这过程中一批草根企业家也向着现代企业家转型发展。

第三，是致力完善健全各类服务体系。

改革开放以来，绍兴市委、市政府尊重客观经济规律和人民群众的首创精神，审时度势，及时出台了一系列政策性、服务性措施，以此引导、激励和服务广大干部群众创业发展。

一是完善创业发展扶持政策。政府培育企业家的根本途径，就是扶持经济发展，推动全民创业，推进企业发展壮大。绍兴市委、市政府一方面结合绍兴实际，先后出台了《关于加快个体、私营经济发展的意见》、《关于进一步发展非公有制经济的若干意见》、《关于鼓励外地企业来绍投资的意见》、《关于鼓励企业招商引资的若干意见》等政策文件，不断放宽市场准入，降低创业门槛，放开投资领域，鼓励全民自主创业就业。如对发展个体、私营经济，提出了放心、放手、放开、放胆的"四放"要求和不限发展比例，不限发展速度，不限经营方式，不限经营规模的"四不限"；对外地企业来绍发展，采取了"一事一议"的扶持政策和财政奖励措施；对大学毕业生在绍兴创业给予补助。2011年绍兴市政府还将在放宽创业投资条件、扩大创业贷款范围、提高高校毕业生创业补助等方面出台新的政策意见。另一方面，绍兴市委、市政府围绕推进集约发展、提升循环经济、加快服务业发展、加强工业投入、加快品牌发展、加快文化产业发展等方面，相继制定出台了一系列政策意见，在财政贴息、税收优惠、土地优先、以奖代补等方面不断加大扶持力度 。如 2002 年以来，已先后出台了加快工业经济跨越式发展的若干政策意见、建设先进制造业基地政策意见、关于推进工业经济集约发展政策意见、推进循环经济发展的政策意见、发展战略性新兴产业的实施意见等，不断引导企业向科技化、规模化、国际化、品牌化方向发展，提高企业竞争实力。根据这些政策意见，各级财政先后建立了各类扶持奖励专项资金，专项用于企业、技改贴息、上市辅导、产品开发、市场拓展、品牌发展、节能降耗、信息服务等。扶持企业发展，促进企业做强做大，这些在一定程度上就是推动企业家快速成长的扶持措施。

二是完善企业家培训服务政策。加强对企业家教育培训，着力提高越商企业家经营管理能力和综合素质，培育一批发展能力强、综合实力强、社会责任心强的企业家，绍兴市委、市政府认为这些是政府抓经济发展的基础性和长远性工作。针对绍兴企业家大多出身"草根"的实际，政府历来把企业家教育培训放在突出位置，做到"四个有"，即有专门政策、有专项资金、有固定基地、有责任部门，共同抓好分层分类培训。对个私和民营企业经营管理者，由市工商局牵头组织开展"5511培训工程"，即在"十一五"期间，按照全省统一部署要组织 5 万名高层经理特训、50万名高级管理人员业务轮训、1000名总裁EMBA研修、100万名技术人员的职业技能培训，据不完全统计，绍兴已有15余万名企业总裁、高层经理、高级管理人员和职业技术人员走进课堂。对创业人员和高级技工，由市人力社保局牵头组织职业技能培训和SYB创业技能培训。另外，绍兴市政府专门投资1.2亿元建设公共实训基地，为推进培训创造条件。一系列培训工程的推进，为培养各类企业家提供了基础和保障。

三是完善企业金融服务政策。绍兴市委、市政府认为，为企业开辟金融服务渠道，就是为企业家解忧排难，有利于企业家有更多精力抓好生产经营、新产品研发和市场开拓。为了缓解中小企业的贷款难问题，绍兴市政府一方面出台了《中小企业贷款信用担保管理暂行办法》、《中小企业贷款担保机构损账补贴办法》和《关于中小企业信用担保财政扶持的若干意见》等政策，从创业扶持（对民间资本出资成立担保机构按其注册资金的1%给予创业扶持资金）、损账补贴（担保机构发生贷款损失时最高可获得40%的财政补贴）、业绩奖励（担保机构和金融机构对中小企业贷款作出贡献的可获得财政奖励）等方面，进一步加大对信用担保机构的财政支持力度，鼓励担保机构为中小企业融资提供服务；另一方面建立了中小企业专项信用贷款基金，由绍兴市本级财政出资5000万元，并由绍兴银行按一定比例建立配套资金，专门用于一部分成长型中小企业信用贷款，为中小企业解决短期流动资金融资困难；再一方面积极鼓励金融机构为企业服务，从2005年起建立了小企业银行贷款风险补偿机制和"金融支持企业"竞赛奖励制度，补偿比例为银行对小企业贷款净增额的0.5‰—1‰，按支持实绩给予每年10万—30万元奖励，这些举措提高了金融机构为小企业发放贷款的积极性。

第四，是致力创造企业家成长的良好环境。

优化环境是创业发展的保证，也是企业家健康成长的条件。改革开放以来，绍兴市委、市政府坚持一手抓全民创业，一手抓环境优化，出台了《进一步优化发展环境的若干意见》等文件，着力推进创业发展的软硬环境建设，绍兴市成为越商企业家成长的乐园，绍兴市因此被世界银行授予中国投资环境"六大金牌城市"之一。绍兴市主要是在以下方面为越商企业家成长创造环境的。

一是创造良好的设施环境。绍兴是较早进入城乡一体化发展的地区，城乡一体的基础设施比较完善，特别是"十一五"期间，以推进城乡统筹"十网"建设为载体，组织实施了"百村小康示范千村改造整治工程""城中村改造工程""乡村康庄工程""百万农民饮用水工程""生活垃圾无害化处理工程""千里清水河道工程""生态示范工程""放心超市建设工程""城乡公交一体化工程""农村教育四项工程""城乡文化繁荣工程""新农村小康体育工程"以及重大城市建设项目等，加快推进村镇布局网、城乡交通网、城乡信息网、城乡燃气网、城乡现代流通网、城乡居民健康保障网、城乡社会保障网、城乡文化教育网、城乡金融网、城乡平安网等十大网络建设，使基础设施向农村延伸、公共服务向农村辐射，为全民创业创造了良好的硬环境，使绍兴城乡真正成为宜居宜业、安居乐业的地区。到2010年，全市等级公路通村率达到99.6%，路面硬化率达到94.2%，农村客运班车通达率达到90.2%；全市用户用气普及率达到93.6%；全市自来水普及率达到67.1%；全市实现光缆、有线电视村村通和广播村村响，广播电视的综合人口覆盖率达到99%以上；全市乡镇文化中心覆盖率达到100%，村（社区）等基层点的覆盖率达到91%，率先实现高标准普及九年制义务教育，基本普及十五年教育。

二是创造良好的政务环境。政务环境好坏主要体现在审批制度上。绍兴大力推进审批制度改革，按照市场经济条件下的政府职能定位，从1999年开始，率先实施并先后进行了四轮政府审批制度改革，大幅度削减和调整行政审批事项，削减率达69.1%。着力创新审批方式，2000年在全市各地普遍建立便民服务中心，按照"进一家门办成、盖一个章办好、收规定费办完、按承诺办结"的要求，组织政府管理部门进中心集中办事，推行并联审批、一审一核、网上审批等形式，方便群众和企业办事审批。与此同时，建立招投标中心、市长电话管理中心、发展环境投诉中心，实施执法机构联合检查，用制度促进机关服务作风改善。在健全审批制度的同时，扎实开展机关效能建设，按照"在岗、在状态、在行"的要求，健全了服务承诺、限时办结、责任追究、效能警示、投诉处理等基本制度，进一步提高了工作效率和服务质量，降低了行政成本。同时，坚持每年组织开展"企业服务年"活动，市级领导、机关部门深入企业了解发展情况，分析困难矛盾，解决实际问题，重点帮助企业解决土地、电力、资金和劳动力紧张等方面的困难。坚持每年组织开展"企业评部门"活动，在全市选择2000多家企业代表，对市级机关部门的服务质量、办事效率、行风政风等进行集中评议，推动机关服务企业效能切实提高。

三是创造良好社会环境。以"平安绍兴"创建为抓手，深化新时期"枫桥经验"，加强公共突发事件应急管理，加强群防群治体系建设，加强安全生产管理，加强维稳平台建设，特别是通过组织开展"综治进民企"、"创建平安企业"、"创建和谐劳动关系"等活动，努力为企业发展营造和谐稳定的社会环境。近几年绍兴市群众安全感满意率连续保持在98％以上。针对绍兴民营经济发达、外来务工人员较多的实际，绍兴市委、市政府出台了《进一步加强和改进对农村进城务工人员服务与管理的实施意见》，建造了人才公寓、外来务工人员公寓和民工子女学校，开展了"零欠薪"城市创建活动，着力加强对外来人员的管理服务。同时，积极推进社会保险扩面工作，基本形成了以养老、医疗、失业、工伤和生育相配套、多层次的社会保险制度；积极探索建立以最低生活保障为基础、专项救助为支撑、慈善帮扶为补充的新型社会救助体系，基本形成了广覆盖、多领域的社会福利共享机制，为城乡居民、外来人口创业、发展提供了制度保障。

2003年以后中国的人均收入超过到1000美元，已处于美国经济学家罗斯托认为的经济加速发展的起飞点。中国人口众多，经济体制已经历且还将继续经历一个转轨期。20世纪80年代以来实行改革开放政策，给了中国一个获得后发优势的机会，由此而伴生了如何借鉴、吸收成功经验才更有利于经济发展的问题等，都是中国经济具有的独特之处，于是，政府在经济增长中发挥职能的范围比上述国家要广。虽然由于我们的政府经历市场经济的时期较短，并且我们还属于欠发达国家发展水平，决定着政府发挥政策作用的能力不如发达国家和新兴工业化国家和地区。但是，只要政府在后续经济发展过程中注意相关要点，政策效应依然能达到最大化效果。

1. 孕育和推广新的发展观

观念，是影响人们行为的源泉，观念正确与否直接决定着发展的结果。观念，在阿瑟·刘易斯（1955）看来是一种态度，早在 20 世纪 50 年代，刘易斯就呼吁欠发达国家的政府必须更加关注态度问题。今天，观念引导是政府的首要职能。新中国成立初期直到改革开放后的较长一段时间里，中国人树立了不惜代价解决温饱问题的发展观，于是山林、草地、滩涂成了粮田，矿山等自然资源遭掠夺式开发，儿童从事劳动换取微薄的经济收入等做法，使得自然、环境、人口不协调发展。在一段时间内，温饱问题确实解决了，但中国依然是一个经济较为落后，具有二元经济结构特征的农业国家。而今，中国的人均收入已超过 1000 美元，处于工业化中期阶段，农业、农村、农民问题已有可能从"农"外找出路，通过工业化、城市化、市场化解决经济、社会发展中的诸多问题。当务之急，政府应培育并积极推广城乡统筹，经济、社会全面、协调、可持续发展的观念，以此为出发点，来指导政府职能的发挥。

2. 政府应注重自身能力的培养，强化职能效率

当前我国总体处于经济加速增长时期，这一方面对政府职能的有效发挥提出了迫切要求；另一方面从计划经济体制转轨而来的政府对市场经济条件下政府职能的发挥还处于适应期，政府的经济调控能力总体上不如发达国家。解决这对矛盾的关键在于政府应加强自身能力建设，强化职能效率。首先，在精减人员的基础上，政府应大力吸收具有较高人力资本积累水平的人员进入政府部门，优化人员结构，并着手对这些人员进行专业培训，包括理论水平和实践能力方面的知识。其次，强化职能效率，要综合兼顾影响职能效率高低的主观、客观两方面因素。从主观上讲，建立激励机制是提高效率的前提，于是进一步提高政府工作人员的福利水平，是一种必然趋势。从而达到对政府工作人员的行为实行激励和约束双重作用的效果。

3. 明确政府职能范围

在市场经济条件下，政府职能范围包括观念引导、协调、控制和监督等方面。观念引导是政府的首要职能；协调是一种带有前瞻性、预见性、综合性的操作行为，相当于一种社会发展计划。如各地区为了本地区经济增长的良好业绩和地方财力的增强，采取了地方性保护措施，从而不利于整体经济的发展，对此，政府设计制度、规则加以协调，摧毁地方保护主义；控制较多的是一种事后采取的行为，并用强制性措施加

以保障。如为了谋求经济、社会可持续、协调发展，政府利用行政、法律手段来预防和终止破坏环境、掠夺式开采资源的行为发生，并对相关人员利用上述手段进行约束；监督，与控制有相似之处，是终止不合理行为的一种政府职能，但监督更多地是利用已有的制度来约束人们的行为，使其合理化。

第六章 越商企业家精神的作用途径

第一节 文化力是越商企业家精神的作用途径

文化力，或称文化支撑力，是把文化作为一大要素作用于经济发展而形成的一种生产力。在经济学发展历程中，有从宏观视角分析文化力的阶段：古典经济学在经济研究中特别重视文化（包括宗教、道德、观念、理念）因素对经济动机的决定作用（马歇尔，1981），韦伯在分析经济伦理时经常提到文化对经济的作用（Richard Swedberg，2003）；也有从微观视角考察文化力问题的：资本主义新教教义造就了理性的、有条理的、勤奋的、讲求实效的新型企业（戴维·兰德斯，1998）。在论述文化力的作用时，有的是直接论述的，新古典经济学就是一例。新古典经济学在注意到了土地、资本等物质要素的作用受边际收益递减规律影响的时候，看到了技术、知识，特别是文化素质对经济增长的重要作用，舒尔茨的人力资本概念由此而生；有的间接涉及文化力问题，如文化、地理环境、法律是型塑美国的三大因素，在美国的形成中，法律和政治制度比地理位置重要，属于文化范畴的习俗又比法律和政治制度重要（Tocqueville，1997）。目前，文化力问题已为经济学、管理学、社会学、历史学以及经济社会学等交叉学科所重视。大量经验资料表明，在人类社会发展过程中，正如韦伯、Tocqueville、兰德斯等认为的，经济与文化是交织和在相互作用中实现发展的，经济需要文化的支撑，文化是经济的派生物。文化是促进经济增长的要素的一个部分，且是无法复制的要素……文化因素之所以重要是因为它会展现在关键要素上面，进而加强环境与企业的关系。文化的演变需要很漫长的时间，外国竞争者因此无法模仿复制（迈克尔·波特，2002）。文化一旦产生，就具有相对独立性，每个国家都有不同于其他国家的社会价值和政治历史。这较好地解释了当劳动、资本等要素的作用呈现边际收益递减规律特征时，一些国家、地区仍能继续发展，其企业、产业不断成长的原因，是文化发生了支撑力的作用。

改革开放以后，民营企业数量迅速增加，推动了我国经济总量的上升、综合国力的提高。随着我国经济发展水平的提升，民营企业成长问题是近几年国内学术界研究的一大重点。民营企业目前存在着高诞生率、低退出率，缺乏文化约束，制度竞争力低下，经营者素质参差不齐，技术创新能力高低不一，科技投入明显不足，企业文化欠缺等成长障碍（高波、张志鹏，2005；张开云，2007；吴立平，2007）。民营企业发展先后所经历的阶段，一种观点认为包括初创期、发育期、成熟期和衰退期（陆鸿飞、刘薇，2005）。另一种观点认为是从"点的企业"，到"线的企业"再到"面的企业"，最后发展成"板块企业群"阶段（北京大学中国经济研究中心，2002）。民营企业目前面临的上述成长阻碍是其在初创阶段或"点的企业"阶段必然会遭遇的。随着民营企业发展进入高一级阶段，上述成长阻碍自然会减弱。

如何促进民营企业顺利进入高一级发展阶段？完善非公有制经济发展的政策体系、创造宽松环境等是较长时期以来关注的对策。就目前民营企业发展特征来讲，更应基于民营企业自身局限视角来探索民营企业成长机制。文化约束是基于民营企业自身局限视角的、影响民营企业成长的重要因素。已有的研究：通过树立正确的企业理念、核心价值观，建立伙伴文化、企业精神等途径强化文化约束，促进民营企业成长（高波、张志鹏，2005）；强化集群网络资本有助于缺乏个人关系资本的中小企业发展，伴随我国市场制度的逐步完善，将呈现个人关系资本弱化、集群网络资本强化的趋势（王珺、姚海琳、赵祥，2003），等等，均属于提升文化力或文化支撑力促进民营企业成长的分析范畴。

在现有研究中，有学者关注了文化力的内涵和构成问题。把文化对经济发展的支撑力具体化为人力资本，再把人力资本具体分解为素质人力资本和知识人力资本……从包括绍兴在内的整个浙江区域来看，素质人力资本丰裕是浙江经济持续快速发展的重要推动力，大幅度增加知识人力资本供给是浙江经济再腾飞的战略选择（刘迎秋、赵少钦、刘艳红，2005）。文化力是一定的文化模式在经济、社会发展中体现出来的影响力，包含精神力量、教育因素、科技因素、和谐发展理念四个方面因素的作用（陈寿灿、颜建勇、黄文平，2006）。文化以文化支撑力的形式和成效作用于经济发展，达到了抗压力和拉动力的作用效果（张有福，2006）。也有学者关注文化力的作用路径。通过文化影响体制的形成，从而影响经济发展，不同区域具有不同的文化记忆或"惯例"，使得文化与政府政策具有不同的亲和性，与政府政策富有亲和性的文化，成了该时代经济发展的渊源（陈立旭，2005）；文化通过观念传递的形式，塑造不同文化禀赋的人群，再由于在不同人群中企业家生成的概率不同，从而决定了各经济区域制度创新的能力的不同（张佑林、陈朝霞，2005），从而最终影响民营企业成长。

在我国民营企业的发展历程中，文化力事实上起着支撑力作用，只不过在民营企业不同的发展阶段，起支撑作用的文化力要素有所不同。民营企业发展进入高一阶段的过程，同时也是文化力提升的过程。在民营企业的初创阶段或"点的企业"阶段，民营企业从无到有，首先是文化力的一方面因素——精神力量强力支撑的结果，民营企业主发扬"四千精神"（"走尽千山万水，说尽千言万语，施尽千方百计，吃尽千辛万苦"）、"两板作风"（"白天做老板，晚上睡地板"），创立了一家又一家的民营企业，在缓解自身和员工就业困境、增加利税、促进贸易增长等方面作用显著，但也面临了一些成长阻碍。突破成长障碍需要文化力的另外要素——教育、科技和和谐理念等的强力支撑。

第二节　文化力缺失前提下的越商

改革开放尤其是 20 世纪八九十年代以来，我国民营企业增长迅速，数量巨大，但民营企业总体发展水平较低，除极少数已处在"面的企业群"阶段外，大多停留在"线的企业群"甚至"点的企业"阶段。绍兴是民营经济发达地区，全国民营企业发展中面临的问题，在绍兴显然会显现。

1. 较高的诞生率、较低的退出率，民营企业维持着数量级扩张的增长模式

企业的诞生率是指当年新增企业占原有企业总数的比重，退出率是

指当年破产、歇业企业占原有企业总数的比重。诞生率和退出率是衡量企业稳定性的重要指标，也是反映企业生命周期长短的实际数据。2007年上半年我国私营企业的诞生率、退出率分别为 28.5%（42642/149736）、6.6%（9857/149637）。2008 年上半年全球金融危机的迹象日益显现，我国私营企业的退出率有所提高为 11.4%（20200/177080），但私营企业诞生率依然偏高为 39.6%（70200/177080）。说明即使在全球经济危机时期，我国私营企业依然没有改变较高的诞生率、较低的退出率的生存局面，在经济处于高速增长时期更是如此。以浙江省为例。浙江省的民营企业采取产业集聚形式存在、发展。据浙江省委政策研究室块状经济课题组（2005）调查数据，2004 年，浙江省产值亿元以上的产业集聚 601 个，比 2000 年的 513 个多出 88 个，在这601 个产业集聚中新生的有 228 个，而与 2000 年相比萎缩了 140 个，因此从 2000—2004 年，浙江省产业集聚诞生率为 228/513 = 44.4%，退出率为 140/513 = 27.3%。产业集聚的主体是企业，产业集聚的高诞生率、低退出率是企业高诞生率、低退出率的反映。相比于发达国家处于我国同等发展水平时期的企业诞生率和退出率，我国民营企业诞生率偏高，退出率偏低。与德国相比，德国 1978—1985 年，从事上游产业的企业诞生率、退出率分别为 21/117 = 17.9%，56/117 = 47.9%，从事最终消费商品、劳务的企业诞生率、退出率分别为 34/131 = 26.0%，59/131 = 45.0%（Porter，1990）。浙江省前些年民营企业的诞生率明显高于德国 20 世纪 70 年代末 80 年代初的水平，而退出率却低于德国当时的水平。20 世纪 70 年代末 80 年代初是德国企业整体水平提升的阶段，较低的诞生率、较高的退出率，造就了一批优势企业。而我国目前民营企业呈现出较高的诞生率、较低的退出率，导致企业数量过分膨胀，从而出现资源供给紧张，产品价格人为压低，资源配置成本较高的困境，结果是我国民营企业具有较大的流动性，不利于产业竞争力的提高。正如迈克尔·波特所说的，为逐利而快速流动的资源很少能形成具有国际竞争力的产业。

2. 行业进入壁垒较低，产业链不能延伸，经济处于低水平竞争的状态下

研究资料显示，纺织、服装、食品加工、家具制造业，普通机械制

造业等属于低进入壁垒的行业（见表6-1）。2007年，我国私营工业企业数为177080个，其中从事纺织业的私营企业数最多，为17716个，占全国私营企业总数的10.0%，包括农副食品加工、食品制造、饮料制造在内的食品加工业私营企业为16232个，占全国私营企业的9.2%。

表6-1　　　　　　　　　　较低进入壁垒行业排名

排名	1	2	3	4	5	6	7	8	9	10	11
行业	服装及其他纤维制品制造业	金属制品业	非金属物品制造业	食品加工业	皮革、毛皮、羽绒及其制品业	塑料制品	工艺美术	纺织业	文化、体育用品制造业	家具制造业	普通机械制造业

资料来源：李庚寅：《中国工业中小企业行业分布实证研究》，《经济学家》2003年第5期。

我国私营企业大都从事劳动密集型行业，品种多、批量小、规模经济要求较低，且与居民日常生活关系密切，因此需求收入弹性较小，产业的成长性较弱，产业链延伸较难。2007年，私营企业数量排列在前的行业，其就业贡献率较大，但其工业增加值、利润总额占总行业的比重都不及企业数量占总行业之比（见表6-2）。

表6-2　　　2007年企业单位数超过万个的私营企业主要指标占私营企业总数的比重　　　　单位:%

行业	企业单位数	工业增加值	利润总额	本年应交增值税	全部从业人员平均人数
农副食品加工业	6.1	7.1	6.9	4.4	4.8
纺织业	10.0	8.3	6.8	7.8	11.8
化学原料及化学食品制造业	6.8	7.2	7.5	6.8	5.4
金属制品业	5.9	18.9	4.5	4.5	5.2
通用设备制造业	9.0	25.3	7.1	7.4	7.5
非金属矿物制品业	7.6	7.6	11.8	9.3	8.3

资料来源：经《中国统计年鉴2008》数据计算而得。

3. 在产业发展过程中，知识、技术投入不足，创新乏力

我国的民营企业已形成了"数量级规模"，绍兴也不例外。以私营

企业为例。1998—2007 年，私营企业单位数从 10667 个增长到 177080 个，增长了 16.6 倍；工业总产值从 2082.87 亿元增加到 94023.28 亿元，增长了 45.1 倍；利润总额从 67.25 亿元增长到 5053.74 亿元，增长了 75.1 倍；本年应交增值税从 53.04 亿元增加到 2698.44 亿元，增长了 50.9 倍；民营企业数量的迅速增加，创造了较好的经济效益和社会效益。然而构成"数量级规模"的民营企业，知识技术投入不足，大多企业生产同一种产品，缺乏产品的标准化制约和产品的差异性，产品竞争力较弱。2007 年在按登记注册类型分大中型工业企业 R&D 活动情况中，私营企业的 R&D 经费、发明专利申请和拥有发明专利三项指标分别占登记注册企业的 9.9%、8.3% 和 17.4%，与当年有限责任公司三项指标占比分别为 47.4%、34.6% 和 38.1% 相比，差距甚远。而私营企业单位数却是有限责任公司的 3.32 倍。

4. 产业发展过程中，过量、低效地利用资源，不利于后续发展

从传统经济学角度出发，一类产业发展能利用的资源有劳动、资本、自然资源、技术四大类。在我国经济发展中，目前，这四大类资源都不同程度地面临着瓶颈约束，较为严重的是自然资源，目前主要指环境资源。曹娥江是浙江省的一大内河，流经磐安县、绍兴市的几个县市，对绍兴市生产发展、生活改善的意义尤其重大，是绍兴市的一条母亲河。前些年，随着绍兴市经济、社会的发展，尤其是民营经济的发展，曹娥江两岸以纺织、印染、医药为主体的制造业和农业的发展，使曹娥江遭到了一定程度的污染，素有"江南水乡"美誉的绍兴市出现了缺水现象。表 6 - 3 反映的是曹娥江流域在绍兴市范围内水资源供需平衡状况。从数据看，缺水成为绍兴市未来经济发展的困境。从我国水资源总的分布看：南方丰富，北方贫乏，长江流域及其以南地区人均水资源高于全国平均水平。绍兴市的缺水是水资源低效利用的结果，这种缺水属于水质型缺水，即由于相关产业的发展，造成水污染，使得生产和生活面临缺水困境。改革开放，尤其是 20 世纪 90 年代中期以来，绍兴的私营企业主发扬"四千精神"、"两板作风"纷纷创办以纺织、印染、水产养殖等为产业主体的企业，在促进经济快速增长的同时，也带来了资源面临衰竭、环境遭到破坏的困境。这就意味着，民营企业过量低效地利用资源，不利于经济的后续发展。

表 6 - 3　　　　　　　　　　绍兴市水资源供需平衡状况

规划水平年		需水量	可供水量	缺水量
2003 年	优质水	20841	19986	855
	一般水	103845	103845	0
2010 年	优质水	39613	22469	17144
	一般水	124589	124285	304
2020 年	优质水	553436	27414	28022
	一般水	139128	135224	3904

资料来源：2004 年绍兴市水利局课题组：《曹娥江流域水资源开发利用和保护》。

第三节　经验分析

　　经济现实说明，在文化力缺失的情况下，经济发展会陷入困境，文化力与经济发展存在密切关系。经验分析进一步证明这一结论的正确性。把绍兴市私营企业作为越商的一个代表，以私营企业的文化支撑力反映越商的文化支撑力。把文化支撑力分解为精神力量、科技投入、教育水平、和谐发展理念四方面要素。利用历年《绍兴统计年鉴》，以1998—2006 年间绍兴市私营工业企业的相关指标作为分析对象，以私营企业单位数、私营企业主平均受教育年限、私营企业固定资产净值年平均余额、私营企业职工平均工资四指标分别表示精神力量、教育水平、科技投入、和谐发展理念四个因变量，以私营企业工业增加值为自变量，运用分析模型为：

$$Y = \partial_0 + \partial_1 Spi + \partial_2 Tec + \partial_3 Edu + \partial_4 Pea$$

表 6 - 4　　　　　　　　　　回归分析结果

	R	R square	Adjusted R square	F	t Constant	t Various
Model 1	0.945a	0.893	0.839	16.652	-0.781	4.081
Model 2	0.919a	0.845	0.768	10.943	1.157	3.308
Model 3	0.605a	0.366	0.207	2.305	-1.407	1.518
Model 4	0.951a	0.904	0.856	18.847	-0.464	4.341

　　说明：分析过程中采用的"私营企业工业增加值、私营企业单位数、私营企业固定资产净值年平均余额、私营企业职工平均工资"直接来自历年《绍兴统计年鉴》或利用其中的数据经计算而得；"私营企业主平均受教育年限"来自于《中国私营企业发展报告》No. 6，社会科学文献出版社 2005 年版。

在表 6-4 中，Model 1-4 分别代表私营企业工业增加值与私营企业数量、私营企业固定资产净值年平均余额、私营企业主平均受教育年限、私营企业职工平均工资的序列相关分析模型。

经验分析结果显示，绍兴市民营企业已注重企业发展与员工福利增加这种和谐环境的构建。在文化力的四个分解要素中，私营企业职工平均工资与其工业增加值的相关性最好，F 检验值和 t 检验值显示样本数据的显著性较好。私营企业数量扩张与其工业增加值的相关性次之，在私营企业主受教育水平低下、科技投入能力不足的前提下，私营企业最终选择了数量扩张之路，来获取较高的产值增长，于是出现了现阶段民营企业高诞生率、低退出率、资源过量使用，不利于后续发展的特征。私营企业主平均受教育水平和私营企业工业增加值的相关性在四个变量中位于最后，这说明在私营企业经历的发展阶段中，教育和科技投入对私营企业的支撑力较弱，精神要素对私营企业发展的支撑力较强。这就足以能解释越商民营企业出现上述困境的原因了。

2008 年发生的全球性经济危机，短期来看，直接减少了越商的产品出口，使其陷入经营困境中，长期来看，间接推动了越商的转型升级。今后，当越商的科技投入增加、教育水平提高、和谐发展理念进一步强化的情况下，促使越商成长的文化力从单纯的精神力量提升为集精神力量、科技、教育、和谐发展理念为一体的综合文化要素的作用，越商将从目前的初创期进入到发育期、成长期、成熟期。

越商是改革开放以来成长起来的民营企业的一个分支。越商的成长是整个民营企业主体成长的一个反映。民营企业成长，一方面是民营企业自身的事情，加强科技投入、注重人力资本投资、正确处理民营企业发展与改善员工待遇的关系等；另一方面，民营企业成长也是政府关注的事情，政府应为民营企业成长创造条件，提高全体公民的受教育水平，建立健全社会保障制度，帮助民营企业处理企业发展与员工福利状况改善的关系，尽全力为企业发展提供和谐的环境。

依据已有的研究成果，把文化力分解为精神力量、科技投入、教育水平、和谐发展理念四方面要素。以 1998—2007 年间私营企业发展指标代表民营企业发展的相关指标。经验分析结果显示，我国民营企业已注重科技投入对其产出增长的贡献率。在文化力的四个分解要素中，私营企业科技投入与其工业增加值的相关性最好。私营企业数量扩张与其工业增加值的相关性次之，但在私营企业主受教育水平低下、科技投入能力不足的前提下，私营企业最终选择了数量扩张之路，来获取较高的产值增长，于是出现了现阶段民营企业高诞生率、低退出率、资源过量使用，不利于后续发展的特征。支撑目前民营企业发展的文化力主要是精神要素。

当科技投入增加、教育水平提高、和谐发展理念强化的情况下，促使民营企业成长的文化力从单纯的精神要素提升为集精神要素、科技、教育、和谐发展理念为一体的综合文化要素的作用，民营企业从目前的初创期进入到发育期、成长期、成熟期。

第七章　越商文化与越商成长

第一节　越商竞争力

越商是浙商的重要构成部分，浙商文化的内涵特征涵盖了越商文化的内涵特征。相关研究已对浙商文化的内涵特征进行了揭示和总结（吕福新，2007；张仁寿等，2006；章剑鸣，2007），并已成为本书的参考文献。现在尝试着从浙商文化与晋商文化、徽商文化比较的视角，来展示越商文化的内涵特征，并由此展示越商的竞争力。

1. 工商皆本的历史文化传统，造就了越商以第二产业为主进行创新、创业的产业类型，即工商兼顾，特别是先工后商的产业类型，符合历史与产业发展规律

历史上的晋商、徽商主要以商业为主，在没有工业发展的情况下，从事商业、服务业，一时间能促使经济繁荣，但往往缺乏持久性。晋商、徽商曾在中国历史上，尤其在明清时期辉煌昌盛，票号、典当行、盐商、茶商等曾是晋商、徽商的产业特色，属于商业的范畴，票号也是随着商业发展而创立起来的。然而，现在的山西经济、安徽经济与晋商文化、徽商文化没有多少联系，晋商文化、徽商文化只成了山西经济、安徽经济可以传颂的历史。越商作为浙商的重要构成部分，与历史上民间工商文化传统之间，都具有一种清晰的传承关系（陈立旭，2005）。纺织业、制酒业、编织业、伞业、建筑业、珍珠养殖业等是越商从事的主要产业，而这些产业具有一定的历史传统。《越绝书》中"劝农桑"，越王句践时期"夫人自织"，隋唐时期的越绫越罗以及"日出华舍万丈绸"等都是绍兴纺织业具有悠久历史的写照；从《国语·越语》中越王句践用酒、犬、猪奖励民众生育，到绍兴城内"投醪河"的来历，再到陆游诗中"城中酒垆千百所"，以及旧时绍兴农村家家户户到冬天做米酒的场景，无不证明着绍兴

酒业的悠久历史；从 1600 多年前，今嵊州一带的村民选取优良的毛竹、旱竹等编制各种日用品、工艺品，到东晋诗人许询用"良工眇芳林，妙是融动聘，篾短秋蝉翼，因助望舒景"诗句赞美嵊州竹编，以及 20 世纪 50 年代，嵊州竹编产品在法国巴黎世界博览会上获奖等，体现着嵊州竹编的悠久历史。

2. 卧薪尝胆精神激励了成千上万规模较小，但参与面较广的越商群体创新创业，利于民众广泛参与

绍兴经济是老百姓经济。越商主体是地位低下、文化素质不高的普通老百姓，经营的商品是资本、科技含量低、附加值低的小商品。小商品的市场结构属于垄断竞争或接近完全竞争市场，市场进入壁垒较低，宜于普通老百姓参与。而历史上的晋商、徽商的主体是文化人（王进，2006；栾成显，2005）。文化人数量较少，在农耕经济时代尤其少，而且文化人凭借其拥有的文化知识，与政府联合或利用政府政策进行商业活动，在这一前提下，出现两方面结果。一方面资源分布不均衡；另一方面文化人一旦经商成功，往往会做成大生意，从而出现文化人经营的商品，其市场结构往往是寡头垄断市场的结果。历史上晋商曾利用明朝推行的开中制，经营盐业。开中制是明朝廷借助于商人的力量运粮到边防，然后给商人"盐引"，即经营盐业许可证的制度。盐在当时是朝廷垄断的产品，且是暴利的产品。商人凭借"盐引"到盐产地管理机构取盐，然后贩盐获利；历史上的徽商，尤其是一些大徽商并不纯粹是商人，有的兼官职，这种商人叫"儒商"，有的是地主。栾成显（2005）研究认为，从整体上看，徽商还是把儒放在第一位的，一部分徽商通过科举考试，发迹官场，走儒家读书做官之路。晋商、徽商文化人、亦商亦儒的主体特征既使他们"富可敌国""财雄天下"，也是其后来衰败的原因之一。当晋商、徽商失去了与朝廷联系的机会，他们的获利机会也就消失。从这个意义上说，受政治体制影响较大的商帮，其商业的持久性、参与面决定于政治体制。

3. 现代越商的发展推动了服务型政府形象的树立，具有亲和性的政府便于越商和谐共处

晋商、徽商繁荣于封建王朝专制的社会。在"普天之下，莫非王土"的逻辑思维环境下，晋商、徽商善于抓机遇，服从朝廷强制性命令，钻政策空子，成就了一时的辉煌。如，晋商利用明朝的开中制贩

盐；利用清朝统一的机会开通茶路，贩茶；利用清朝银子硬通货地位创立票号，控制当时中国的金融业等。然而，今天越商生存的环境朝廷是无法提供的。

越商需要的是与其和谐共处、亲民型政府为其出谋划策，查漏补缺。即使在越王句践时期，为了发展越国经济，句践倡导"夫人自织"，以使民众形成种桑养蚕的风气。但越王毕竟是春秋霸主，在成就灭吴称霸大业以后，"逐范蠡"、"杀文种"，致使范蠡另辟他处从商续业。在漫长的封建王朝统治的年月里，越商虽不断积聚独特的文化传统，但不能昌盛强大，在新中国成立后的计划经济时代，越商的发展依然处于休整时期，只有在社会主义市场经济体制环境下，政府奉行"发展是硬道理"的法则，允许、鼓励、支持越商创新、创业，越商才不断成长，绍兴经济才迅速发展。正如张敏杰（2007）评价所有浙商群体一样，浙商的每一桶金，是在改革开放之初挖掘到的；浙商的发展壮大则几乎与中国由传统计划经济向市场经济转型的进程及综合国力的提升相同步的。从这个意义上讲，越商的繁荣从一个侧面反映了政府形象的转变、效能的提高。

第二节　进一步提升越商竞争力

越商具有竞争力的原因之一在于越商文化具有独特的内涵特征。在现代经济学中，文化属于制度范畴，作用于经济增长。微观经济学原理揭示，要素作用于经济增长受边际收益递减规律的影响，文化与劳动、资本等其他要素一样，也受边际收益递减规律的影响，明清时期，晋商、徽商能繁荣一时，说明那时晋商文化、徽商文化对当时经济增长的边际贡献率较高。改革开放，尤其是 20 世纪 90 年代以来，浙江经济受到了省内外各界人士的关注，"浙江现象"一词被理论界、新闻界、党政部门广为使用，说明目前浙商文化对经济增长的边际贡献率较高，但我们预期这种边际贡献率也会有一个下降的过程。因此，需不断挖掘、丰富越商文化含义，进一步提升越商的竞争力。

1. 树立合作共赢的理念，提高产品附加值，增强越商整体竞争力

受传统文化和历史因素的影响，越商目前的产业主要停留在劳动密

集型产业上，如纺织业、食品业、建筑业等，尤其是纺织业占据了绍兴经济的半壁江山。且越商的企业规模不大，产品也"小"。在今天消费者讲究产品差异化的时代，品牌、商标等方面形成的产品差别对提高产品附加值异常重要的情况下，越商通过合作共赢来实现新的增长显得十分重要。通过媒体宣传、政策鼓励、法律法规约束等形式引导越商走合作共赢之路。越商抱团出击，遵循产业结构演进规律，通过一边购买国际公司，用国外的技术和资本改造提升越商企业档次，一边增加资本投入，提高 R&D 支出占产品销售额的比重，加强人力培训，以这种双管齐下的方式提升第二产业档次，同时积极发展金融、保险、物流、公共服务、零售商业等现代服务业，提高第三产业在经济增长中的贡献率。

2. 转变民营企业管理模式，提高越商主体科技知识水平

越商是由广大老百姓构成的商人群体，受历史因素的影响，越商的科技知识水平较低。越商和浙商与其他商帮一样，凭着"两板作风"、"四千精神"，遵循历史文化传统，艰苦创业，促进了绍兴经济增长。新古典增长理论、新经济增长理论揭示技术管理将替代劳动、资本成为现代经济增长的主要源泉。今后，绍兴经济增长的主要影响因素是技术、管理。因此，打造学习型企业，营造全民学习的氛围，对无论是本来科技知识水平较低的老板和员工，还是受过一定教育的知识界人士，都要加强学习、培训，逐步养成终身学习的观念，让学习成为越商的一种习惯，这样自然能提高科技知识对经济增长的贡献率。同时，转变以血缘、亲缘、地缘等关系为依托的家庭管理模式，引入职业经理人管理模式，专职管理越商企业，提高管理水平。针对目前职业经理人市场信息不对称的问题，可建立由相关机构对职业经理人资格进行认定的制度，并备案索查，接受公众监督。

3. 建立健全社会服务体系，进一步打造绍兴市服务型政府的形象

服务型政府是指政府遵循民主科学的决策机制，严格按照法定权限和程序履行职责，着力履行社会管理者职能，进行经济调节和市场监管的政府形象。政府对越商竞争力提高已有一定的作用，这是进一步提升越商竞争力的基础和前提。面对经济增长的新问题，目前政府应在建立健全社会服务体系方面有所突破。首先，政府应建立以资金融通、信用担保、创业保险、技术支持、信息服务、人才培训等为主要内容的民营

企业服务网络，促进越商发展。以前绍兴市上述社会服务比较欠缺，制约了民营企业的发展。以资金融通为例。一段时间内，越商的资金融通主要通过自筹或非正规、小范围的借债集资方式进行的，融资规模小、风险大，不利于越商的发展。今后越商不断成长，会出现大企业、大企业家，传统的融资方式将为股票类、贷款类、基金类、项目融资类、财政支持类融资方式所取代，从而能适应大企业资金融通的需求；其次，要加快建立健全商会、行业协会等中介组织。政府职能转变后，企业家应通过商会、行业协会自愿组织起来，加强行业自律，增强谈判能力；再次，政府善抓机遇，适时支持、指导越商进行战略性调整。在资金、技术、人力等方面支持企业推进品牌建设，实施"以质取胜"战略，以品牌建设为载体使越商逐步实现从数量型增长向质量型增长转变。

越商承袭了古越大地"卧薪尝胆""十年生聚，十年教训"的风格气质，发扬了工商皆本的历史文化传统，全民上下艰苦创业，锐意进取，成就了改革开放后绍兴经济的繁荣。越商以其独特的文化内涵成为浙商的重要构成部分。回眸曾经辉煌一时的晋商、徽商，越商在产业结构、民众参与度、政府作用等方面明显具有优势。今后，越商通过树立合作共赢的理念，提高产品附加值，转变民营企业管理模式，提高越商主体科技知识水平，以及建立健全社会服务体系等方面着力，以提高越商整体的竞争力，而这些均与文化有关，意味着今后越商竞争力提高要在文化力上下工夫。

第三节　文化力挖掘与提升

一、祭禹大典，弘扬民族精神

大禹是中国古代的治水英雄，在中华民族史上贡献卓著。大禹葬于会稽，从公元前 2060 年夏王朝启开始，国人开始了守禹陵、奉禹的礼节。夏王启开创了祭禹祀典的历史，这也是中华民族国家祭典的雏形。此后，历代华夏儿女每年在大禹的生日农历三月初五祭奠大禹，使祭禹成为我国历史上重要的祭奠仪式。随着历史的变迁，尤其是 20 世纪 30 年代以后的一段时期内祭禹活动曾经停止过。

　　为了弘扬"因势利导、艰苦奋斗、公而忘私"的大禹精神，传承"求真、务实、诚信、和谐、开放、图强"的民族文化，1995 年 4 月 20 日，浙江省人民政府和绍兴市人民政府联合举行祭禹典礼，这是新中国成立以来对大禹的第一祭，也是 20 世纪 30 年代后期停祭以后的第一祭。这项活动影响重大，不久以后，大禹陵列为全国 100 个爱国主义教育示范基地之一和全国重点文物保护单位。

　　绍兴是历史文化名城，大禹是中华民族的一位伟大先祖。浙江省人民政府和绍兴市人民政府在绍兴的大禹陵举办祭禹大典，具有重要的时代意义，不仅传承文化、传承历史，而且对绍兴经济、社会发展提供了文化力。绍兴市累计投入资金 2 亿多元，新建了祭禹广场、水上祭台、新禹陵村和夏禹文化园。新禹陵村占地 5 万平方米，建筑面积约 1.5 万平方米，建有禹陵村记、古戏台、禹祀馆、宫河埠头、禹裔馆、禹会茶馆等带有"禹文化印迹的建筑群落"。

　　今日祭禹大典的仪式很有讲究。祭祀典礼一般从 9 点 50 分开始，选择这个时间的寓意在于"九五之尊"，这是对大禹这位立国之祖的尊重；随后鸣铳 9 响，寓意大禹平洪水、定九州的不朽功绩；鼓手擂鼓 34 响，表达全国各个省、市、自治区和香港、澳门特别行政区对先贤的缅怀；撞钟 13 响，传达出 1995 年以后我国 13 亿中华儿女对先祖的绵绵追思。鼓乐声中，参祭人员向大禹献上 50 年黄酒陈酿，全体参祭人员面向大禹陵三鞠躬。主祭人，一般是市长致祭文。随后身穿古代服装的少男少女跳粗犷的祭舞，由衷赞美大禹泽被后世的丰功伟绩和臣服万民的道德操守。祭禹大典是弘扬民族精神的重要举措，在中华民族的子孙中起着无可替代的凝聚作用。2006 年，大禹祭典被列入第一批国家级非物质文化遗产名录。

二、师爷故事，彰显智慧和力量

　　绍兴师爷现象的产生与绍兴的历史、文化密切相关，绍兴师爷故事也成了绍兴历史文化的重要组成部分。绍兴师爷是才能和智慧的化身，他们处世精明、治事审慎、工于心计、善于言辞，历来为人们所津津乐道。绍兴师爷是衙门里的特殊文人群体，虽不是专门的官员，且没有列入编制，但他们上达国事，下抵民生，在中国历史上具有不可或缺的地位。

师爷故事，最早源于民间的口头传说，明嘉靖年间被誉为"明代第一才人"的徐渭是典型的绍兴师爷，"徐文长的故事"就是流传于民间的绍兴师爷的故事；后来在历史典籍中有所记载，如，《明史》、《清史》、《清稗类钞》等史籍都有关于绍兴师爷故事的介绍。师爷实际上是旧时官署幕友的尊称。师爷在幕府中为幕主出谋划策，或参与机要；或起草文告，代拟奏折；或处理案卷，裁行拟复；或奉命出使，联络官场。师爷故事中的绍兴师爷，有的直接使幕主官运亨通，如绍兴师爷斯道胆识过人，为河南总督田文镜巧拟奏疏，弹劾皇帝的舅舅隆科多，深得雍正赏识，从而使田文镜飞黄腾达；有的通过帮助幕主办理案件，精通刑律，成为刑律行家，如绍兴师爷姚润博采成案，精通刑律，善断疑案，参与修纂《大清律例》，成为刑学泰斗；有的协助幕主办理财政、税务、盘查、核账等事务，成为钱谷师爷，如绍兴师爷孙云章，在灾荒年间冲破阻力，上报灾情，为民请命，获准朝廷的税收减免、开仓赈粮；有的负责撰写官方文书，处理信函，成为书启师爷，如绍兴师爷许思湄入幕53年，行文得体，措辞俏丽，文中典故丰富，其书信集《秋水轩尺牍》为幕学典籍、旧学教科书，从书启师爷副席至总督府刑名师爷；有的师爷主要负责稽查与考评田赋，是征比师爷；有的师爷主要负责批牍等事务。

在众多的绍兴师爷中，虽然有的具有争议，有的得到历史的褒扬，但不管怎样，绍兴师爷具有普遍的特点，即，谨小慎微，睿智精明，才能超人，多谋善断，处世圆滑等。在为人处世上有点师爷的智慧，就能稳操胜券，在经营企业时，多点师爷的多谋善断，就能成本最小化、收益最大化。

第四节　越商的"上市"文化

一、绍兴的上市公司

到2011年7月，绍兴市上市公司共有45家，其中国内上市的企业有34家，在中国香港、新加坡、法国等境外上市企业有11家（见表

7－1和表7－2），募集资金达304亿元。据2010年年报显示，绍兴境内的上市公司每股平均收益0.67元，比全国平均高出34%，也高于周边城市。总市值达到1775.01亿元，市值超百亿的公司有6家，分别是新和成（002001）、浙江医药（600216）、浙江龙盛（600352）、亚厦股份（002375）、向日葵（300111）和盾安环境（002011），其中新和成以214亿元排第一位。上市公司再融资总额达到126亿元，占全部证券融资的42%。2010年，绍兴市上市公司净利润前5名分别是新和成、浙江医药、浙江龙盛、宝业集团和闰土股份（002440），净利润都在4亿元以上。据绍兴市金融办公室资料，经过十多年的培养和推动，绍兴目前的上市工作氛围非常好，企业家的资本意识和上市意愿比较强烈，上市公司普遍质地好、竞争力强。上市公司多且业绩好，成为绍兴经济的一张"金名片"，由此在越商中流行着"上市文化"。

表7－1　　　　　　　　国内A股上市企业（34家）

股票名称	股票代码	所在地	股票名称	股票代码	所在地
浙江震元	000705	市区	上风高科	000967	上虞市
三力士	002224	市区	亚厦股份	002375	上虞市
向日葵	300111	市区	闰土股份	002440	上虞市
古越龙山	600059	市区	卧龙地产	600173	上虞市
精工科技	002006	绍兴县	阳光照明	600261	上虞市
亚太药业	002370	绍兴县	ST国祥	600340	上虞市
轻纺城	600790	绍兴县	浙江龙盛	600352	上虞市
时代科技	000611	绍兴县	卧龙电气	600580	上虞市
明牌珠宝	002574	绍兴县	华孚色纺	002042	上虞市
精工钢构	600496	绍兴县	盾安环境	002011	诸暨市
新和成	002001	新昌县	山下湖	002173	诸暨市
京新药业	002020	新昌县	海亮股份	002203	诸暨市
三花股份	002050	新昌县	大东南	002263	诸暨市
万丰奥威	002085	新昌县	万安科技	002590	诸暨市
浙江医药	600216	新昌县	浙江富润	600070	诸暨市
日发数码	002520	新昌县	菲达环保	600526	诸暨市
海越股份	600387	诸暨市	步森股份	002569	诸暨市

表7-2　　　　　　　　　　　　境外上市企业11家

股票名称	上市地点	股票名称	上市地点
唐龙针纺	澳洲	永隆实业	香港联交所
绅花纺织	澳洲	浙江玻璃	香港联交所
天外天	澳洲	浙江展望	香港联交所
三鼎工具	欧交所	绿洲生态	香港联交所
宝业股份	香港联交所	稽山控股	新加坡
华程房产	法国		

浙江玻璃股份有限公司创建于1994年，地处浙江省绍兴县杨汛桥镇。2001年12月10日，浙江玻璃股份有限公司在香港联交所成功上市，成为境内第一家H股上市的民营企业；国祥制冷工业股份有限公司是由陈和贵先生于1966年在台湾创立的，1993年在浙江上虞创建了浙江国祥制冷工业股份有限公司，1995年投产。2003年12月30日以4000万股A股股票在上海证券交易所上市，是国内首家A股上市的台资企业；2004年5月，稽山控股在新加坡主板市场成功上市，不仅是浙江省第一家在新加坡直接上市的上市公司，也是新加坡证券市场上第一家以传统纺织印染为主营业务的上市公司，因此被评为"2007年度新加坡上市的中国公司最佳治理公司奖"；浙江新和成股份有限公司由新昌县合成化工厂发起成立的，是一家高科技、高成长、高效益的国家重点高新技术企业，已有总资产约35亿元，总部设在新昌，2004年6月公司作为国内中小企业板块第一股在深圳交易所上市；华程房产是一家注册于浙江上虞，总部位于中国上海的房地产开发公司，历经十余年的发展，逐步成长壮大，业务涉及以房地产投资与开发、房产产品销售和物业管理等。2008年，公司以"ALHUA"为交易代码，于当年4月8日下午成功登录在法国巴黎的泛欧交易所（Euronext）创业板（Alternext），成为中国首家在欧交所创业板上市的地产商。

绍兴上市公司多是具有历史渊源的。早在20世纪二三十年代，绍兴的一些企业，特别是一些现在的老字号就开始推行股份制，实行合股经营。创建于1752年的震元堂药店几经易主、几经危机。1926年因家族矛盾和经营不善等原因，欠债过多，发生危机，以至于被迫清产拍卖，后因无人投标而迁延。到了 1931 年，各债权人公决将债款转为资本，于是震元堂从那时起就成了股份制企业。有了较早改制、实现股份制的基础，到了 20 世纪末，震元堂因其良好业绩成为首批绍兴上市公司。创办于 1736 年的咸亨酱园，产品几次获国际奖项，声明远播。由于良好的产品声誉，到了 1928 年咸亨步入鼎盛时期，咸亨酱园意欲借助于更多资本扩大经营规模，采用合股经营方式，这就开始了咸亨股份制的历程。当时，咸亨合股经营，共分十股，股东以许、陈、鲍三姓为主。他们以咸亨酱园为总园，在偏门外设第一分园，在章家桥设第二分园，在大云桥设第三分园，在柯桥设第四分园。不久，又在跨湖桥设第五分园。

以"上市文化"为基础，改革开放后，尤其是 20 世纪 90 年代初，中国掀起了股份制改革，一些企业率先成为股份制企业。绍兴的企业紧抓机遇，推行股份制。同心食品就是在这个时期实行股份制的企业，1993 年，同心食品改制成为股份制企业。

有股份制的历史渊源，怪不得今天的越商上市公司无论是数量还是业绩都位于全国同类城市前列。

二、绍兴上市公司的特征

与其他地区的上市公司相比较，绍兴的上市公司有着鲜明的特征：

第一，公司业绩相对较好。绍兴上市公司的业绩较好，即使在资本市场形势不容乐观的 2010 年绍兴 A 股上市公司全部实现赢利，平均每股收益 0.67 元，比全国平均高出 34%，也高于周边城市。绍兴上市公司大多是民营企业，在 20 世纪 90 年代绍兴就开始进行国有企业、集体企业和乡镇企业的改制，绍兴是国有企业改制比较彻底的一个地区。因此，很多公司在上市之前，已经建立规范的现代企业运作模式，企业内部产权清晰、职责明确，基本上不存在国有企业所有者虚位、产权不清以及沉重的社会负担等问题。绍兴是企业接班人问题解决得最好的地区之一，很多企业通过引入职业经理人或者让位给"海归"少帅等方式来改善经营者素质，提升企业的管理水平。绍兴企业的底子好，为企业顺利上市奠定了扎实的基础。绍兴又较早进行产权制度改革，于是以"乡镇基础、民营机制、市场经济"为特征的上市公司"绍兴模式"在业界已成为一张金名片。

第二，绍兴企业上市的交易所分布较广。绍兴上市企业遍布中国内地、中国香港、新加坡、法国、澳大利亚等，有在主板市场上市，也有在创业板市场上市。这充分说明绍兴企业眼光向外，国际化意识较强。

第三，标志意义显著。在绍兴45家上市公司中，有好几家创下"国内第一"的纪录。例如，浙江玻璃（000739）是国内第一家在香港上市的民营企业；国祥股份（600340）是国内A股市场中首只台资股；稽山印染是国内第一只去新加坡证券交易所上市的纺织印染类股票，也是浙江首只在新加坡上市的股票；新和成（002001）是获得在深圳中小企业板首发资格的上市企业，等等。

三、上市公司"绍兴板块"形成原因

截至2011年7月，"绍兴板块"上市公司总市值已超1700亿元，新和成、浙江医药、浙江龙盛、亚厦股份、向日葵和盾安环境六家上市企业市值已超百亿元，其中新和成超200亿元，排名第一，上市公司"绍兴板块"已较为清晰。这种现象的形成有其深刻的内在机理，不是一个偶然事件，而是绍兴当地政府、企业和券商三大层面深入互动催生的结果。

第一，政府推力。绍兴上市公司的出现、发展，与一双强有力的"政府推手"息息相关。从1994年绍兴诞生第一家上市公司开始，上市工作一直得到有关部门的大力支持。绍兴市委、市政府一直把企业上市作为促进经济发展的重要工作来抓。2002年，绍兴在全省率先成立了推动企业上市的专职机构——市政府上市办，并成立了由市长任组长，十个部门组成的上市工作领导小组。为了推动企业上市，绍兴相关部门进行深入调研，并在此基础上制定了"绍兴市2002—2006年企业上市规划"、"绍兴市2007—2011年企业上市规划"和2008—2018年长远目标。同时积极出台一系列优惠政策，扶持企业上市，如在2002年和2008年，绍兴市政府两次发布鼓励企业上市的政策意见，从土地、资金、项目、审批手续等方面给企业上市提供优惠便利，各县（市）也根据地方实际制定了相应的措施，从而为企业上市开辟"绿色通道"。20世纪90年代初期，绍兴市委、市政府就预期到，就绍兴经济状况而言，支撑绍兴经济发展在相当一段时间内是传统的制造业，绍兴市的技术进步是在传统制造业中体现出来的，因此，绍兴当地政府审时度势地提出了坚持工业立市、打造先进制造业基地的政策目标。为了实现这一目标，绍兴市政府制定的战略是帮助民营企业做大做强，直至其上市。

第二，企业努力。虽说绍兴很多企业有上市的实力，但要真正实现上市，与企业家的魄力密不可分。绍兴的民营企业多集中在像纺织、机械和制药等传统制造业中，几年前就直接面临着由于产业进入门槛低、缺乏科技含量、管理不科学等导致的竞争力不强的问题。为了应对经济全球化带来的激烈竞争，绍兴民营企业积极地探索提升企业技术和管理的方法。几年来，绍兴企业的发展历程，以及国内外大型企业的成长经历，已经让越来越多的绍兴企业家认识到，企业要成长、要发展，上市是唯一的途径，唯有大胆接受资本市场的考验，接受社会的监督，才能让企业永葆青春。面对上市的机遇，绍兴企业家们都不失时机地抓住了。无论是当年因"历史遗留问题"实现企业上市的"绍兴百大"，还是作为全国第一批现代企业制度试点企业上市的轻纺城，抑或是利用房企融资渠道收窄时势成为中国首家在欧交所创业板上市的地产商华程房产等，无不体现了绍兴企业家敏锐的眼光。如今，面对经济全球化的挑战，越来越多的绍兴民营企业，正急于告别过去的小打小闹局面，摆脱乡野角色，淡化"家族制"，实现企业的二次创业。于是，绍兴企业家纷纷选择上市，成为扩大企业规模、树立自己品牌形象、实现二次创业的一条有益出路。

第三，券商拉力。出于对绍兴市场尤其是对绍兴民营企业的看好，越来越多的券商开始进驻绍兴。据了解，前后有数十家证券公司在绍兴企业中开展工作，不少于十家证券公司已参与上市辅导。众多券商云集绍兴的目的显然在主观上是为了图利，但在客观上也拉动了绍兴企业加速上市。

从上面的分析中，可以发现尽管政府、企业和券商的目标各不相同，但是他们实现各自政策目标的战略却不约而同，那就是使企业上市。围绕企业上市，政府、企业和券商三者运用各自的战术开展深入互动，像政府的产业规划和产权改革、企业的技术改造和管理创新、券商的服务等。正是由于政府、企业和券商为实现各自政策目标而进行的战略互动，才有上市公司的"绍兴板块"现象。

从上市公司"绍兴板块"这一现象中，我们可以得到一些启示：

首先，传统制造业通过提升技术和管理可以大有作为。实现区域经济跨越式发展未必一定要技术跨越或原始性创新，关键在于善于、乐于抓住发展机遇，创造一个有利于人们创业的环境，利用后发优势，后来居上。正确处理传统制造业的技术创新与发展高新技术产业的关系，提倡应用适宜的技术和适宜的管理方法。

其次，产业集聚是提升区域经济竞争力的重要途径。产业集聚能够提升区域经济竞争力的主要原因在于它的集聚效应，这种集聚效应主要包括规模效应、成本优势、品牌协同效应等。

最后，政府的推进有利于提升区域经济竞争力。政府把工作的一个重点放在对民营企业产业发展的指导、维护市场秩序、提供公共服务等方面，增强服务意识，积极地做好民营企业服务者，为民营企业发展提供良好的社会环境。

第五节　越商的企业文化

企业作为经济发展的主体，要在激烈的市场竞争中立于不败之地，获得持续快速稳定的发展，除了要拥有先进技术、人才队伍以及出色的资本运作能力外，独具特色的企业文化也至关重要。纵观国内外成功企业的成长历程，可以清楚地发现，优秀企业都是以优秀的企业文化作为支撑的。许多知名企业家和专家学者都曾有着这样的共识，企业的技术会成为历史、产品会成为文物、店铺会成为遗迹，唯有企业文化可以历久弥新、流芳百世，成为决定企业兴衰的关键因素。

一、企业文化是企业稳健成长的内源力

企业文化是企业组织在其发展过程中，通过企业领导者主动倡导和精心培育并为组织成员所共同认同及信仰的管理理念、行为规范和价值体系，以及蕴涵于企业形象、企业制度、企业产品之中的某些物化精神的总和。企业文化既是孕育企业核心竞争力的土壤，也是企业核心竞争

力的外在表现，是企业生存发展的灵魂。进入 21 世纪，从国际来看，全球化浪潮迅猛发展，科学技术发明日新月异，文化与经济加速融合乃至一体化趋势日益凸显；从国内来看，企业发展已经从经营机会转向经营能力竞争，从失去规范经营转向健康规范经营。在这种新环境中，企业间的竞争越来越表现为文化的竞争，企业文化对于企业生存与发展的重要作用日益凸显。主要表现为：

（1）企业文化是企业发展的精神推动力

在现代经济中，任何企业的活动都是在一定的文化模式下进行的，产品生产、品牌打造、企业管理等各个环节，都直接或间接地受着各种文化因素的影响。这里的文化因素，既表现为企业发展的动力、资源，又体现为一种推进器和润滑剂。企业文化的这种看不见、摸不着的作用，便是企业发展过程中隐在的、深层次的精神推动力。

（2）企业文化是企业发展的价值支撑力

随着经济文化一体化发展趋势的加强，经济发展中文化的含量越来越高。尤其是当前可以清楚地看到，科技和文化在经济发展中的贡献率日趋突出，观念和智力优势逐步取代资本和自然资源的优势，企业精神、企业形象和具有深厚文化附加值的产品，是一种无形的资源和财富，是一种潜在的生产力，已经成为企业生命力和市场影响力的重要因素。因此，文化观念创新，成为企业制度创新、产品创新、管理创新和市场创新的灵魂，已经成为企业生存和发展的支撑力。

（3）企业文化是企业发展的强大牵引力

美国著名管理学大师迈克尔·波特在其《竞争优势》一书中指出，"决定企业盈利能力首要和根本的因素是产业的吸引力。竞争战略一定是源于对决定产业吸引力的竞争力规律的深刻理解。竞争战略的最终目标是要运用这些规律或根据企业的偏好来理想地加以改变。任何产业，无论是国内或国际的，无论是生产产品或提供服务，竞争规律都将体现五种竞争的作用力：新的竞争对手入侵、替代品的威胁、客户的讨价还价能力、供应商的讨价还价能力，以及现存竞争对手之间的竞争"。虽然理论上这么界定竞争力的取决因素，然而，如可口可乐、微软等现实中最成功的企业，它们的竞争优势并不是这五种作用力，最关键的因素在于各具特色、为企业所高度认同的企业文化的强大力量。一般来说，优秀企业文化具有导向功能、凝聚功能、激励功能、约束功能、调适功能和辐射功能等。正是这些功能塑造了企业核心竞争力的核心内容。因为，一家企业可以依靠一个新发明、新产品而在市场上红火一段时间，但一旦被竞争对手模仿，一段时间以后原先的技术优势、产品优势就荡然无存，唯有很难被其他企业所"克隆"的企业文化，才能使企业形成源源不断的创新动力，成为保持企业长久兴旺发达的"独门武功"。所以，只有培育优秀企业文化，掌握文化竞争的主动权，才能控制企业的生命之源、制胜之道、发展之力。

二、越商企业文化建设的实践探索

自 20 世纪 90 年代以来，当越商企业面临快速发展和激烈市场竞争考验并存的环境时，一些善于学习、勤于思考的越商企业家积极借鉴国际上成功企业的管理经验和有效办法，探索尝试企业文化建设，以培育特色文化来支撑企业的做大、做强、做久。发展到今天绍兴企业文化建设正从自发探索逐步向整体推进转变，呈现出政府积极引导、企业自主建设、社会共同支持的良好态势。

（一）绍兴企业文化建设的现状

近几年来，绍兴企业文化建设成果丰硕，主要表现在以下几个方面。

一是绍兴企业文化建设的广度和力度不断增强。一方面，全市各级党委政府普遍重视，把引导企业注重文化建设作为文化强市建设的重要内容，各县（市、区）曾都召开过企业文化建设工作研讨会或经验交流会，早在 2002 年全市就开展了"企业文化建设年"活动，在市级新闻媒体集中开展了企业文化建设典型实例和成功经验宣传推介。另一方面，越来越多的企业进一步认识到企业文化建设的重要性、必要性和紧迫性，不同地区、不同行业、不同所有制、不同规模的企业都在着手加强企业文化建设，制定企业文化战略，实施企业文化建设工程。如绍兴三越医药公司早在 20 世纪 90 年代中期，以颁布《员工手册》、提出管理信条、引进企业形象识别理论和体系等为重点，走上了企业文化建设之路；浙江卧龙集团，早在 2000 年就专门制定了《强化企业文化建设，深化体制管理三年规划》，对建设"卧龙文化"作出总体安排，明确具体内容，落实保障载体；新昌京新药业公司在 2003 年专门成立了企业文化项目小组，整理研究、总结提炼京新文化的内涵和精华，对京新使命、宗旨、远景目标、企业精神、人才观念等内容进行系统规划，等等。这些充分反映出绍兴全市各类企业对企业文化建设表现出了前所未有的重视和热情。

二是绍兴企业文化建设初显鲜明的特色和个性。由于每个企业都有自己的历史、类型、人员素质及发展条件等，企业文化建设必将具有鲜明的文化特色和个性特点。目前绍兴企业文化建设中重视企业个性发展，呈现出绚丽多彩的企业文化建设模式。从总体工作来看，在企业文化建设中，突出了企业经营者这一企业文化建设的对象重点，突出了企业价值观建设这个企业文化建设的内容重点，突出了打造企业品牌这一企业文化建设的载体重点。从具体个案来看，形成了海亮集团的"人品、精品文化"、万丰奥特集团的"野马精神"、新和成公司的"老师文化"、新昌制药的"人本文化"、京新药业的"雁阵文化"、汽运集团的"春之旅品牌文化"、宝业集团的"质量·信誉建筑文化"、绍兴电信的"用户满意工程"文化、卧龙集团的"诚和创精神"、三越公司的"超越自我、超越行业、超越国界"的各具特色的文化模式，均具有鲜明的目标定位、鲜明的地域特色和鲜明的企业个性。

三是绍兴企业文化建设有力推动和促进了企业发展。各企业在文化建设中，普遍注重总结提炼企业精神，注重强化企业员工的文化意识，注重丰富品牌文化内涵，注重建设企业文化设施，使企业文化建设渗透到生产、经营、管理等企业经济活动的各个环节之中，从而进一步铸造了积极向上的企业精神，进一步树立了良好的企业形象，进一步创造了一批具有较高知名度的企业品牌，进一步造就了一批优秀企业家和员工队伍，一大批实力型、活力型、魅力型企业正在茁壮成长，有力地推动和促进了区域经济的强势发展。

（二）越商企业注重企业文化建设的成因

越商企业注重文化建设与越地丰厚的文化基础、较为发达的经济基础和渐成规模的优秀企业家队伍基础密切相关。

1. 深厚的历史文化与现代文明是越商企业注重文化建设的文化基础

绍兴是首批中国历史文化名城，历史悠久，文化积淀深厚。21世纪以来，绍兴市委、市政府高度重视文化建设，社会文化氛围日趋浓厚，提升文化软实力的观念日益深入人心，特别是绍兴精神大讨论和"胆剑精神"的学习宣传，使一大批绍兴企业家充分认识到文化功能的巨大力量，积极寻求依靠文化来提高企业竞争力的有效办法，努力把绍兴历史文化的精华注入企业、产品和产业中，提高企业和产品知名度、美誉度。如咸亨集团，大力建设和弘扬名人文化、名酒文化，以此来打造咸亨名店文化，目前"咸亨"已经成为国内外知名度较高的文化品牌。

2. 较为成熟的市场经济体制是越商企业注重文化建设的经济基础

作为市场主体的企业，始终站在市场激烈竞争的"风口浪尖"，对企业经营成败的经验教训最敏感、最关心。人们在研究思索中发现，企业规模、效益和市场知名度已达到相当水平、经营成功的企业大都十分注重培育和塑造具有自身特色的企业文化，往往具有鲜明的企业价值观。而经营失败的企业虽原因各不相同，但深层次的根源正是忽视了企业文化建设，最终失去了企业发展的动力。从20世纪90年代中期开始，绍兴企业家们把企业文化建设作为二次创业的重大战略，以增加文化含量为目标来打造产品品牌，积极创建中国名牌和中国驰名商标；以文化为手段，通过增强员工的主体意识、提高员工的文化素质、构建和谐人际关系，提高企业的管理水平，加强企业内部凝聚力；以文化为媒介，积极参与社会公益活动，密切企业与社会关系，扩大企业知名度，塑造企业良好的社会形象。

3. 睿智、务实的优秀企业家渐成规模是越商企业注重文化建设的管理基础

企业文化某种程度上说是企业家的文化。从调查情况分析，企业文化建设起步早、效果较好的企业，基本上是企业的经营者十分重视自身的文化建设，把不断提高创新能力、自我完善能力作为追求目标的企业，他们通过自身的素质、品格、作风和过硬的表现，打造企业的核心文化。一方面把自己的经营哲学、经营理念渗透、融入企业经营活动和制度规范中，以此来引导企业发展、指引航向；另一方面，通过营造氛围，把企业文化精髓渗透给全体员工，使企业员工向着共同的目标而努力奋斗。

（三）越商企业加强企业文化建设的注意点

在现实经济中，经济对文化的依赖越来越强，文化对经济的影响越来越大，正处于一个经济文化一体化的新阶段。企业是经济活动的主体，加强企业文化建设，努力提高企业经营管理和产品服务中的文化含量，培育和形成特色鲜明的优秀企业文化，是企业做大做强做久的现实需要。绍兴的企业文化建设已经有了良好基础。针对绍兴经济发展实际，今后绍兴企业文化建设，需要把握以下几个问题：

1. 把握企业文化建设的基本特征

企业文化既是现代企业管理的新载体，也是企业经营的新方法，具有鲜明的时代特征、地域特色和企业特性。

一是先进性。建设优秀的企业文化，一定要以先进文化为指导，把握先进文化前进方向。必须结合时代和社会发展的要求，树立和落实科学发展观和和谐社会建设理念，谋划、创建先进企业文化，把先进的思想道德、管理理论、精神风尚等企业化、具体化、群众化。

二是独特性。每个企业在经营管理过程中，由于其内外部环境不同，必然会形成具有本地区、本企业特色的价值体系、经营准则、经营作风以及经营战略等。这样的个性特色越明显，内在凝聚力和外在吸引力就越强。因此，在企业文化建设过程中，一定要与绍兴地域特色和企业个性特点紧紧融合起来，更加注重创建企业个性的文化风格，确定自己独特的发展战略、经营方式和产品与服务，在市场经济的竞争中独树一帜，赢得优势。

三是开放性。企业文化建设往往与社会经济发展和企业经营发展相伴共进。这种内在本质决定着企业文化建设的理念和方式上的开放性。特别是面对当前企业间相互合作增强，企业跨行业、跨区域、跨国界的经营，各种文化的碰撞、冲突将会大量出现，尤其需要依靠建设开放型企业文化来调适、黏合和凝聚企业精神。在实际工作中，要处理好继承与创新的关系，在继承自身优良文化和优秀传统精神基础上，积极学习借鉴、引进、吸收新文化，着力培育优秀企业文化。

四是全员性。企业文化最基本的特征是以文化人。即通过文化感召全体员工，真正把企业理念、企业精神、企业形象渗透到全体员工身上，成为员工自觉遵守的价值标准和行为规范。因此，企业文化建设必须通过各种途径，着力做好"化"字文章，组织、引导企业员工积极参与、自觉培育、主动实践，使企业文化"员工化"。

2. 把握企业文化建设的内容重点

企业文化建设是一个系统工程，内容涉及物质文化、精神文化及行为文化等方面，涵盖企业生产经营和员工培育的全过程。因此，在企业文化建设中要抓重点、促整体，全面推进。重点要突出以下四个方面：

一是培育企业精神。企业精神是企业在长期生产经营管理中形成的精神品格，是企业文化的核心。其内容包括员工的精神面貌、理想信念，体现企业的道德伦理和价值目标，是维系企业生存发展的支柱和动力。培育企业精神，要紧贴经济社会发展的趋势，既传承优秀民族精神，又弘扬时代精神，牢固树立人的价值高于物的价值、共同价值高于个人价值、社会价值高于利润价值等理念，大力弘扬诚信兴业、创新创业、双赢互利、和谐共处等精神品质。培育企业精神，要结合企业的目标任务，以此来凝聚企业员工的思想和力量，激励企业员工的积极性、主动性，规范和约束企业员工的行为。

二是打造企业品牌。品牌是一个企业实力的体现、形象的展现和魅力的象征。从某种意义上讲，品牌是文化的载体，文化是凝结在品牌中的企业精华，品牌形成的过程，实际上也是企业文化形成的过程。当今时代是顾客为上的买方经济时代，企业经济效益最终取决于顾客、社会对其产品的认可、信任和欢迎程度。在产品质量，尤其是制造业产品日益同质化的今天，消费者的认同与好感主要来自于对品牌的品质（产品质量）、品位（产品文化含量）、品德（企业社会伦理）、品行（企业行为）等方面的认同。因此，必须用文化来打造品牌、经营企业，把产品文化、质量文化、管理文化、营销文化与企业形象融为一体，致力于形成品牌的文化特色，以品牌文化差异性来培育消费者的认同感和忠诚度，以企业"文化力"来提升消费者的"购买力"和"消费力"。

三是开发人力资源。生产力是企业发展中最积极、最活跃的因素，而生产力中最积极、最活跃的因素是人，人是企业文化的源泉。因此，对企业人力资源的开发，是企业文化建设中最关键、最重要的部分。企业文化最根本的任务，就是培养人、教育人，提高企业员工的思想道德素质和技术文化素质，激发全体员工的积极性和创造力。企业要紧紧围绕激发全体员工智慧和潜能这一中心，建立健全培训机制、激励机制、保障机制，努力营造平等和谐的文化氛围，相信员工、尊重员工、提高员工，使更多的企业员工自觉地为企业发展积极贡献自己的力量。

四是优化管理模式。企业文化是一种"内化于心、固化于制、外化于形"的精神力量，对企业战略管理、人力资源管理、品牌质量管理等方面发挥着统领和支撑的作用。企业的管理理念、方式及制度，是企业文化的集中体现。在企业文化建设中，要注重把文化引入到企业管理的各个环节，使企业在经营管理中更加注重社会道德和价值追求，克服单纯的逐利行为；要更加注重追求"文化沟通"和"双赢思维"，促进企业各个部门和企业与社会联成一个整体，产生向心力和凝聚力；要更加注重从"以物为本"的硬管理向"以员工为本"的软管理转变，实现企业发展与员工发展的有机统一。

3. 把握企业文化建设的共同路径

企业文化虽然具有鲜明的个性特色，但在培育建设的过程中也有着不少共同的途径和载体可依托。根据国内外优秀企业文化建设的成功经验，在企业文化培育中要注重抓好三个主要环节：一是科学地确定企业文化的内容；二是进行广泛宣传发动，积极贯彻落实；三是不断强化，持之以恒。在这三个环节的实践中，需要特别重视在提升"三个力"上下工夫。

一是强化企业家作用，提升引领力。企业家是企业文化的塑造者、传播者和弘扬者。企业家一头参与经营决策，一头组织实施执行，处于企业最核心的地位，企业家的经营理念、行为方式、精神风貌、道德品质对企业发展战略的确定、管理方式的实施、企业价值的实现等起着决定性作用。因此，要积极引导企业家提高对企业文化建设的认识，增强抓企业文化建设的紧迫感和自觉性，增强自抓意识，提高自抓能力，发挥自抓作用，依靠企业文化来凝聚企业人心、推广企业产品、传播企业声誉、塑造企业形象，真正实现让文化在内增凝聚力、外增吸引力上发挥引领作用。

二是强化学习型组织建设，提升创新力。创新是民族进步的不竭动力，是企业发展的力量源泉。培育创新文化，提升创新能力，是企业文化建设的重要内容。创新能力源于创新素质，提升企业创新素质关键在于建设学习型企业。要创造浓厚的学习氛围，把员工的学习和企业的进步有机地融合起来，引导企业员工牢固树立自主学习、终身学习、团队学习的理念和习惯；要营造良好的创新环境，培育创新意识，倡导创新精神，完善创新机制，鼓励和支持一切创新行为，宽容和理解一切失败事件，在提升创新能力中创造新事业，求得新发展。

三是强化项目建设，提升承载力。企业文化建设要"无形"化为"有形"，需要加强项目规划和建设。借鉴成功企业文化，在具体工作中要注重"四个一"建设，即组建一个企业文化管理机构，承担企业文化建设的研究策划、组织实施和管理等职责；总结提炼一种企业精神，把企业价值观具体化、简洁化，以此来引导和塑造企业；设计一种企业形象标志，按照好识、好记、好用的原则，使之充分展示企业文化品质；开展一系列企业文化传播推介活动，制作一套包括刊物、画册、音像片、企业之歌、员工手册和网站等企业文化宣传资料，举办一系列社会公益活动，建设一个综合性的文化活动中心，通过实实在在的企业文化项目建设，为企业文化培育提供载体、平台。

第八章　文化力提升的案例——越商老字号品牌

第一节　越商老字号品牌概述

老字号是历史流传下来的、为企业传承光大的品牌财富。"老字号"的共同特点是具有独特的传统文化特色，或具有独到的经营之道、加工工艺等，是地区经济发展的瑰宝。目前，绍兴有中华老字号 12 只，浙江省老字号 24 只，绍兴老字号 24 只。据绍兴老字号企业协会会长介绍，绍兴 200 余只老字号中，还在营业的约占 30%，15% 左右的老字号效益相对较好。以前有些老字号消失，除了体制机制落后、产品技术陈旧、产权保护差等原因外，缺乏坚持也是一个重要因素。能够生存下来并发展壮大的老字号，都是长期坚持的结果。

"绍兴老字号"蕴涵着丰富的人文和历史元素，积淀了厚重的传统文化，主要分布在餐饮、零售、食品、医药、服务等各行业，是绍兴经济社会发展的文化瑰宝，是绍兴商业文明灿烂成果的结晶。目前，绍兴的老字号资源在全省位居前列。经营老字号的企业，其经济效益普遍高于同行业发展水平，已有三家老字号企业上市，古越龙山、会稽山、咸亨酒店、越王珠宝等已走出绍兴、走向全国乃至世界，成为绍兴经济发展的一张张名片。

绍兴历史上以酒缸、酱缸、染缸为经济支柱的"三只缸"撑起了传统产业的半边天，而遍布各行各业的老字号更是灿若繁星。经过整理，绍兴的老字号店铺有 1000 多家，涵盖 30 多个行业。尽管岁月流逝，许多老字号已退出历史舞台，但这些曾引领风骚的"金字招牌"带着一个时代的印记，依然定格在人们的记忆深处。在 2008 年的首批"浙江老字号"中，绍兴共有 20 家企业（品牌）上榜，仅次于杭州，位居全省第二。绍兴是老字号的主要聚集地，这些老字号往往经历的时间较长，但短的也有几十年时间，长的达到上百年甚至几百年时间。

第二节　越商老字号品牌集萃

一、天成——绍兴百年银楼

天成银楼于清代光绪年间由绍兴湖塘李氏创办于绍兴城内旧大街利济桥，主要从事金银首饰的生产制作和销售。清宣统三年（1911）会稽县（范围约今绍兴之半）仅首饰店铺就有40家，而天成银楼已有较多的员工入店工作，从当时规模上看，居绍兴同行业之首位。1915年，天成银楼为绍兴城内富商许仲卿所有，得到了进一步发展，并在1923年前后拆除旧屋，耗资2万余银元，重建为高三层的楼房，成为当时绍兴城内首幢西式建筑。由于营业场所扩大，人员也相应增加，有职工40人，年销金饰品万两以上，银饰品四五万两，这阶段是天成银楼的鼎盛时期。当时天成银楼经理是章季候。章氏经营以谨慎稳健著称且注重商业信誉，所以天成银楼始终以规格、信誉、实力居绍兴同行业之首。

1941年，日寇侵入绍兴，银楼被迫停业，直到抗战胜利，天成银楼与其他同行先后恢复。章季候以天成银楼老板身份主持业务，经营资本为法币400万元，规模仍为绍兴同行业第一。但由于国民党政府经济政策的失败，民生凋敝，天成银楼也受到很大打击。

1949年，为稳定经济，稳定物价，禁止了金银买卖，天成银楼停业，职工解散，转从他业。到了1972年，绍兴县金属工艺厂（后改名为绍兴市金银饰品厂）生产外贸出口首饰，招聘社会闲散老艺人进行生产制作，于是，原天成银楼的老艺人纷纷进厂工作。

改革开放以后，绍兴市金银饰品厂——这家绍兴首饰界的代表性企业，决定传承天成银楼的经营传统。1987年2月9日，这是一个特殊的日子，天成银楼在绍兴市政府的关怀下，在绍兴市轩亭口重新开张，并由中国首饰专业委员会副主任、绍兴金银饰品厂厂长、高级经济师俞承祝任法人代表。从此这家享誉百年的首饰名店进入了新的发展时期。重新开张的天成银楼继承发扬了老天成银楼注重信誉、讲究质量的经营传统，一切以消费者方便、满意为宗旨，在经营范围上，除了销售天成牌各档黄金饰品外，还开展了民间来料加工、来料调换、饰品修理等服务项目。2000 年，天成银楼这家国有企业转制，"天成"商标和天成银楼一起退出绍兴首饰界。

从天成银楼的兴衰得到一个启示，越商虽是民商，但其生存与发展与时局变动、国家政策息息相关。越商这样的民商只有在稳定的环境、开明、开放的政策背景下才能获得不断发展。当然，老字号品牌的延续，在满足以上条件的前提下，自身的坚持也是首要因素。天成银楼在绍兴银楼业的起步阶段是行业老大，但如今已不复存在，而在当时影响力不如天成银楼的一些银楼如今却立稳市场。越王珠宝这一老字号已经延续 100 多年，已经传承到了第四代。公司能生存下来，靠的是坚持"自力更生、艰苦创业和笃志坚持"。近几年，越王珠宝在山东收购了十多家店铺，品牌开始走出浙江。公司传承人决心将家族企业渐渐转向现代企业，并在近几年完成股份制改造，依靠高端咨询人才以及营销人才，进一步开拓市场。

二、墨润堂——绍兴百年书苑

墨润堂书苑（原墨润堂书庄），由徐友兰先生创办于清同治二年（1863），以经营各地书刊为主业，后迁至绍兴水澄桥堍（现绍兴市区的解放路与胜利路交叉口），书苑招牌由学界泰斗蔡元培先生题写。

徐友兰之后的店主是其子徐维则。徐维则与蔡元培是同科举人，徐维则所编《东西学春录》及其增版，由蔡元培先生作序。徐维则幼承蒙学，笃学好古，金石墨本庋藏甚丰。该书苑前店后场，除经营本埠和外地各种书刊外，还自刻自印书籍，如《绍兴先正遗书》等。当时，如遇顾客无力购买图书，该苑则采取借予或赠阅的方式满足其阅读书籍的需求。每逢星期日，该苑的书籍文具均九折优惠中小学生。由于服务周到，经营有方，所以闻名遐迩，顾客盈门。墨润堂书苑与鲁迅先生交往密切。鲁迅先生在绍时经常到此选购图书，书苑也时常派人送书上门，鲁迅先生离绍赴京后，也仍与书苑保持密切联系。这些交往在《鲁迅日记》中多有记载。

20 世纪 30 年代，墨润堂书苑的店主是徐维则的儿子徐心若。经理先后由柯姓和顾永昌先生担任，以经营中小学教科书为主。由于其服务周全，且薄利多销，故教科书的销量占全绍兴的 80% 以上，企业蒸蒸日上。20 世纪 40 年代初，书苑曾经由于日寇侵略中国毁于一旦，但由于书苑良好的经营基础和市场需求，第二年就恢复经营，由徐心若亲自执事。但仍由于种种原因，书苑于 1950 年歇业。

改革开放后，徐维则裔孙徐道方先生重操祖业，于 1992 年 8 月 8 日重新开张墨润堂书苑，地点在原鲁迅故居旁。新开业的墨润堂书苑主要经营书籍杂志、文房四宝、名人字画及文具纸张等。为保持书苑特色，专门设立了特价书和典籍线装书专柜，并在复业不久影印发行了该苑的原版越中文献孤本、现已流落在海外（美国国会图书馆）的《越中杂识》一部四册，又影印了日本东北大学汉学前驱狩野直禧教授珍藏的、由杭州大学陈桥驿教授引入、署有"浙绍墨润堂石印"的《绍兴府城衢路图》一幅。

墨润堂书苑这一绍兴文化市场的老字号，开创的崇尚读书、扶贫济困、惠及大众的风范引领着一批越商进驻文化市场，发展文化产业，绍兴市人文书店、绍兴市教育书店等一批从事文化产业的越商企业在不经意间受着墨润堂书苑积淀的创业精神和文化的影响和熏陶。

三、同泰——新昌百年食品店

同泰茶食店是由新昌本地人吕瑞占选择新昌城区，于清道光三十年（1850）创办的，采取前店后场经营方式，专门生产和经营四季传统茶食并兼营南北杂货的食品企业。

光绪二十八年（1902）同泰由第二代传人吕炽昌经营。他保持上辈经营特色。当时曾有两位绍兴茶食师傅，边做边卖各色茶食。主要品种有：白芝麻片、白芝麻小酥糖、麻枣、桂花球、大王饼、三酥饼、红壳饼、白壳饼、玉带糕、枣仁糕、绿豆糕、水晶糕、百子糕、冰雪糕、豆沙大糕、炒米糕、连环糕、雪片、椒桃片、苏式细沙月饼和水晶月饼等 30 多个品种。

1941 年日机轰炸新昌时，同泰被炸，被迫停业。1942 年吕福个接手，同泰茶食店重新开张，他是同泰茶食店的第三代传人。吕福个继承祖业，继续保持前店后场的经营特色。1944 年同泰已有资本 2 万元，成为新昌有名的茶食店，老板吕福个是当时新昌茶食业同业理事会理事长。

1956 年 1 月社会主义改造时，以同泰为基础，其他茶食店加盟，成立了新昌茶食合作商店，保持同泰茶食店边做边卖茶食的传统。1958 年糖果业加入到同泰茶食店。时间到了 1981 年，这年是同泰茶食店创立 130 周年的纪念年，就凭纪念这一目的，新昌茶食合作商店更名为新昌同兴茶食商店（同兴即同泰兴隆发展之意）。1988 年 1 月为适应改革形势发展需要，在新昌县商业局领导的重视下，企业进一步更名为浙江新昌同兴食品厂，升为县级商办工厂，直属县商业局主管。同泰茶食店从原来的一个私营企业发展到国营企业，而且是县商业局直管的国营企业，经历了无数次的拆弄、变动，但同泰茶食店创业初期就有的前店后场的经营方式、30 多个品种茶食生产的工艺没有变。

1980 年以来，随着改革开放政策的贯彻执行，同泰茶食店迎来了新的发展机遇。随着生产规模的不断扩大，生产场地狭窄、厂房矮小、生产设备简陋、糕点生产基本靠手工操作等情况，已不适应新形势的发展需要。特别是每年中秋节期间，因生产场地排不开，月饼生产供不应求，企业要扩建的需求更为迫切。终于在 1983 年 6 月在原基地上建造了 600 平方米的新糕点生产车间和食品商场。又于 1990 年 11 月和 1991 年 12 月分别在新昌西区鼓山路 19 号和南街 46 号开设第二食品商场和第三食品商场。这两个销售网点的开设为发展企业生产，提高企业经济效益起到一定促进作用。扩建后的同泰茶食店不断改进生产技术设备，卫生设施，提高生产力、节约能源、费用，降低生产成本等措施，使企业在市场竞争激烈、食品企业经济效益不景气的情况下，经济效益仍能逐年稳步提高。

与此同时，自 1986 年以来，企业在原来 30 多个食品品种的基础上，还不断开发新产品，主要包括：拉花酥、乐口酥、小松酥、果仁卷、松仁糕、豆沙糕、花生糕、系列裱花蛋糕和西式点心及各式月饼、玩具型米糕等 40 多个品种，并恢复水晶糕、重阳糕、八宝饭等传统产品生产。上述产品由于加入了创新元素，在传承老字号品牌传统的同时符合现代人的饮食习惯，于是产品获得的荣誉接踵而至。如 1986 年 9

月在绍兴市月饼质量抽样评比中，苏式椒盐月饼和苏式水晶月饼均被评为第一名；1987年11月白芝麻片在浙江省商办工业产品展销会上被评为优秀产品；1991年9月在绍兴市商业系统月饼质量品评会上，苏式鲜肉咸菜月饼被评为市优秀新花式奖。

如今，同心食品在绍兴尤其是其发源地——新昌的名气非常大。每逢中秋佳节，同兴食品生产的月饼需要排队购买，"老字号的品牌是老百姓给你的"。该负责人称，每一个称得上老字号的企业短则数十年历史，多则上百年。一个企业能够经营这么多年，讲诚信是根本的准则。

四、震元堂——绍兴首家药店

震元堂创业于清乾隆十七年（1752），第一代店主是慈溪杜家桥人杜景湘。相传杜家原先在水澄桥摆药摊，因经营有方，信誉卓越，创下了震元堂坚实的基业。震元堂营业鼎盛，久而不衰，成为绍兴诸中药店佼佼者，被绍兴市民誉为"店运昌隆三百载，誉满江南数一家"。

"震元"两字出典于《周易》，相传为店主占卜所得。"震"为八卦中的震卦，五行居木，方位在东，天时为雷，含生气，利于带木姓氏之人，利于经营山林产品："元"出自《周易》卦辞，爻辞之"元亨利贞"，含义为善、为仁，字义上也可解作"首位""第一"。由此可见，震元堂这一店名寓意在于其不仅对经营山林产品中药材的姓氏偏旁带木的杜氏是大吉大利，又显示了"东方第一"和以仁为本、与人为善的宗旨。当时杭州叶种德堂药店曾赠震元堂一对楹联"震本位乎东独含生气，元善之本长风心。"正好道出了震元堂店名的含义。

震元堂开设以来就内柜拆兑批发，外柜门市零售，前店后场，经营中药饮片、丸散丹、参耳茸燕等1200余个品种。该店在杜氏子孙经营时，有两次大的发展和扩大。一是杜景湘之子杜一微于1793年，以1250千文典得宪台门房屋五间三进作为药材房；二是清末民初先后在绍兴县几个大集镇和萧山临浦等地开设五家分号药店。1926年以后因家族矛盾和经营不善等原因，欠债过多，震元堂发生危机，以至曾被迫清产拍卖，后因无人投标而迁延。1931年以后，各债权人公决将债款转为资本，震元堂成为股份制企业，1934年组成了董事会负责接替经营，杜氏180多年的经营结束。

　　震元堂经营特色是货真价实，言不二价。旧社会大小药店无不挂上"朔望九扣，逐日九五"的牌子，而震元堂却不折不扣缺一不卖，民间素以"金字招牌"相称。该店前店后场的丸、散配料务求其真，以"真"字博取社会信任，如配合安宫牛黄丸、西黄至宝丹、退热万应锭、紫雪丹、苏合香丸等研用冰片、西黄、犀角、羚羊、麝香、熊胆等细料药材都必采用优质真品；配制竹沥正疾丸所用淡竹沥，必上山采伐真淡竹吊取竹沥油；配制小儿回春丹所用蛇含石，必用烈火煨红煅透。凡此等等，均按方合药，如法炮制，一丝不苟，诚如店内金字横匾所写的"配合功通圣，阴阳味入神"。在药材选用上，重视规格质量，讲究地道药材。凡药材行的商品到货，必先由该店选，称为挑"头面货"。选择规格非优不用，如党参须用正面奎潞或文元党；地黄使用 8 支、16 支的怀庆地黄等。另外，对饮片的净选、浸冷、炒灸、煅剔、研磨及接方、配方、校对、发药等都各有一套严格的店规、店章，做到"有方皆法古，无物不藏真"。由此震元堂饮片质量远近闻名，店业声誉童叟皆知。绍兴有句口头禅："震元堂的药勿吃过，死了口眼也勿闭"，足见震元堂民间信誉之深。

　　震元堂以销售大补药远近驰名，历来有许多名医对震元堂大补药有过论证，确认其配伍严谨、调剂得当，具有补气血、益肝肾、健脾胃、延年益寿之功效，男女老少四季宜服，其销售之旺，百年相续。据 1934 年账簿记载，是年大补药销售 18628 贴，按当时价格每贴 1.28 银币计算，合计银币 23843.84 元。

　　震元堂还十分重视宣传，利用各种机会扩大药店的影响。如清朝咸丰末年，绍兴疠疫流行，死者甚众。震元堂趁大街新店屋落成之际，大量仿制各种急救痧药，到处分发丸散经营目录，以广招徕。1927 年，为进一步扩大影响，改善店容店貌，特请来外地工匠，仿苏杭各大药店格局，造起相当于四层楼高的清水磨砖石库墙门，门方、门托、门槛、招牌等都用巨块梅园石建造，其店容在同业中首屈一指，震元堂声誉日隆。1956 年，震元堂药店实现了公私合营。成为国有企业。公司合营后的震元堂在保持传统经营特色的基础上，着重抓了扩大拳头产品大补药的销售工作，坚持以"质量第一、信誉至上"为宗旨。组织力量采购地道药材，由老药工精工切片、炮制、拣炼，并不断改进大补药的包装，增设邮购大补药等服务项目，使大补药的销售迅速增加。20 世纪末，震元堂因其良好的业绩成为绍兴市首批上市公司。

五、咸亨——绍兴著名酱园

1736 年，清朝乾隆年间，一位现已无法查其姓名的创始人在绍兴市前观巷创办了咸亨酱园，专门生产、经营腐乳、酱菜等绍兴特色产品。到了光绪年间，咸亨酱园因其制作的腐乳具有特色，在绍兴众多酱园中脱颖而出。咸亨酱园的腐乳用优质黄豆为主料，绍兴黄酒为辅料，天然鉴湖水为基料，精心配制加工，质地细糯，口味清香，甜咸适中，当时不仅在绍兴家喻户晓，而且声名远扬，甚至出口东南亚地区。特别是在 1910 年，咸亨酱园的腐乳参展在南京举办的南洋劝业会，获得了金奖，使咸亨酱园更是信心大增。从此，咸亨酱园决定以腐乳作为拳头产品，推动企业全面发展。他们广泛诚聘制作腐乳的世家高手，不断改进配方和工艺，促使产品质量不断提高，终于于 1915 年，在巴拿马国际博览会上又获奖章，咸亨腐乳从此声名更加远播，产品远足到东印度、马来半岛、泰国、缅甸等国家和中国香港地区，咸亨腐乳基本上垄断了绍兴腐乳的出口市场。

咸亨酱园积极发挥腐乳的带动效应，其他业务也有起色，在 1928 年，咸亨酱园步入了鼎盛时期。这一年，咸亨酱园开始采用合股经营方式，共分十股，股东以许、陈、鲍三姓为主。他们以咸亨酱园为总园，在偏门外设第一分园，在章家桥设第二分园，在大云桥设第三分园，在柯桥镇设第四分园。从此，咸亨酱园如日中天，业务发达兴旺，1929 年，咸亨腐乳参展西湖博览会，再度获得金奖。由于业务量的扩大，咸亨酱园又在跨湖桥设第五分园。这时的咸亨酱园，仅腐乳一项就年产 30 多万坛，已稳居绍兴酱园业之冠。

抗日战争期间，绍兴的酱园业产销都跌入低谷，不少老酱园因亏损无救而倒闭，咸亨酱园虽能勉强度日，但第三、第四分园已关闭。

抗战胜利后，咸亨酱园本期望重整旧业，重振绍兴酱业，但当时由于时局动乱，通货膨胀，咸亨酱园的业务始终未能恢复到战前水平。

新中国成立后，咸亨酱园有了发展的机会。1956 年咸亨酱园实行了公私合营。1958 年，咸亨酱园与谦豫、老顺泰、同兴等酱园作坊合并，改名为"地方国营绍兴咸亨食品厂"，建立了专门生产酱类食品的机械化腐乳生产车间，注重技术投入，使企业跨上了一个新的台阶，产品多次荣获省优、市优称号，畅销全国城乡各地及香港，还销往日本、新加坡等 30 多个国家，享誉海内外。该厂的传统拳头产品"咸亨牌"腐乳，1983 年被轻工业部评为优质产品，1988 年荣获北京首届中国食品博览会金奖，1992 年又获首届浙江食品博览会金奖。

如今，经历了 270 多年历史的咸亨酱园，已改名为绍兴咸亨食品股份有限公司，专业生产、经营腐乳、酱油、酱菜、黄酒等调味食品，产品遍及全国及中国香港、东南亚、欧美等国家和地区，产销量位居全国腐乳行业前列。公司已通过 HACCP 食品安全体系认证，"咸亨"牌绍兴腐乳被国家质检总局认定为原产地保护产品。"咸亨"牌腐乳和"咸亨"商标已分别连续三年被认定为浙江名牌产品和浙江省著名商标。2007 年，"咸亨"商标被认定为中国驰名商标。

上述老字号是一些大的、在全国老字号名录中能搜索到。越商老字号从广义的角度加以诠释，可以再挖掘一些，如，饮食业中就有很多。

六、兰香馆——绍兴饮食名店

兰香馆饭店是绍兴名店之一，已有近两百年的历史。醋鱼、单腐、小扣是兰香馆的三只传统风味菜。

该店原是一个周姓所设的小饭摊，主人膝下无子，只有一女，取名兰香。她同父母一起操持店业，生意越做越活，后由摊改店，挂牌"兰香馆饭店"。店面是狭长的三层楼，专门制作价廉物美的经济菜饭。

1956 年以后，兰香馆饭店与新风饭店合并，改名为新风饭店。由大众菜肴向中高档菜发展，店面规模也由小到大。1978 年恢复原名"兰香馆"，由原兰香馆饭店厨师上灶掌勺，继续经营三只传统菜取悦顾客。

七、望江楼馒头店——绍兴小吃名店

望江楼馒头店，原设在绍兴城内丁家弄与新河弄之间，距今已有百余年历史。创始人王阿德。一百多年前，王阿德一家沿街挑担买卖，从柯桥来到绍兴城内，落脚在关帝庙的路亭里。这个"路亭"成为当时水陆要道，商贩聚集之地。逢年过节，买卖更为兴旺。王阿德开设的小摊，专做肉馒头，出笼快，制作技术精细。他做的馒头比较小，刚好一口一只，故称"喉口馒头"。新中国成立后，由于网点拆拼，望江楼这一传统风味"喉口馒头"一度消失。

1984 年 2 月，该店恢复开业，店面设在胜利路口。原望江楼馒头店主的后裔王斌负责生产，并充实了技术力量。开业以来，每天光顾者达 500 余人。

八、荣禄春——绍兴著名点心店

荣禄春点心店已有 70 余年的历史，创始人叫孙寿荣。店面开设在绍兴城内县西桥弄堂口，初时规格较小，专制小笼馒头。由于重视小本经营，选料讲究，小笼馒头皮薄稍韧、肉馅鲜嫩有汁，吃时油而不腻，每客小笼还外带由猪油、紫菜、蛋丝、葱花等料制作的鲜汤一碗，米醋一碟，多年来深受顾客喜爱，名气日益扩大。1966—1976 年期间荣禄春点心店曾改名为"新春点心店"。1978 年又恢复原名——荣禄春，一直延续至今。

从越商老字号集萃中发现，历史上的越商大多是民商，注重小规模经营，有股份制的历史渊源，难怪今天的越商企业公开上市的很多，成为全国民营企业上市的"绍兴模式"或"绍兴现象"；历史上的越商前店后场的经营模式，既节约成本，又能及时收集信息，应对市场变化，较为灵活；店主不事张扬，只注重生产经营，不计个人名声，所以有些老字号越商难以查考其创始人，这是与越商"慎"的企业家精神特质相一致的；越商注重诚信，虽然做的小产品，利润微薄，但能自始至终做好产品、做实产品，于是小小的腐乳、糕饼、大补酒能走遍全国，走出国门，走向世界。

参 考 文 献

1. 迈克尔·波特：《国家竞争优势》，华夏出版社 2002 年版。

2. 约瑟夫·熊彼特：《经济发展理论》，商务印书馆 1990 年版。

3. 埃克哈特·施里特：《习俗与经济》，长春出版社 2005 年版。

4. 理查德·斯威德伯格：《经济社会学原理》，中国人民大学出版社 2005 年版。

5. 费孝通：《乡土中国》，三联书店 1985 年版。

6. 约瑟夫·熊彼特：《财富增长论》，陕西师范大学出版社 2007 年版。

7. 张维迎、盛斌：《论企业家经济增长的国王》，三联书店 2004 年版。

8. 余英时：《文化传统与文化重建》，三联书店 2004 年版。

9. 孟文镛：《越国史稿》，中国社会科学出版社 2010 年版。

10. 林毅夫：《制度、技术与中国农业发展》，上海三联书店、上海人民出版社 1994 年版。

11. 沃尔特·亚当斯、詹姆斯·W. 布罗克：《美国产业结构》（第十版），中国人民大学出版社 2003 年版。

12. 吕福新：《浙商论：当今世界之中国第一民商》，中国发展出版社 2009 年版。

13. 吕福新等：《浙商的崛起与挑战：改革开放 30 年》，中国发展出版社 2009 年版。

14. 吕福新：《论浙商的"个众"特征——具有中国意义的主体性分析》，《中州学刊》2007 年第 1 期。

15. 陈治国：《绍兴名媛传略》，宁夏人民出版社 2008 年版。

16. 陈宪、韩太祥：《文化要素与经济增长》，《经济理论与经济管理》2008 年第 9 期。

17. 薛国琴：《传统文化与越商企业家精神——基于与晋商、徽商比较的视角》，《浙江社会科学》2011 年第 3 期。

18. 陈寿灿、颜建勇、黄文平：《文化提升力与经济发展的内在逻辑》，《浙江学刊》2006 年第 6 期。

19. 刘迎秋、赵少钦、刘艳红：《论经济发展的文化支撑力》，《国家行政学院学报》2005 年第 5 期。

20. 李孔岳：《公司化的组织与家族化的运作》，《新华文摘》2010 年第 7 期。

21. 张晓峰：《传统文化与企业家精神》，《南京财经大学学报》2004 年第 3 期。

22. 栾成显：《经济与文化互动——徽商兴衰的一个重要启示》，《安徽师范大学学报》（人文社会科学版）2005 年第 7 期。

23. 王进、曾子墨：《解密晋商文化》，《山西社会主义学报》2006 年第 3—4 期。

24. 缪仁炳：《浙商创业特点·文化渊源与超越演进》，《商业经济与管理》2006 年第 10 期。

25. 张兵：《越文化特征新论》，《云南大学学报》2004 年第 2 期。

26. 顾琅川：《古越文化性格》，《文史知识》2004 年第 9 期。

27. 刘亦冰：《论越文化的开放性特色》，《绍兴文理学院学报》2003 年第 6 期。

28. 杨培源：《甘肃地域文化与企业家精神的双重贫困》，《产业与科技论坛》2008 年第 3 期。

29. 时鹏程、许磊：《论企业家精神的三个层次及其启示》，《外国经济与管理》2006 年第 2 期。

30. 秦志华：《企业家作用机制研究》，《经济理论与经济管理》2005 年第 11 期。

31. 陈立旭：《区域工商文化传统与当代经济发展》，《浙江社会科学》2005 年第 5 期。

32. 陈立旭：《区域精神与文化传统的关系审视》，《浙江社会科学》2006 年第 1 期。

33 陈立旭：《文化因素与中国经济体制变迁的路径》，《浙江社会科学》2000 年第 1 期。

34. 陈立旭：《信任模式、关系网络与当代经济发展》，《浙江社会科学》2007 年第 7 期。

35. 张仁寿、杨轶清：《浙商：成长背景、群体特征及其未来走向》，《商业经济与管理》2006 年第 6 期。

36. 杨轶清：《"水性"浙商》，《金融博览》2011 年第 7 期。

37. 杨轶清：《企业家能力来源及其生成机制》，《浙江社会科学》2009 年第 11 期。

38. 杨轶清：《寻根百年浙商——浙商的来源及其空间分布规律》，《浙江经济》2008 年第 7 期。

39. 杨轶清：《企业家能力与公司生命周期匹配——基于金融危机以来倒闭浙商

的实证分析》，《商业经济与管理》2010 年第 11 期。

40. 张敏杰：《论浙商的转型与非经济因素》，《商业经济与管理》2007 年第 1 期。

41. 章剑鸣：《刍议浙商文化的内涵特征》，《商业时代》2007 年第 3 期。

42. 战明华：《浙商精神宜于支撑经济的长期增长么?》，《社会科学战线》2005 年第 6 期。

43. 王询：《关于"智能型"城市文化基础的随想》，《财经问题研究》1999 年第 7 期。

44. 曹立村：《传统文化与经济发展关系的文献综述》，《湖南科技学院学报》2005 年第 6 期。

45. 冯亚萍：《文化与经济增长的关系浅析》，《当代经济科学》2006 年第 3 期。

46. 汤一介：《儒家伦理与中国现代企业家精神》，《江汉论坛》2009 年第 1 期。

47. 陈文标：《论民营企业的企业家精神培育》，《企业经济》2004 年第 4 期。

48. 孔令红、李德正：《中国老字号》，高等教育出版社 1998 年版。

49. 陶仁坤：《绍兴实用大全》，浙江科学技术出版社 1986 年版。

50. 高利华：《越文化孕育的自然环境及其文化特色》，《绍兴文理学院学报》2007 年第 5 期。

51. 刘亮：《企业家精神的度量及其度量方法的改进》，《世界经济情况》2008 年第 4 期。

52. 黄鸣：《论语与企业家精神》，《管理与财富》2008 年第 2 期。

53. 欧雪银：《企业家精神评价指标与灰色关联度系数测量》，《求索》2007 年第 11 期。

54. 章玉安：《绍兴文化杂谈》，中华书局 2003 年版。

55. 焦正权：《吴越文化对江苏省民营企业劳资关系影响的渗透机制》，《特区经济》2008 年第 2 期。

56. 李生校：《越商的企业家精神透视》，《绍兴文理学院学报》2007 年第 5 期。

57. 李生校：《基于人文特征的越商研究》，《商业经济与管理》2007 年第 7 期。

58. 朱杏珍：《越商与资本主义精神》，《绍兴文理学院学报》2007 年第 5 期。

59. 宋良：《文化与经济增长关系视角下的越商研究》，《绍兴文理学院学报》2007 年第 5 期。

60. 王华锋：《论越文化对越商创业的影响》，《绍兴文理学院学报》2007 年第 50 期。

61. 陶水木：《绍兴商人与绍兴旅沪同乡会》，《绍兴文理学院学报》1999 年第

1 期。

62. 韩顺法、李向民：《精神资本、经济增长与意识形态重建》，《社会科学战线》2009 年第 4 期。

63. 李学勤、江林昌：《越文化在中国文明史中的地位以及对东亚历史文化的影响》，《文史知识》2004 年第 9 期。

64. 李元华：《协会合作、契约约束及其调整》，《学术月刊》2005 年第 2 期。

65. 金祥荣、朱希伟：《专业化产业区的起源与演化》，《经济研究》2002 年第 8 期。

66. 陆立军、白小虎：《"合作集团扩展"论》，《经济研究》2000 年第 8 期。

67. 黄宗智：《三大历史性变迁的交汇与中国小规模农业的前景》，《中国社会科学》2007 年第 4 期。

68. 黎章矩、程晓建、戴文圣、金保华、王安国：《浙江香榧生产历史、现状与发展》，《浙江林学院学报》2004 年第 12 期。

69. 程晓建、黎章矩、陈建新：《香榧产业化发展现状与对策思考》，《江苏林业科技》2008 年第 8 期。

70. 叶玮、李建武、阮丽：《香榧高产区自然环境因子浅析》，《湖南农业科技》2009 年第 3 期。

71. 王少周：《关于区域特色农产品开发的思考》，《农产品加工》2005 年第 1 期。

72. 陈桥驿：《越文化研究的回顾与展望》，《杭州师范学院学报》（社会科学版）2004 年第 2 期。

73. 顾琅川：《古越文化精神研究》，《绍兴文理学院学报》2004 年第 10 期。

74. 顾琅川：《越地环境与越文化复杂内涵之生成》，《绍兴文理学院学报》2006 年第 1 期。

75. 陈越：《剑与书：越文化模式新探》，《学术月刊》2006 年第 10 期。

76. 方如金、熊锡洪：《于越文化形成原因探析》，《浙江学刊》2001 年第 5 期。

77. 叶岗：《论越文化中心地的疆域和政区》，《社会科学战线》2009 年第 1 期。

78. 王晓初：《越文化的渊源、流变与意义》，《绍兴文理学院学报》2008 年第 9 期、2009 年第 1 期。

79. 绍兴《天天商报》、《绍兴青商》、《浙商》、《绍兴日报》等的相关报道

80. 雷晓宇：《绍兴师爷》，《中国企业家》2006 年第 1—2 期。

81. 金尚理：《绍兴师爷的人格与智慧》，《绍兴文理学院学报》2005 年第 6 期。

82. 高波、张志鹏：《文化约束与文化投资：对南京市民营企业成长的一种解

读》，《南京社会科学》2006 年第 9 期。

83. 高波、张志鹏：《文化成本约束与企业与企业文化选择》，《南京社会科学》2004 年第 3 期。

84. 高波：《中国家族企业的成长：文化约束与文化创新》，《南京社会科学》2005 年第 3 期。

85. 寿永明：《韧、实、闯"三字经"铸就越商文化——论越商的越文化底蕴》，《越商》2007 年第 1 期。

86. 陈伟鸿：《企业区域迁移与绩效关系研究——基于浙江民营企业的数据分析》，《企业经济》2008 年第 6 期。

87. 薛国琴：《越商女企业家精神特质与渊源》，《绍兴文理学院学报》2011 年第 5 期。

88. 薛国琴：《区域特色农产品及发展现状分析》，《绍兴文理学院学报》2011 年第 3 期。

89. 薛国琴：《越商成长过程中的文化支撑力问题分析》，《绍兴文理学院学报》2009 年第 5 期。

90. 薛国琴：《越商竞争力及提升对策分析——基于与晋商、徽商比较的视角》，《民营经济与中小企业管理》（中国人民大学书报资料中心）2007 年第 12 期。

91. 张开云：《基于制度视角的民营企业成长障碍分析》，《求实》2007 年第 7 期。

92. 雷宇：《企业、企业家导向与技术创新：越商案例》，《绍兴文理学院学报》2009 年第 1 期。

93. Tocqueville, Alexis de. 1835/1997. Memoir on Pauperism. London：IEA Health Welfare Unit.

94. Ekkehart Schlicht. On Custom in The Economy. Oxford University Press，1998.

95. Antonio Minguzzi, Renato Passaro. The Network of Relationships between The Economic Environment and The Entrepereurial Culture in Small Firms. Journal of Business Venturing, Volume 16，Issue 2，March 2001.

96. Stanley Kaish，Benjanin Gilad. Characteristic of Opportunities Search of Entrepreneurs Versus Executives：Sources，Interests，General Alertness. Journal of Business Venturing，Volume 6，Issue 1，January 1991.

97. Michael Lessnoff. Social Contract. Palgrave Macmillan Ltd.，1986.

98. Shumacher，E. F. Small is Beatiful：A Study of Economic as if People Mattered. Random. House Group Ltd.，1973.

后　记

　　排版定格，打印成稿。前后历时两年的《越商企业家精神》一书至此暂告一段落。望着成沓的文稿，我满心欢喜。与此同时，感激之情也油然而生。

　　感谢浙江省哲学社会科学规划办公室（课题编号：09JDYW05YB）、绍兴文理学院越文化研究院对我的信任和资金资助，使我能集中精力完成书稿的写作工作。

　　绍兴属于经济发达地区，从一个资源小市发展成为较具综合实力的经济强市；从一个江南小城发展成为独具水乡风情的魅力城市。绍兴持续快速发展的奇迹受人关注，被学术界定名为与苏南模式、温州模式并列的绍兴模式。绍兴又是具有2500年历史的文化名城，文化积淀深厚。文化与经济之间存在互动关系，文化是生产力，也是竞争力，是经济社会发展的重要内源力。绍兴自然资源禀赋并无优势，静态比较优势相对薄弱，但却是人文渊薮、名家辈出之地，产生过众多彪炳史册，光耀人间的出类拔萃人物。绍兴深厚的文化底蕴、富集的历史遗存、众多的历史名人、优秀的人文精神，激发了企业家的创业、创新精神，同时，绍兴企业家，书中称为"越商"的创业故事进一步丰富绍兴文化。绍兴是文化与经济互动的殿堂，在这里发现：原来可以这样发展经济，在文化传承中做企业，在企业发展中渗透文化精髓，成为企业发展的内动力，潜移默化为企业发展的永久动力，且其边际生产力呈现递增趋势。

　　我要感谢绍兴文理学院越文化研究院的领导和同仁，是他们的鼓励和帮助，给了我坚持的信心和力量。

　　我要感谢绍兴文理学院经济与管理学院的领导和同仁对我的鼓励和帮助，是他们给了我宽松、愉悦的工作、学习环境。感谢各级领导和同事以及热情好学的学生们。

　　我要感谢绍兴图书馆、《天天商报》、《绍兴日报》、《绍兴青商》等提供的宝贵资料。

　　我要感谢中国社会科学出版社，感谢宫京蕾编辑为本书的出版做了大量工作，在中国社会科学出版社出版这一文稿，我甚为荣幸。

　　最后，我最要感谢的是我的亲人们。是他们的理解、支持和鼓励，促使我不懈追求，不怕艰难，是他们给我创造了和谐、安宁的工作、学习、生活环境。

　　尽管得到了来自各方面的帮助和鼓励，但由于我领悟能力和才识不够，因此书中会出现一些不足和遗憾，文责自负。

薛国琴

2011 年 11 月